5 = x 4

11 = x 12

2018

El año del
Perro de Tierra

2018

El año del
Perro de Tierra

MÓNICA y BRUNO KOPPEL

 Planeta

Diseño de portada: Liz Batta
Ilustración de portada: Alma Núñez y Miguel Ángel Chávez / Grupo Pictograma Ilustradores
Diseño de interiores: Grafía Editores

© 2017, Mónica Koppel
© 2017, Bruno Koppel

Derechos reservados

© 2017, Editorial Planeta Mexicana, S.A. de C.V.
Bajo el sello editorial PLANETA M.R.
Avenida Presidente Masarik núm. 111, Piso 2
Colonia Polanco V Sección
Delegación Miguel Hidalgo
C.P. 11560, Ciudad de México
www.planetadelibros.com.mx

Primera edición impresa en México: octubre de 2017
ISBN: 978-607-07-4441-9

Impreso en los talleres de Litográfica Ingramex, S.A. de C.V.
Centeno núm. 162-1, colonia Granjas Esmeralda, Ciudad de México
Impreso y hecho en México – *Printed and made in Mexico*

*Dedicamos este libro a todas aquellas
personas interesadas en aprender a vivir
y fluir en armonía y equilibrio con todo
lo que nos rodea; a todas las personas
que esperan este libro con alegría
e ilusión, misma alegría e ilusión
con la que fue escrito; a todas aquellas
personas que reciben este trabajo con
el corazón y comparten la intención de
mejorar su vida y fluir con su entorno.*

INTRODUCCIÓN

Este libro surge de una inquietud personal de calcular cada año para adaptar nuestra casa y nuestro entorno personal con Feng Shui a la energía reinante con base en el signo zodiacal, en la carta anual de la Estrella Voladora, en las cartas mensuales de la Estrella Voladora y en el Ki de las Nueve Estrellas.

Al comprobar que conforme avanzaba el año nuestra energía fluía según lo que habíamos analizado al inicio, y que todos los aspectos tenían resultados positivos, empezamos a escribir artículos que se publicaban cada principio de año en *Astrología china*.

Al descubrir el creciente interés del público por recibir el artículo del año correspondiente, nos dimos cuenta de que era importante compartir lo que cada año preparamos con mucho cariño para nuestro Feng Shui personal con todos aquellos que están interesados en implementar el Feng Shui como un estilo de vida.

Así inicia este libro que se convierte en una aventura personal anual en la que invitamos a los lectores a fluir durante todo el nuevo año que comienza, como sucedió con los libros de años anteriores: Cabra de Agua 2003, Mono de Madera 2004, Gallo de Madera 2005, Perro de Fuego 2006, Cerdo de Fuego 2007, Rata de Tierra 2008, Buey de Tierra 2009, Tigre de Metal 2010, Conejo de Metal 2011, Dragón de Agua 2012, Serpiente de Agua 2013, Caballo de Madera 2014, Cabra de Madera 2015, Mono de

Fuego 2016, Gallo de Fuego 2017, y este año (2018), el año del Perro de Tierra.

Este libro, como todos los anteriores, se divide en dos partes. La primera no varía en cada publicación, ya que abarca el aspecto teórico que explica y describe la metodología para comprender los rituales, la astrología y la metafísica china, y al nuevo lector le sirve para conocer estos temas que en algunos casos parecen complejos. La segunda parte corresponde a los pronósticos y a las sugerencias para el año, para cada mes y para cada signo, y cambia año con año. Deseamos que este libro te sea tan útil como lo han sido los anteriores, ya que su intención es ser una herramienta, una guía y un apoyo durante el año para buscar el equilibrio, la armonía y fluir de acuerdo con la tendencia energética y astrológica desde esta perspectiva diferente.

Bruno Koppel contribuye en esta edición como coautor con el almanaque chino, por medio del cual puedes conocer el signo que rige durante cada día, cada mes, las estrellas, las horas favorables, y otra información que sin duda te será de gran utilidad.

Deseamos de todo corazón que el que inicia sea un excelente año para todo el mundo.

Si queremos vivir grandes cambios y formar parte de la transformación del mundo, nuestra aportación comienza de manera individual en nuestro espacio personal. Empecemos a vivir en armonía y equilibrio para contagiar a todos aquellos que nos rodean.

El éxito es resultado de nuestra voluntad de cambio y nuestra actitud hacia la vida, es aprender a fluir en armonía y equilibrio con el universo. De esa manera el éxito está de tu lado. El éxito radica en disfrutar cada instante y cada momento, en agradecer lo recibido y aprender de lo vivido. El éxito es consecuencia del esfuerzo, la tenacidad, el énfasis, el disfrute y de aprender a perseguir nuestros sueños.

1. AÑO NUEVO CHINO
PERRO DE TIERRA

Existen dos calendarios que se utilizan en China. Uno es el calendario lunar y este tiene una fecha de inicio variable cada año, que se basa en la segunda luna nueva después del solsticio de invierno, que se denomina la primera luna nueva de primavera; el otro es el calendario solar que tiene como fecha fija de inicio el día 4 de febrero de cada año. ¿Cuál de los dos es el importante? La respuesta es: los dos. El inicio del Año Nuevo Chino, de acuerdo con el calendario lunar, es cuando se realizan rituales y fiestas que duran 15 días y es considerada la festividad más importante en la tradición china. El calendario solar chino es el que se emplea para cálculos astrológicos y pronósticos, así como para armonizar y sanar las distintas áreas y espacios de una casa y a las personas. Recuerda: inicia el día 4 de febrero de cada año (en 2018: 3 de febrero a las 16:30 horas en México; 22:30 horas UTC; 5:30 horas en Beijing, China).

Este año, el Año Nuevo Chino lunar comienza el 15 de febrero (15:06 horas en México, 15 de febrero, 21:06 horas tiempo UTC, 16 de febrero, a las 05:06 horas, del 16 de febrero, en Beijing, China). Por cuestiones de horario, el tema astrológico en México comienza el día 15 de febrero, mientras que en Beijing, China, lo hace el 16 de febrero; por esto surge la duda: ¿cuándo se realizan las celebraciones? De manera general, éstas se realizarán a partir del 16 de febrero. En esta misma fecha da inicio la primavera

(Chun Jie) en China, y se realizan diversos festivales y rituales para atraer la buena fortuna cada año. Estos rituales se han descrito en los libros correspondientes a los años anteriores tal como se presentan en este libro, y son producto de la recopilación y estudio acerca de las festividades en China y se realizan de manera tradicional año con año. El presente año es considerado como un año que inicia sin primavera y que trae consigo situaciones asociadas a quietud. Es un año que se percibirá con movimiento lento y sensación de avance lento.

Este año es el 4716 en el calendario chino.

2. RITUALES PARA RECIBIR EL AÑO NUEVO LUNAR CHINO

Para celebrar la llegada del Año Nuevo los chinos acostumbran repartir sobres rojos (*hong bao*) con caracteres o símbolos de buena fortuna en dorado. Generalmente colocan dulces o monedas dentro de los sobres y los entregan a amigos, ancianos y a niños. Estos sobres se reparten también en bodas o eventos especiales. El rojo simboliza la buena suerte y se cree que protege de espíritus negativos. Si se coloca dinero dentro de los sobres, generalmente debe terminar en número par ya que, de acuerdo con las creencias chinas, el dinero en sobres rojos terminado en número impar se asocia con eventos como funerales.

También se acostumbra celebrar el inicio de año con ropa interior roja para ahuyentar la energía negativa y proteger la salud, así como para atraer buena suerte.

Otro ritual muy frecuente año con año es colocar el símbolo del Fo o Fu, que significa *buena fortuna,* en las entradas de las casas y en las ventanas, dirigido hacia el exterior para invitar a la buena fortuna a entrar a las casas.

¿Debo renovar el del año pasado?
Es recomendable. Si este es de papel o cartón, se recomienda quemarlo y colocar uno nuevo.

Símbolo del Fo o Fu

Es característico encender juegos pirotécnicos para alejar los problemas y la mala energía durante el año; también colocan dentro de la casa, arriba de la puerta principal, imitaciones de cohetes con caracteres chinos de suerte y fortuna que se pueden hacer con sobres rojos, como se mencionó con anterioridad. También se pueden colocar cinco de estos sobres sobre el marco de la puerta principal, en el interior de la casa, para alejar desastres naturales y problemas. Se colocan formando una especie de pirámide o en forma ascendente. En la tradición china existe la creencia de que la noche en que inicia el Año Nuevo Lunar los demonios salen a generar problemas y conflictos. Las luces y los cohetes los asustan y alejan, por lo que se considera que las casas, pueblos o ciudades que no encienden cohetes ni juegos pirotécnicos quedan en manos de los demonios. Se dice que la primera persona que truene los cohetes es la que obtiene la buena suerte.

Por la misma razón se encienden luces y lámparas de papel para recibir el Año Nuevo.

Se considera importante decorar las casas al iniciar el año con pinturas de flores, aves y mariposas, que simbolizan el comienzo del crecimiento y la creatividad del año que está llegando. Las aves y las mariposas representan el amor romántico y la fidelidad, mientras que las flores se asocian con la alegría y la felicidad. Se dice que al integrar estos elementos en la decoración de nuestras casas se invita a ese tipo de energías a estar en nuestro hogar.

El Festival de la Primavera es uno de los festivales más importantes en China y es conocido también como el Festival de Año Nuevo. En este primer día se recomienda regalar talismanes de buena suerte y fortuna a las personas que te rodean y a tus amigos. ¿Qué haces con los talismanes que colocaste el año anterior? Los talismanes que se emplearon para recibir el año que está terminando se queman antes de colocar los nuevos para el año que comienza.

El 15º día del primer mes lunar termina el Festival de la Primavera con el Festival de la Linterna.

Para recibir a la primavera se limpia perfectamente la casa, se pagan las deudas pendientes, se corta el cabello y se compra ropa nueva para acoger la nueva energía del año.

Después de realizar una buena limpieza física de la casa se puede llevar a cabo una limpieza energética. Hay etapas o espacios de la casa en donde la energía se estanca, provocando una sensación de conflicto, pesadez y tedio.

Es recomendable realizar con constancia rituales para aclarar o limpiar la energía de la casa durante el año. Esto se reflejará en una sensación de libertad y tranquilidad en nuestro espacio personal. La cultura china se ha caracterizado por los rituales que simbolizan y representan la ideología y las creencias del pueblo chino. Los rituales en China conforman un concepto lleno del espíritu racional que refleja las leyes de la naturaleza, como la unión de todo entre el Cielo y la Tierra.

El primer paso es hacer una limpieza física de objetos que vamos acumulando de manera constante en nuestra casa; es decir, poner orden en nuestros espacios. La acumulación de objetos y el desorden son el primer factor para que la energía se estanque y se refleje en problemas constantes, discusiones, proyectos detenidos, emociones retenidas y conflictos de salud.

¡Procedamos a poner orden y limpieza en nuestras ideas y principios para recibir el año con la mejor energía posible! ¿Te imaginaste alguna vez que la casa y nuestro espacio emite señales o mensajes acerca de nosotros? Pues sí, nuestra casa habla de nuestras emociones.

✿ ¿Cómo están acomodados los muebles?
✿ ¿Qué es lo primero que observas al entrar en tu casa?
✿ ¿Tienes objetos desordenados y mal acomodados?
✿ ¿Cómo están los cajones de tus clósets?
✿ ¿Qué guardas en tu clóset?
✿ ¿Qué tan limpia está tu cocina?
✿ ¿Qué tanto usas cada habitación de tu casa?

Es el momento de limpiar y poner en orden nuestras cosas.

Te recomendamos deshacerte de todo aquello que no usas, como regalar la ropa que no has vestido en los últimos dos años. Guarda aquellos recuerdos que consideras gratos pero no te conviertas en una bodega de emociones pasadas, deja espacio para emociones nuevas. Manda reparar aquello que está descompuesto y libera tus espacios del exceso de adornos y de muebles.

Nos convertimos en acumuladores de objetos en los que, de manera inconsciente, depositamos nuestra sensación de seguridad y estabilidad. Queremos mencionar que el exceso de estabilidad puede generar estancamiento. ¿Cierto? Además de que manifestamos la confusión mental y los miedos acumulando objetos y con espacios desordenados, lo que nos impide tomar decisiones adecuadas.

Al limpiar nuestros espacios, limpiamos nuestras emociones. Si limpiamos nuestras emociones nos liberamos de miedos y de confusiones.

Los peores enemigos del éxito son el miedo y la confusión. Impiden que pensemos objetivamente y que nos aventuremos a tomar decisiones.

El limpiar nuestro clóset, nuestro escritorio, nuestra recámara, en fin, todos nuestros espacios, se va a reflejar en una sensación de libertad. ¡Maravilloso! Hemos dado el primer paso para establecer de manera objetiva qué es lo que queremos y buscamos en nuestra vida al iniciar el nuevo año.

Los seres humanos emitimos mensajes y señales según el acomodo de nuestros objetos personales; incluso de nuestros cajones.

La acumulación de objetos es una forma de emitir señales; demasiados objetos emiten la señal de saturación de ideas, proyectos y planes totalmente confusos, muy poco estructurados y definidos.

El desorden altera el Tao o el camino para obtener nuestras metas. Bloquea las vías de acceso de oportunidades y nos hace perder tiempo que puede ser valiosísimo para estructurar de manera ordenada y disciplinada nuestro plan de vida.

Con base en el lugar donde se ha acumulado el desorden es el mensaje o señal que se está emitiendo.

- ✿ Si hay desorden y objetos amontonados en la entrada de la casa, se interpreta como miedo a relacionarse con otras personas.
- ✿ Si sucede en el clóset, el mensaje es que no se tiene control sobre el análisis, y el manejo de las emociones.
- ✿ Desorden u objetos amontonados en la cocina, indican resentimiento o fragilidad sentimental.
- ✿ Si existe desorden en el escritorio o área de trabajo, el mensaje es de frustración, miedo y necesidad de controlar las situaciones.

- Desorden detrás de las puertas, da el mensaje de miedo a no ser aceptado por los demás, sensación de sentirse vigilado constantemente.
- Si hay desorden debajo de los muebles, el mensaje es de que se le da demasiada importancia a las apariencias.
- Acumulación y desorden en bodegas, habla de que se vive del pasado.
- En el garaje indican temor y falta de habilidad para actualizarse.
- Si hay desorden y objetos amontonados por toda la casa, el mensaje es de coraje, enojo, desidia y apatía hacia todos los aspectos de la vida.
- Si este problema se detecta en pasillos, el mensaje es de conflictos para comunicarse, miedo a decir y manifestar lo que se desea en la vida.
- Desorden u objetos acumulados en la sala dan el mensaje de temor al rechazo social.
- En el comedor, transmiten el mensaje de miedo a no dar pasos firmes y sólidos, sensación de dominio por parte de la familia.

En aquellos casos en los que tenemos antigüedades u objetos heredados, éstos se impregnan de la energía de las personas a las que han pertenecido. Un ritual útil consiste en limpiar estos objetos con incienso o aceite esencial natural de algún cítrico como naranja, limón, toronja o mandarina.

Ya que hemos limpiado físicamente nuestro entorno, procedamos ahora a despejar la energía de nuestros espacios de vida. La técnica de despejar el espacio se lleva a cabo para aumentar el nivel de luz astral de la atmósfera en nuestro propio espacio personal, y al hacerlo se aumenta también la calidad de vida que podemos llegar a experimentar. Esto te ayudará a convertir tus espacios en lugares sagrados; vas a trabajar para encontrar más sentido a tu vida y serás más asertivo en tus decisiones y proyectos.

Siempre que te sientas obstaculizado y detenido en diversos aspectos de tu vida quiere decir que en alguna parte de tu hogar existe algún obstáculo que se está reflejando. Procedamos, pues, a aprender algunas técnicas para despejar el espacio.

Para despejar o limpiar la energía de un espacio es importante que te sientas en estado óptimo, que hayas descansado la noche previa; evita hacerlo si estás enfermo, cansado o de mal humor. También evita realizar el ritual si estás embarazada, sangrando, herida o menstruando.

Para iniciar, la casa debe estar trapeada, barrida, etc. Es decir, perfectamente limpia y ordenada para, de esa manera, obtener el mejor resultado.

- ❀ Báñate perfectamente antes de realizar el ritual de limpieza de la casa.
- ❀ Evita traer en tu cuerpo joyas u objetos de metal como relojes, collares o aretes; pueden provocarte cansancio, malestar, así como dolores de cabeza o de cuerpo.
- ❀ Trata de realizar el ritual de limpieza descalzo y vestido de blanco.
- ❀ Guarda los alimentos y las bebidas en muebles o en contenedores cerrados.
- ❀ Coloca tus objetos de trabajo en una mesa limpia, despejada, que te permita movilidad y libertad de espacio.
- ❀ Coloca en esa mesa un mantel blanco que se utilice solamente para estos rituales.
- ❀ Coloca un jarrón con flores frescas.
- ❀ Incienso, cerillos, tres velas blancas, un tazón con agua.
- ❀ Necesitas unas campanas, unos címbalos o un tazón tibetano.

Comienza a trabajar a través de sensibilizar tus manos con la energía del campo electromagnético de los seres vivos.¿Cómo? Frota tus manos y camina por la habitación; sensibilízate a la energía. La limpieza de espacios se debe realizar en las horas de sol del día. Lo recomendable: en los días de luna llena y luna nueva.

Evita distracciones durante el proceso del ritual.

Trabaja tu respiración.

Sensibilízate y entra en contacto con tu hogar.

Comienza por las partes bajas de las construcciones y continúa con las partes altas.

> ✿ Enciende las velas, enciende el incienso, coloca un tazón de cerámica o vidrio con agua que hayas cargado previamente con la energía del sol o de la luna llena. Tres horas de exposición del agua a la energía directa es suficiente. En ese tazón coloca flores frescas como ofrenda y una vela encendida.

En tu mesa coloca tazones con agua cargada con energía de la luna, el sol, con cuarzos (durante 24 horas) o agua cargada con tu propia mano en efecto arcoíris. Este efecto consiste en pasar tu mano sobre el agua visualizando la luz de los colores del arcoíris que se dirige hacia el agua.

Coloca tazones pequeños con sal de grano en las esquinas de la construcción y en las entradas de la misma. Pon una vela blanca en cada área de tu casa.

Coloca otro tazón de ofrenda con flores y una vela en la cocina y los espacios importantes de la casa.

Enciende inciensos en todas las áreas de la casa.

Haz una invocación a los ángeles y a tus seres protectores. Di una oración.

Recorre la casa encendiendo las velas que colocaste en cada área, invocando al fuego protector, depurador y liberador. **Fuego**.

Recorre el lugar con inciensos encendidos ayudándote con una pluma de pavorreal. **Viento**.

Procede ahora a despejar la energía atorada, ya sea por medio de aplausos, campanas de viento, palitos que suenen, varas de poder, un tazón tibetano o un tambor. Recorre el lugar por dentro en forma circular. **Sonido**.

Recorre el lugar rociando agua de los tazones previamente preparados ayudándote con una flor. **Agua**.

En cada habitación donde colocaste los tazones con sal gruesa invoca al espíritu de la Tierra para que a través de la sal purifique ese espacio; lanza algunos granos de sal en cada esquina y espacio que sientas estancado en la casa. **Tierra**.

Puedes colocar un camino de sal que rodee tu cama; ayudará a despejar tu mente y alejará influencias negativas en tu vida. En China la sal es considerada sumamente protectora; puedes bañarte con sal para limpiar y purificar tu energía. Puedes dejar este camino de sal unos dos o tres días y después tirarlo.

Se puede barrer con sal gruesa de adentro hacia fuera de la casa o construcción. Lávate las manos después de cada paso.

Magnetiza el lugar

❀ Puedes colocar en la casa aromas de aceites esenciales naturales como eucalipto, menta, hierbabuena, pino.

❀ Escucha música de mantras o sonidos de la naturaleza.

❀ Coloca cuarzos programados en tu casa (ágata, ámbar, amatista, aguamarina, aventurina, cornalina, coral, jade, lapislázuli, malaquita, cuarzo rosa, ojo de tigre, turmalina, piedra luna, etc.). Usa accesorios (collares, pulseras, aretes de piedras naturales) en tu cuerpo y prográmalos.

❀ Nombra y coloca plantas y árboles guardianes como tótems en tu casa.

❀ Coloca cobre en tu casa para proteger y mejorar la energía.

❀ Diseña jardines donde invites a las hadas y espíritus protectores de la Tierra a cuidarte.

- ❀ Coloca tazones con semillas en la cocina y lugares importantes de la casa.
- ❀ Agradece a la energía de los elementos, de tus protectores e invítalos a quedarse en tu hogar.

Al terminar la purificación de tu espacio báñate con agua y cáscaras de naranja.

¿Qué es un tótem?
Se refiere a un símbolo u objeto al que le das la orden o programarlos para que sea el protector de tu espacio o de ti mismo.

Evita comer carne de res o de cerdo el día antes de la purificación y el día de la purificación; bebe muchos líquidos y siempre agradece las bendiciones que recibes de la energía creadora de la naturaleza y de la vida.

Al quedar energética y físicamente limpia la casa, procedemos a realizar rituales para recibir el Año Nuevo y atraer muy buena suerte.

En China colocan a los lados de la puerta principal tiras de papel con símbolos de buena suerte en color rojo y negro viendo hacia la calle; también se pueden colocar talismanes taoístas. Los talismanes que se colocaron el año anterior se deben quitar y quemar antes de colocar los nuevos.

Representa pureza, paz y armonía. Se coloca en cualquier parte de la habitación y ayuda mucho a neutralizar un área negativa.

Orden de los dioses para alejar la mala suerte y desastres. Se coloca en cualquier parte.

Talismán de puertas. Se coloca en la cara interna de las puertas de las recámaras para atraer buena suerte.

Talismán para la cocina. Se usa para la seguridad y armonía de la cocina, al igual que para alejar malas influencias.

Talismán de seguridad personal y buena suerte. Se debe llevar con uno.

Imagen que se coloca a un lado de la puerta.

El día anterior al Año Nuevo Chino se recomienda barrer la casa de adentro hacia el exterior, o la calle y el techo de la casa. Esto se hace con una escoba nueva.

Ya iniciado el Año Nuevo, en las casas se enciende incienso y se pide a los dioses buena salud en la etapa que comienza. Este incienso generalmente es de sándalo.

Las personas se reúnen para celebrar y elaboran cenas copiosas para simbolizar la abundancia y preparar un buen año para la cosecha en otoño. En esta cena se evitan los cuchillos, ya que su uso se asocia con atraer agresiones y problemas durante el año que comienza. Esta cena se realiza en la noche previa al día en que inicia el Año Nuevo Chino, que en este caso será en la noche del 15 o 16 de febrero.

En China se acostumbra estrenar palillos chinos en esa noche y lo ideal es que sean dorados para atraer buena suerte económica durante el año.

En la noche es usual encender linternas de tela o de papel, que son esas esferas de papel que colocan a la entrada de los restaurantes chinos. Las que se utilizan en esta fecha son rojas y se les pueden colocar velas o lucecitas adentro. Estas linternas se pueden ubicar a la entrada de las casas. En China se fabrican linternas de distintas formas: pescados, aves, flores o animales; otras tienen forma de frutas como naranjas, piñas, lichi y mandarinas.

¿Cómo son estas linternas?

Son esas lámparas de papel o tela que se ven comúnmente en tiendas de productos chinos o en la entrada de los restaurantes de comida china.

Se emplean aromas como sándalo para ambientar y limpiar la energía de las casas, principalmente en conitos o varitas de incienso.

Los árboles se decoran con papeles rojos con buenos pensamientos y deseos escritos en negro.

En los templos colocan linternas octagonales con incienso de sándalo para atraer bendiciones.

Este festival simboliza también algunos rituales de amor.

Otro festival que se realiza en esta época de la primavera es la Feria de las Flores, que es un ritual para pedir por un buen año de siembra. Este consiste en colocar flores y vegetales verdes en las entradas de las casas, en el exterior. Ese día se compran flores y se acomodan en casa con mandarinas, paisajes pequeños y caminitos formados por flores de colores que simbolizan "ríos de alegría". Las mujeres decoran su cabello con flores de colores durazno, rosa y rojo para atraer el amor.

El día de la primavera se acostumbra comprar un árbol pequeño de mandarinas que se coloca en la entrada de la casa, donde se deja durante todo el año para atraer buena cosecha en otoño.

¿Qué hago con el árbol del año pasado?

Lo puedes cambiar a otra área de la casa y colocar uno nuevo, o si se encuentra en buen estado, con hojas sanas, flores o fruta, sigue conservándolo en la entrada. Limpia y lava sus hojas para refrescarlo.

Adorna el interior de la casa con jarrones de flores frescas para atraer amor y alegría durante el año. Las flores que se consideran de buena suerte son:

- ❖ Flores de ciruela y crisantemos amarillos: atraen buena suerte, belleza y esplendor, incluso en momentos de adversidad.
- ❖ Crisantemos: amor, éxito; impulsan a lograr metas y atraen suerte.
- ❖ Flor de loto: éxito y gran abundancia.
- ❖ Orquídeas: perfección, suerte para toda la familia. Prosperidad, amor y belleza. Las moradas o violetas son las que se consideran mejores.
- ❖ Magnolias: belleza femenina y dulzura. Alegría en el matrimonio.
- ❖ Narcisos: destacan el talento interior, seguridad y autoestima. Promueven el reconocimiento profesional y el obtener premios. Se pueden sustituir con jacintos.

¿Pueden ser flores artificiales?

Para recibir el año lo más recomendable es que sean naturales. Las flores limpian, sanan y potencian el aura o campo energético de un espacio.

Se puede colocar un jarrón chino con motivos de dragones y aves fénix (el dragón y el ave fénix se consideran símbolo de la pareja; se conocen como *la pareja cósmica* y simbolizan el amor eterno), y con las flores representativas de las cuatro estaciones del año. Estas flores suelen ser de seda y se ubican durante todo el año en un lugar prominente de la casa para asegurar buena fortuna.

Las flores representativas de cada estación son:

- ❖ Primavera: iris y magnolias
- ❖ Verano: peonías y flor de loto
- ❖ Otoño: crisantemos
- ❖ Invierno: flor de ciruelo

Las mandarinas simbolizan suerte y riqueza, mientras que los crisantemos simbolizan longevidad. En la tradición china se tiene la creencia de que quien no compra flores y no adorna con flores su casa se sentirá triste durante todo el año.

Es recomendable hacer un árbol que simboliza el cultivo de la energía del dinero en casa, comprando un pequeño árbol de mandarinas, limas o naranjas; decoramos el arbolito con cuarzos de colores, papeles rojos o sobres rojos con símbolos de buena suerte en dorado y 100 monedas chinas. Lo colocamos a la entrada de la casa o a ambos lados de la puerta principal. Este ritual se realiza con la intención de asegurar abundancia y buenos negocios durante todo el año. Coloca canastas con limones, naranjas, toronjas, mandarinas y piñas cerca de la puerta de entrada de la casa, así como en el área de la cocina, el comedor y la sala con la intención de atraer buenos proyectos económicos, buenas relaciones sociales y apoyos importantes durante el año que comienza.

¿Cuánto tiempo dejo estas ofrendas en casa?

Lo recomendable es el tiempo que dura el festival: los primeros 15 días del Año Nuevo Chino.

Colocar un abanico a la entrada de la casa dirigido hacia la calle aleja las malas intenciones y la energía negativa de la casa. El abanico se coloca frente a la puerta principal, es decir, al entrar se ve el abanico. Se puede colocar otro sobre la cabecera para alejar personas mal intencionadas con respecto a la pareja.

Otro ritual es colocar un paraguas imperial fuera de la casa para proteger de ladrones y personas mal intencionadas durante todo el año. Este año se puede buscar un paraguas imperial con tonos rojos, naranjas, dorados, amarillos, ocres, cobrizos.

También se puede colocar un paraguas imperial dentro de la casa para atraer buena protección; se coloca en forma diagonal hacia la puerta de entrada de la casa.

Otro ritual para atraer abundancia durante todo el año es elegir un recipiente de porcelana o cerámica con tapa, colocarle tres monedas chinas en el fondo y llenarlo en tres cuartas partes de arroz. Taparlo y guardarlo en un lugar escondido en la cocina o alacena donde nadie lo vea durante todo el año. Para el siguiente año se cambian el arroz y las monedas, y se vuelve a realizar el ritual. Este ritual se puede hacer, también, el día de tu cumpleaños. El arroz que retiras se puede colocar en jardines para los pájaros.

Colocar por toda la casa cajitas doradas que simbolicen lingotes de oro; esto atraerá dinero y buenos proyectos económicos durante el año. También pueden ser monedas en múltiplos de tres.

Se recomienda hacer sonar una campana en las esquinas de la casa con la intención de limpiar la energía detenida y estancada del año anterior, lo que nos permite abrir la puerta para la llegada de nueva energía y nuevas oportunidades a nuestra vida.

Colocar un jarrón con flores frescas y aromáticas en la sala y la recámara simbolizará atraer amor fresco y renovado a nuestra vida.

¿Sabías que las flores frescas renuevan un ambiente y promueven una atmósfera cálida y amigable?

Otro ritual consiste en poner monedas antiguas y de distintos países en un tazón cerca de la puerta de entrada. Esto se realiza como símbolo para atraer buenos negocios durante el año que comienza.

Puedes colocar ese tazón en el noroeste de tu casa y tu oficina para atraer viajes y dinero de otras partes del mundo. Para asociarlo a la tendencia energética de este año del perro también puedes ubicarlo en el sureste, suroeste y centro de tu espacio.

En un aspersor mezclar agua y unas gotas de aceite esencial natural de eucalipto, menta o limón, y rociarlo por las habitaciones de la casa; ionizará el ambiente y contribuirá a fortalecer la salud de sus habitantes.

Colocar en el este del jardín o de nuestra casa un árbol con cien monedas chinas amarradas con hilo rojo; esto es con la intención de promover el crecimiento económico durante el año que comienza. En este año del perro de tierra puedes colocar ese árbol también en el centro y sureste para asegurar buenos proyectos económicos, así como clientes y apoyos constantes.

Otro ritual es enterrar una caja metálica con monedas diversas en el oeste del jardín para promover la energía de solidez y estabilidad económica durante el año. Este ritual también se puede realizar en una maceta colocada en el oeste del interior de la casa.

Para promover la salud durante el año, el folclor chino asocia el *wu lu* con salud. Este es una especie de guaje que se coloca en el buró, a un lado de la cama o a un lado de la puerta de entrada. Este wu lu puede ser natural, pintado en dorado o plateado, incluso puede ser de metal. Colócalo una hora a la luz del sol y otra hora a la luz de la luna llena o creciente antes de colocarlo. Es importante que lo coloques al oeste de la casa, recámara, negocio u oficina durante este año del perro de tierra para reducir situaciones enfermizas y complicadas relacionadas con el romance, la creatividad, los logros y los hijos.

El día antes de iniciar el año (14 de febrero) se recomienda hacer una limpieza profunda de la casa, mover de su lugar 27 objetos o muebles pesados que no se muevan comúnmente; esto es con la intención de atraer cambios y situaciones nuevas para el año que inicia.

En la tarde previa a la llegada del Año Nuevo Chino se recomienda hacer una limpieza personal. Una buena opción es realizarla empleando jugo de limón o lima, incluso de naranja puede ser muy útil. En China existe la creencia de que el jugo de estos cítricos limpia tu cuerpo de energía negativa acumulada y estancada en tu cuerpo. El siguiente método lo puedes aplicar también cuando asistas a un funeral, velorio, bodas, celebraciones de nacimiento de un bebé y cumpleaños.

El método consiste en lo siguiente:

❀ Compra tres limas, limones, toronjas o naranjas de superficie limpia y brillante.

❀ Lávalas.

❀ Córtalas en seis mitades.

❀ Exprime el jugo en un tazón o cubeta con agua.

❀ Rocía una taza de esta agua sobre la cabeza.

❀ Repite este paso tres veces seguidas.

❀ Báñate de manera normal.

❀ Emplea el agua con el jugo del cítrico para lavarte de toda la energía negativa.

❀ Sécate con una toalla nueva y vístete con ropa nueva, de preferencia roja o dorada.

❀ No es adecuado que nadie entre al baño durante tres horas después de haberse limpiado. Si alguien entra, se puede contaminar de la energía negativa que se limpió la persona anterior.

❀ Al pasar tres horas se deben recoger las cáscaras o las seis mitades de la fruta con una bolsa de plástico y tirarlas lejos de casa.

Para limpiar la energía interior de la persona se recomienda el siguiente método:

- ✿ Compra un limón, lima, toronja o naranja de superficie limpia y brillante.
- ✿ Lávalo.
- ✿ Córtalo en dos mitades.
- ✿ Exprime el jugo de estas dos mitades en una taza de agua para beber.
- ✿ Agrega agua y bebe.
- ✿ Emplea las mitades para tallar la cara, el cuerpo, las piernas y las manos.
- ✿ Tira a la basura las cáscaras al terminar.

Durante los primeros 15 días del año lunar chino se sugiere evitar el uso de tijeras y objetos punzocortantes. También es importante evitar tener pensamientos negativos y expresarse con groserías y malas palabras. Se considera adecuado tener pensamientos positivos, optimistas y desearle cosas positivas a cada persona que veamos durante esos días. Se considera una actitud positiva el agradecer todo lo que constantemente recibimos y repartir dulces y caramelos a toda persona con la que convivamos.

Si un plato se rompe durante los primeros cinco días del Año Nuevo Chino, se debe decir "paz durante todo el año" lo más rápido posible para evitar que la cadena de buena suerte que buscas para el nuevo año se rompa.

Mantener inciensos y velas encendidas día y noche para promover la longevidad; en este caso, las velas se pueden suplir por lámparas pequeñas o de seguridad.

Es importante evitar regañar a los niños durante los días que dura la festividad. Se tiene la creencia de que no es adecuado comenzar el año escuchando llorar a un niño, por lo que se hacen todos los esfuerzos por mantenerlos contentos.

Evita tirar cosas y objetos ya iniciado el Año Nuevo durante la época de la festividad; igualmente evita vestir de blanco y negro en esos días.

Se coloca en las puertas, en el exterior, a los dioses de las puertas para proteger de los demonios que salen en la noche de Año Nuevo.

También se colocan fotografías de niños en las ventanas para dar la bienvenida al año que comienza.

En algunas regiones de China se colocan, detrás de la puerta, en el interior, varas de caña de azúcar. Cuanto más larga sea la vara, mayores son las expectativas para el nuevo año para la familia.

EL PRIMER DÍA DEL PRIMER MES LUNAR
(15 de febrero)
Yuan Ri, Yuan Chen o Rui Ri

En este día en Oriente truenan cohetes para alejar la mala suerte y dar la bienvenida al Año Nuevo. La gente venera a las deidades y bendice a sus ancestros antes de salir de su casa.

Es importante que durante este día se repartan sobres con dinero y dulces, sobre todo a personas mayores; se evite trapear, barrer y sacar basura. Incluso, algunos chinos sugieren no bañarse ni lavarse el cabello para no quitarse la buena suerte.

Vestirse con ropa nueva de colores brillantes, arreglarse y maquillarse, vestirse acorde con su signo zodiacal chino.

Gallo: plateado, metálicos, blanco, gris, tonos pastel.
Dragón y serpiente: rojo, naranja, magenta.
Caballo: azul, morado, verde, turquesa.
Rata: plateado, gris, metálicos.
Perro y cerdo: plateado, azul rey, morado.
Buey y tigre: plateado, gris, metálicos, rojo, naranja, magenta.
Conejo: oscuros, azul rey, morado.
Mono y cabra: azul rey, morado.

Puedes usar estos colores durante todo el año en ropa, detalles, bolsa, cartera, carpetas y folders de trabajo, ¡en lo que tú quieras! Es el color del año para cada signo zodiacal chino.

Abre las puertas y ventanas durante el día para que la energía del nuevo año entre en tu casa.

Asegúrate de que lo primero que pruebes en este día sea dulce para tener buenas noticias durante el año.

EL SEGUNDO DÍA DEL PRIMER MES LUNAR
(16 de febrero)

En este día en China le dan la bienvenida al Dios del Dinero en sus casas.

Visita a tus parientes como cuñados y suegros. Se acostumbra que el yerno le dé un regalo al suegro para invocar buena suerte a las futuras generaciones.

Honra a tus mayores y ancestros.

Coloca esculturas de perro en tu casa, préndeles incienso y acompáñalas de dulces, semillas (ocho distintas) y monedas, ya que hoy es el día del cumpleaños de este signo.

¿De qué material debe ser el perro?

Del que tú quieras y elijas, lo importante o significativo es la representación del signo que rige en el año.

EL TERCER DÍA DEL PRIMER MES LUNAR
(17 de febrero)
El día de Chi Gou

En este día los chinos se quedan en casa y se van a dormir temprano. Durante este día se demuestra el aprecio por los animales y mascotas. Trata de mantenerte en silencio como señal de respeto durante el día. Evita comer puerco este día, ya que se considera de muy mala suerte.

EL CUARTO DÍA DEL PRIMER MES LUNAR
(18 de febrero)

En este día se recibe a las deidades en casa. Se coloca un altar con ofrendas de frutas, vino y platillos agradables. Se encienden incienso y velas. Quédate en casa a recibir al Dios de la Cocina y reza y pide por sus bendiciones. Evita comer borrego, cabrito o cordero en este día, ya que se considera de mala suerte.

El ritual del Dios de la Cocina comienza una semana antes (el día 23 del último mes lunar chino, 8 de febrero) del Año Nuevo Chino ofreciéndole un "sacrificio" u ofrenda. Existe la creencia de que el Dios de la Cocina es un dios enviado del Cielo a cada familia para observar y cuidar el comportamiento durante el año. El día mencionado este dios regresa al Cielo a hacer un reporte de la familia al Emperador Jade. Este día en que se quema la imagen del Dios de la Cocina, oficialmente inicia el ritual de limpieza, tanto física como energética de la casa para recibir el Año Nuevo Lunar chino.

El ritual consiste en colgar una fotografía o imagen del Dios de la Cocina (Tsao Chun) cerca de la estufa. Este dios no solo vigila el comportamiento de la familia, sino que también representa una fuerte influencia y fuerza moral en la vida de cada uno de sus integrantes.

Por costumbre, los miembros de la familia tratan de pegar los labios o cerrar la boca del dios, o suavizar el reporte de su comportamiento colocando azúcar o miel en la boca del dios para endulzar su informe. Para facilitar su ascensión al cielo, el día mencionado, 8 de febrero, se quema la imagen o fotografía que se ha tenido todo el año junto a la estufa.

El 4° día del primer mes lunar se coloca una nueva fotografía de la deidad junto a la estufa en la cocina, se le coloca un altar con dulces, agua, frijoles de soya. Este ritual para el Dios de la Cocina debe hacerlo el hombre mayor o padre de la familia.

Imagen del Dios de la Cocina

Durante el año le ofrecen incienso y un par de velas, y se reza diariamente para pedir su protección.

Este dios protege la cocina del fuego, los accidentes, los desastres y cualquier problema no deseado.

EL QUINTO DÍA DEL PRIMER MES LUNAR
(19 de febrero)
Po Wu

Este día se conoce por los chinos como el día de separación (Ge Kai), que significa el fin de las celebraciones del Año Nuevo. En este día se deben retirar las ofrendas y sacar la basura de la casa, así como regresar a las actividades cotidianas. Los hombres de negocios cuelgan un pedazo de tela roja en sus anuncios exteriores de su establecimiento como símbolo de inicio de actividades del nuevo año.

Coloca al Dios del Dinero, en una hora auspiciosa, viendo hacia una dirección auspiciosa. Este año la dirección auspiciosa es el sureste y también el norte (con base en el tallo celestial del año), al que se considera la dirección del Dios de la Riqueza. El padre de familia se debe quedar todo el día en casa como señal de respeto y para invitar al Dios del Dinero a casa.

Dios de la Cocina, sus dos esposas, los Ocho Inmortales y el Dios de la Riqueza

En un jarrón de cerámica con tapa, coloca arroz crudo y siete semillas más, ocho monedas chinas, de otros países o de tu propio país. Se pueden poner centenarios o monedas de plata también, ocho cuarzos o piedras preciosas. Si te es posible, colócale un Dios de la Riqueza pequeño en el interior. Ocho monedas de chocolate forradas de dorado. Un puñito de tierra de la casa o negocio de alguien rico. Un listón de nueve centímetros azul marino o negro, uno verde, uno rojo, uno amarillo y uno blanco, un símbolo del fu, una tela roja y tápalo. Coloca ese jarrón en tu sector personal de prosperidad con base en tu Número Kua: 1SE, 2NE, 3S, 4N, 6O, 7NO, 8SO, 9E.

CÁLCULO DEL NÚMERO KUA O TRIGRAMA PERSONAL (MING GUA)

Ejemplo: Año 1961

$$1 + 9 + 6 + 1 = 17 \rightarrow 1 + 7 = \boxed{8}$$

8 es el Número Anual

Hombres	Mujeres

• Se resta de una constante de 11	• Se suma una constante de 4
Ejemplo:	Ejemplo:
1961 → 1+9+6+1= 17	1961 → 1+9+6+1= 17
1+7= 8	1+7= 8
11-8= **3**	8+4= 12 → 1+2= **3**
3 es el Trigrama Personal	3 es el Trigrama Personal
T.P. Hombre o T. P. Masculino	T.P. Mujer o T. P. Femenino

Como puede apreciarse en el ejemplo anterior, el Número Kua o Trigrama Personal se calcula en forma diferente para hombres y mujeres.

En el caso de los hombres se utiliza la fórmula yang, mientras que en el caso de las mujeres se utiliza la fórmula yin.

De acuerdo con la utilización de cada una de las fórmulas, el Número Kua puede ser cualquier número comprendido entre el 1 y el 9; sin embargo, es importante aclarar que el Número Kua es equivalente al Trigrama Personal, ya sea para hombres o para mujeres, y el número 5, o Estrella 5, no está asociado con ningún trigrama, pues es importante recordar que estos son los números o Estrellas del Cuadrado Mágico del Lo Shu, en el cual cada número está asociado con un elemento, una dirección, un color, una polaridad, una fuerza natural, un puesto en la familia cósmica. Si el resultado de esta fórmula es el número 5, los hombres adoptan el número 2 y las mujeres el número 8. Para aplicar esta fórmula se debe tomar en cuenta la fecha de nacimiento acorde con el calendario solar chino (comienza el 4 de febrero de cada año), es decir, si naciste antes del 4 de febrero de un año determinado, debes tomar como año de nacimiento el año anterior.

Este aspecto del Número Kua pertenece a la escuela o teoría Ba Zhai (ocho mansiones u ocho portentos). Esta teoría se enfoca en ubicar o determinar direcciones y posiciones favorables para cada persona con base en su fecha de nacimiento.

> Puedes utilizar el mismo jarrón del año pasado, solo debes cambiar las semillas, las monedas de chocolate y la tierra, lavar y limpiar los demás objetos y volver a utilizarlos para el jarrón de este año.

Evita visitar a alguien en este día, ya que le puede generar mala suerte a ambas partes.

EL SEXTO DÍA DEL PRIMER MES LUNAR
(20 de febrero)

En este día visita a tus parientes y amigos, ya que se considera un día de buena suerte para hacer visitas. Lleva contigo naranjas y mandarinas acompañadas de un sobre rojo para ofrecer y compartir. Se considera favorable hacer esto del sexto al décimo día.

Las mandarinas con hojas aseguran que la relación entre las personas se mantenga sana y segura. Las naranjas y mandarinas son símbolos de felicidad abundante.

EL SÉPTIMO DÍA DEL PRIMER MES LUNAR
(21 de febrero)
El Día de la Humanidad (Ren Zi)

En este día los chinos colocan un plato con pescado crudo para desear un año próspero y positivo para la humanidad.

Se debe preparar un platillo con pescado crudo para cenar y todos deben participar en su preparación; esto significa éxito en todo lo que hagas. Asegúrate de servir un tazón de sopa de fideos con siete tipos diferentes de vegetales para atraer abundancia de comida y buena salud. También se pueden preparar siete platillos diferentes y encender siete velas.

EL OCTAVO DÍA DEL PRIMER MES LUNAR
(22 de febrero)

En este día la gente sale a pasear, compra flores, las coloca en casa y visita los templos.

Se ofrecen rezos y plegarias al Dios del Cielo o Ti Kong. Se dice que si el día es soleado representa un año provechoso, si el día es lluvioso indica un año de posibles pérdidas.

EL NOVENO DÍA DEL PRIMER MES LUNAR
(23 de febrero)
El nacimiento del Dios del Cielo (Tian Gong Dan)

En este día es el nacimiento del Gran Emperador de Jade o Dios del Cielo. Este día se debe ser amable con las demás personas para no ofender a este dios. Se colocan cañas de azúcar como ofrenda. Se debe evitar decir malas palabras, tener malos pensamientos y malos deseos.

DEL DÉCIMO AL DÉCIMOTERCER DÍA
DEL PRIMER MES LUNAR
(24 al 27 de febrero)

Visita al resto de tus familiares y amigos.

EL DÉCIMOCUARTO DÍA DEL PRIMER MES LUNAR
(28 de febrero)

Limpia y organiza tu casa con detalle. Asegúrate de tener mandarinas y naranjas en casa. Prepara todo para el Festival de la Linterna.

EL DÉCIMOQUINTO DÍA DEL PRIMER MES LUNAR
(1 de marzo)
El Festival de las Linternas

Este día se llama Yuan Xiao o Shang Yuan. La gente se reúne para comer pelotitas de arroz que representan alegría. Colocan linternas en el exterior de sus casas y se considera un día similar al Día de San Valentín que se celebra en Occidente.

En este décimoquinto día también se realiza un ritual para atraer un esposo durante este año. Este ritual se basa en la luna y en este día, cuando la luna es llena y brillante, se recomienda tirar hermosas naranjas (dulces y brillantes) al agua, ya sea mar o lago o río (de preferencia un lago de agua limpia). Existe la creencia de que el Dios del Matrimonio vive en la luna; se cree que cuanto más dulce y suculenta sea la naranja, mejor posición o estatus tendrá el futuro esposo. Se debe tirar una naranja por cada candidato o pretendiente que se busca.

Este ritual se debe hacer durante la noche y visualizar las características de la pareja que se desea atraer.

Las naranjas se consideran símbolos de oro en China, por lo que colocar naranjas en la sala, el comedor y la cocina representa riqueza y abundancia para los habitantes de la casa.

Puedes colocar una fotografía o imagen de la luna llena ese día en tu recámara para atraer una pareja nueva durante este año que inicia.

¿Dónde la coloco?
Al frente de tu cama, donde la veas todos los días al levantarte.

Este día se considera también el día del nacimiento del Dios del Cielo, por lo que no es adecuado ingerir bebidas alcohólicas este día, sino más bien rezar y meditar.

RITUAL PARA RECIBIR AL DIOS DE LA ABUNDANCIA

Este ritual se debe realizar el día primero o el 15 del inicio del año lunar chino. Se ofrece incienso al altar y se camina hacia afuera de la puerta de entrada de la casa tomando el incienso con las palmas de las manos juntas y presionadas. Camina 100 pasos hacia la dirección del Dios de la Abundancia (Tsai Shen) de este año (sureste o norte).

La mejor hora para hacerlo es entre las 11 y la 1 de la mañana o de la noche.

Al salir de tu casa y localizar la dirección anual del Dios de la Abundancia caminas 100 pasos. Al terminar los 100 pasos, invita a los dioses de las cuatro direcciones cardinales a ir contigo a tu casa. Con sinceridad y respeto les dices tu nombre y tu dirección, les ofreces incienso y los invitas. Visualiza que aceptan tu ofrenda y que vienen a tu casa.

De regreso a casa, habla con ellos, descríbeles el camino y platícales tus planes y tus metas. Al llegar a casa, ábreles la puerta y permíteles pasar primero. Deja la puerta abierta un rato para que no dejes a ninguna deidad afuera.

Visualiza toda la abundancia que ellos traen consigo y enséñales y muéstrales toda tu casa. Invítalos a quedarse en tu altar o en algún lugar prominente de la sala.

Visualízate ofreciéndoles incienso y siente cómo todo lo tuyo les pertenece y viceversa.

Termina el ritual repitiendo 10 mantras distintos o repitiendo el mantra OM MA NI PAD ME HUM 108 veces.

(OM purifica el ego, MA purifica la envidia, NI purifica la pasión, PAD purifica la ignorancia, ME purifica la ambición, HUM purifica el odio).

COMIDA RECOMENDADA PARA RECIBIR EL AÑO NUEVO CHINO

❖ Fideos chinos, cuanto más largos mejor, para promover longevidad y larga vida.
❖ Pescado completo con cabeza y cola, para la prosperidad.

- ❖ Semillas de loto, cacahuates y pomelos representan la esperanza para el nacimiento de bebés en una familia.
- ❖ Naranjas, mandarinas y toronjas para riqueza y una vida dulce.
- ❖ Mejillones para la buena suerte y fortuna en los negocios.
- ❖ Dátiles y nueces para fertilidad y procreación.
- ❖ Vegetales verdes para la juventud, limpieza espiritual y cosecha sana.
- ❖ Pelotitas de pescado y carne simbolizan unión.
- ❖ Los *dumplings* representan ayuda para amasar fortuna y riqueza.
- ❖ Pudín de harina de arroz simboliza apoyo para obtener mejores posiciones y prosperidad paso a paso de manera sostenida.
- ❖ Un pollo completo con cabeza y cola representa el inicio y el término de la vida.
- ❖ Las toronjas representan abundancia.
- ❖ Los huevos representan y simbolizan resurgimiento.
- ❖ Los camarones representan sonrisas y alegría.
- ❖ Los cacahuates representan fertilidad y longevidad.

El pescado y el pollo simbolizan alegría y prosperidad, mientras que los platillos preparados con naranjas representan riqueza y buena fortuna, ya que en China se considera la fruta más abundante.

Los *dumplings* son un platillo muy popular en China. Incluso, en algunas regiones se pone una moneda dentro del *dumpling* y existe la creencia de que quien reciba y muerda uno de esos *dumplings* tendrá una excelente suerte durante el año.

¿Te animas a cocinar?

En China la cocina se asocia con abundancia. Se dice que una casa donde se utiliza la cocina y se preparan alimentos siempre atraerá abundancia para sus habitantes.

Algunas recetas que puedes preparar para tu cena de Año Nuevo son las siguientes:

Carne condimentada a la naranja

Ingredientes:

2 cucharadas de aceite vegetal

$^1/_2$ kilo de filete de res cortado en tiritas o diagonalmente

$^1/_4$ de taza de cáscara de naranja cortada en pedacitos

1 diente de ajo rebanado

$^1/_2$ cucharadita de jengibre

2 cucharadas de harina de maíz

1 taza de caldo de res

$^1/_4$ taza de salsa de soya

$^1/_4$ de taza de jerez

$^1/_4$ de taza de mermelada de naranja

$^1/_2$ cucharada de pimiento rojo en hojuelas

Calentar el aceite vegetal a temperatura media. Agregar las tiras de carne de res. Freír por 3 minutos o hasta que la carne se oscurezca por el exterior. Retirar la carne y secar el exceso de aceite con toallas absorbentes de papel. Volver a colocar la carne en el wok o sartén. Integrar las cáscaras de naranja, el ajo y el jengibre. Freír 1 minuto.

En un tazón aparte mezclar la harina de maíz, el caldo de res, la salsa de soya, el jerez, la mermelada de naranja y el pimiento rojo en hojuelas. Al estar mezclado y caliente, combinar con la carne de res en tiras y cocinar por un minuto.

Sírvase caliente.

Pollo a la naranja

Ingredientes

$1\frac{1}{2}$ taza de agua

2 cucharadas de jugo de naranja

$\frac{1}{4}$ de taza de jugo de limón

$\frac{1}{3}$ de taza de vinagre de arroz

$2\frac{1}{2}$ cucharadas de salsa de soya

1 cucharada de cáscara de naranja molida

1 taza de azúcar morena

$\frac{1}{2}$ cucharadita de raíz fresca de jengibre picada

$\frac{1}{2}$ cucharadita de ajo picado

2 cucharadas de cebollín verde picado

$\frac{1}{4}$ de cucharada de hojuelas de pimiento rojo

3 cucharadas de harina de maíz

2 cucharadas de agua

2 pechugas de pollo cortadas en pedazos

1 taza de harina de trigo

$\frac{1}{4}$ de cucharadita de sal

$\frac{1}{4}$ de cucharadita de pimienta

3 cucharadas de aceite de oliva

Mezclar en un sartén $1\frac{1}{2}$ tazas de agua, el jugo de naranja, el jugo de limón, el vinagre de arroz y la salsa de soya. Calentar a fuego medio. Agrega la cáscara de naranja, el azúcar morena, el jengibre, el ajo y el cebollín verde. Al primer hervor retíralo del fuego y dejar enfriar de 10 a 15 minutos.

Coloca las piezas de pollo en una bolsa resellable y cuando la mezcla esté fría, vierte una taza de la salsa en la bolsa. Guarda el resto de la salsa. Sella la bolsa y refrigera por al menos dos horas. En otra bolsa resellable mezcla la harina, la sal y la pimienta. Mezcla y agrega las piezas de pollo marinadas. Agita bien hasta que quede el pollo cubierto.

Calienta el aceite de oliva a fuego medio. Coloca el pollo y dóra por ambos lados. Pasa el pollo a toallas absorbentes y cúbre con papel aluminio.

Fríe la salsa restante y al primer hervor mezclar la harina de maíz y las dos cucharadas de agua. Bajar la flama a la estufa, integra las piezas de pollo y mezcla bien durante cinco minutos.

Dumplings de res

Ingredientes
680 g de carne molida de res
150 g de lechuga rallada
1 zanahoria rallada
1 cebolla picada
1 huevo
4 g de azúcar
6 g de sal
15 ml de salsa de soya
15 ml de aceite vegetal
1 paquete de pasta de won ton

En un tazón grande mezcla la carne, la lechuga, la zanahoria y la cebolla. Integra poco a poco el huevo, el azúcar, la sal, la salsa de soya y el aceite vegetal.

Coloca una cucharada de esta mezcla en el centro de la pasta de won ton y dóblala para sellarla. Prepara varios *dumplings* siguiendo este método.

Hierve los *dumplings* en agua hasta que floten durante cinco minutos.

Los puedes servir con salsa picante, salsa de soya o agregarlos a una sopa. Nunca debes contar los *dumplings* mientras los estás haciendo ni debe haber niños en la cocina al prepararlos. Los chinos lo consideran de mala suerte, ya que existe la creencia de que cuanto más *dumplings* cuentes más pobre te volverás.

En la cena de Año Nuevo la mesa se coloca como ofrenda a los dioses. Es una cena muy especial donde se invita a las deidades a convivir con la familia. Se coloca uno de los principales platillos, ya sea pollo, pescado o carne, naranjas y arroz. Se encienden velas e inciensos mientras se reza. Cuando el incienso se ha consumido se considera que los dioses ya han cenado, ya que existe la creencia de que los dioses inhalan la esencia de la comida. En ese momento la familia debe empezar a cenar y celebrar.

También en esa noche, antes de empezar a cenar se venera a los ancestros. Se colocan fotografías de ellos y se les ofrece incienso y una reverencia. El primero en hacerlo debe ser el hombre mayor de la casa y después los demás miembros de la familia.

Si algún miembro de la familia no pudo asistir a la cena, se coloca su lugar en la mesa, incluso su plato de comida.

En China existe la creencia de que la manera de comunicarse con los dioses o de enviar objetos al otro plano de vida es a través del humo del fuego, por lo que sus peticiones las escriben o las dibujan principalmente en papel que queman para asegurarse de que por medio del humo van a ser escuchadas por los dioses. Por lo que puedes dibujar o escribir en un papel tus peticiones y quemarlas durante la noche del Año Nuevo.

En la mañana del primer día del Año Nuevo se puede venerar a los ancestros quemando papeles con dibujos de las cosas que les gustaban en vida y haciendo la ofrenda de la comida de la misma manera que se ofreció a los dioses la noche previa por medio del incienso.

También se colocan nudos místicos rojos para decorar las casas y se regalan a amistades y conocidos deseándoles bendiciones.

Es tradicional que la noche de la cena de Año Nuevo algún o algunos miembros de la familia no duerman. Esto es con la intención de proteger la casa de los demonios que salen durante esa noche.

¡Gong Xi Fa Kai!
¡Gung Hay Fat Choy!

Regalos que debes evitar en esta época

❖ Relojes (se interpreta como deseo de muerte).
❖ Sombreros verdes (representan infidelidad).
❖ Zapatos (se asocian con suspiros).
❖ Peras (separación).
❖ Servilletas o pañuelos (duelo).
❖ Paraguas (conclusiones).
❖ Tijeras, cuchillos, objetos afilados (cortar lazos y amistades).

3. RITUALES PARA RECIBIR CADA MES LUNAR CHINO

Cada mes inicia en luna nueva. Los meses lunares chinos son de 29 o 30 días.

Durante el año 2018 se presenta un mes lunar intercalado. Esto sucede cuando en un mismo año ocurren 13 lunas nuevas en lugar de 12. Los meses lunares chinos empiezan en las siguientes fechas:

❖ 15 de febrero de 2018. Primer mes lunar del Año del Perro (mes del Tigre)
  México 15:06 h., UTC 21:06 h., Beijing 16 de febrero 04:06 h.
❖ 17 de marzo de 2018. Mes lunar del Conejo
  México 07:14 h., UTC 13:14 h., Beijing 20:14 h.
❖ 15 de abril de 2018. Mes lunar del Dragón
  México 20:59 h., UTC 16 de abril 01:59 h., Beijing 16 de abril 10:59 h.
❖ 15 de mayo de 2018. Mes lunar de la Serpiente
  México 06:49 h.
❖ 13 de junio de 2018. Mes lunar del Caballo
  México 06:49 h., UTC 11:49 h., Beijing 14 de junio 04:45 h.
❖ 12 de julio de 2018. Mes lunar de la Cabra
  México 21:49 h., UTC 13 de julio 02:49 h., Beijing 13 de julio 11:49 h.
❖ 11 de agosto de 2018. Mes lunar del Mono

México 04:59 h., UTC 09:59 h., Beijing 18:59 h.

- ❖ 9 de septiembre de 2018. Mes lunar del Gallo
  México 13:02 h., UTC 18:02 h., Beijing 10 de septiembre
  03:02 h.
- ❖ 8 de octubre de 2018. Mes lunar del Perro
  México 22:47 h., UTC 9 de octubre 03:47 h., Beijing 9 de
  octubre 12:47 h.
- ❖ 7 de noviembre de 2018. Mes lunar del Cerdo
  México 10:02 h., UTC 16:02 h., Beijing 23:02 h.
- ❖ 7 de diciembre de 2018. Mes lunar de la Rata
  México 01:21 h., UTC 07:21 h., Beijing 14:21 h.
- ❖ 5 de enero de 2019. Mes lunar del Buey
  México 17:29 h., UTC 6 de enero 01:29 h., Beijing 6 de
  enero 08:29 h.

Al horario central de México le agregas seis horas para tiempo UTC, para adecuarlo al horario de verano.

Se pueden realizar rituales cuando comienza cada mes lunar chino que se asocian con la energía de siembra y cosecha durante cada mes. Estos rituales se realizan dentro de los tres primeros días de cada mes lunar.

Se recomienda encender tres inciensos con aroma de sándalo, canela, naranja o toronja durante los tres primeros días.

Colocar un jarrón con flores frescas el día que inicia el mes lunar chino. El color de las flores puede ser el siguiente: febrero y noviembre: rosas y blancas; marzo y diciembre: azules y moradas; abril y enero (2019): rojas y naranjas; mayo: blancas y rosas; junio: azules y moradas; julio: rojas y naranjas; agosto: naranjas y amarillas; septiembre: moradas y azules; octubre: blancas y rosas.

Los primeros 15 días del mes lunar chino son ideales para impulsar deseos, anhelos, planes y proyectos, así como para cortarse el cabello, arreglar jardines y sembrar plantas. Los últimos 15 días del mes lunar chino son adecuados para cancelar deudas, cobrar dinero, recoger frutos, arreglar problemas, terminar o deshacer sociedades y acuerdos.

Dentro de los tres primeros días del mes lunar chino escribe en una hoja tus planes para ese mes, dobla la hoja en nueve partes y guárdala dentro de una caja de madera pintada de gris, y escóndela en el noroeste de tu clóset o de un cajón donde guardes tu ropa o tus pertenencias. Coloca dentro de esa caja, junto con el papel, tres cuarzos blancos, boleados y programados para que limpien, depuren y armonicen la energía, y se abran los caminos para que obtengas tus metas y proyectos del mes en armonía y amor.

El último día del mes lunar abres la caja y quemas el papel, colocas los cuarzos en un tazón con agua y al día siguiente los vuelves a utilizar y programar para tus deseos del próximo mes.

Dentro de los tres primeros días del mes lunar ubica una escultura de una rana de tres patas, con una moneda china en la boca, sobre una base a un lado de la puerta de entrada de tu casa. La escultura debe simular que entra a tu casa. El último día del mes lunar la quitas, la limpias y la pasas sobre el humo de tres inciensos. El primer día del mes lunar chino la vuelves a colocar en la entrada de tu casa. Esto es para honrar al Dios de la Luna.

Si te es posible, el primer día del mes lunar chino enciende tres cohetes en los que escribas un deseo en cada uno. Esto es para alejar la mala energía de tu casa durante ese mes.

El primer día del mes lunar chino pinta de rojo un huevo (el cascarón) y colócalo a un lado de la caja donde guardas el dinero o en tu cocina. Déjalo ahí todo el mes y el último día del mes lunar chino lo abres y lo tiras al desagüe. Este ritual es muy empleado para cuestiones asociadas con ventas.

Destina una alcancía y colócala en el sureste de tu habitación. El último día del mes lunar chino deposita en esa alcancía tres o nueve monedas de una determinada denominación. Este ritual es para fomentar y trabajar la energía del ahorro.

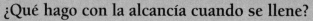

¿Qué hago con la alcancía cuando se llene?

Deposita el dinero en una cuenta de banco y no lo toques hasta tu vejez. Vuelve a empezar a llenar tu alcancía.

El primer día del mes lunar chino organiza una cena o comida familiar similar a la del inicio del año lunar chino.

Durante los tres primeros días del mes lunar chino coloca en tu cocina y el comedor fruteros con frutas frescas: naranjas, piñas, mandarinas, limones, toronjas (para abundancia), duraznos y manzanas (para amor).

Al inicio del mes lunar chino inserta clavos de olor en una naranja fresca y guárdala en cualquier parte de tu casa. Al final del mes lunar chino tira esa naranja al mar, al río o a una corriente de agua. Este ritual es para atraer amor y abundancia, así como buena suerte.

¿Como limpiar y programar cuarzos?

El método que yo generalmente utilizo es: al comprar los cuarzos los coloco una hora a la luz del sol, una hora a la luz de la luna (llena), una hora en agua con sal y una hora en agua con azúcar.

Procedo a sacarlos y los tomo entre mis manos y les pido que limpien, depuren y armonicen la energía para aquello que deseo y los coloco en el lugar. Después de hacer esto nadie los puede tocar.

Si alguien los toca, o cada quince días, los descargo colocándolos tres horas en un tazón pequeño con agua. Después de esas tres horas los vuelvo a programar y colocar en el lugar.

Nota importante: las soluciones de apoyo con base en Feng Shui se colocan al iniciar el mes solar chino y son las que compartimos en la última parte de este libro.

4. ASTROLOGÍA CHINA

La astrología china se basa en un calendario sexagenario que parte de diez elementos madre (los cinco elementos en fase yin y en fase yang) conocidos como los diez tallos celestiales y las 12 ramas terrestres que corresponden a los 12 animales zodiacales, que en realidad también son elementos con una asociación a signos. Cada uno de estos animales o signos rige durante un año y corresponde a un elemento determinado en fase yin o yang, por lo que si multiplicamos diez elementos por 12 animales y lo dividimos entre dos (yin y yang), tenemos 60, es decir, el ciclo sexagenario. Esto quiere decir que cada 60 años se vuelve a presentar un animal con un elemento. Este año rige el perro de tierra yang, tienen que pasar 60 años para que vuelva a presentarse otro año del perro de tierra yang.

¿Sabes que los chinos consideran a una persona longeva a los 60 años de edad?
Esto es porque esa persona ya recorrió el ciclo astrológico de 60 años.

Los 12 animales o signos zodiacales chinos son la rata, el buey (o búfalo), el tigre, el conejo (o gato), el dragón, la serpiente, el caballo, la cabra, el mono, el gallo, el perro y el cerdo (o jabalí).

Cada animal o signo zodiacal chino tiene un elemento fijo y uno variable. El elemento fijo que le corresponde a cada uno es el siguiente:

Mono yang y gallo yin	Metal
Tigre yang y conejo yin	Madera
Rata yang y cochino yin	Agua
Serpiente yin y caballo yang	Fuego
Buey yin, dragón yang, cabra yin y perro yang	Tierra

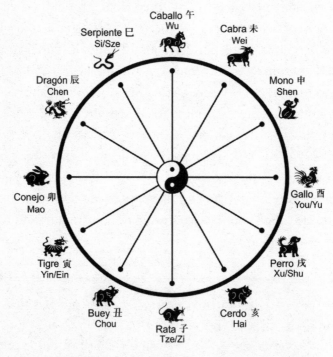

Rueda zodiacal china con los 12 signos y su nombre en chino

Con base en la terminación del año de nacimiento (contando a partir del inicio del año solar, 4 de febrero) tenemos un elemento variable.

Si el año en que naciste termina en:

0	Metal
1	Metal
2	Agua
3	Agua
4	Madera
5	Madera
6	Fuego
7	Fuego
8	Tierra
9	Tierra

Un signo de naturaleza yang solo se puede combinar con un año de elemento yang, y un signo de naturaleza yin solo se puede combinar con un año de elemento yin.

A cada signo le corresponde una estación del año que favorece al signo si nace en esa estación del año.

Dragón, conejo y tigre	Primavera
Serpiente, caballo y cabra	Verano
Mono, gallo y perro	Otoño
Cochino, rata y buey	Invierno

Cada estación del año se asocia con un elemento y un órgano del cuerpo:

Primavera	Madera	Hígado
Verano	Fuego	Corazón
Verano tardío	Tierra	Bazo
Otoño	Metal	Pulmones
Invierno	Agua	Riñones

También a cada signo zodiacal le corresponde un par de horas del día:

Rata	11 p. m. a 1 a. m.
Buey	1 a. m. a 3 a. m.
Tigre	3 a. m. a 5 a. m.
Conejo	5 a. m. a 7 a. m.
Dragón	7 a. m. a 9 a. m.
Serpiente	9 a. m. a 11 a. m.
Caballo	11 a. m. a 1 p. m.
Cabra	1 p. m. a 3 p. m.
Mono	3 p. m. a 5 p. m.
Gallo	5 p. m. a 7 p. m.
Perro	7 p. m. a 9 p. m.
Cerdo	9 p. m. a 11 p. m.

De acuerdo con tu signo zodiacal puedes establecer tus horas más propicias del día. Esta información también nos sirve para establecer otro signo con base en la hora en que naciste.

A continuación presentamos una tabla donde puedes encontrar el elemento variable que te rige con base en tu hora de nacimiento.

Tabla de las 5 Ratas

Horario (Hora Dual Local)	Día ► a Hora ▼	Tallo Celestial del Día (Ser o Soberano del Día)				
		Madera + o Tierra –	Madera – o Metal +	Fuego + o Metal –	Fuego – o Agua +	Tierra + o Agua –
12 am-1 am	Rata Temprana	Madera + Rata (Jia Zi)	Fuego + Rata (Bing Zi)	Tierra + Rata (Wu Zi)	Metal + Rata (Geng Zi)	Agua + Rata (Ren Zi)
1 am-3 am	Buey	Madera – Buey (Yi Chou)	Fuego – Buey (Ding Chou)	Tierra – Buey (Ji Chou)	Metal – Buey (Xin Chou)	Agua – Buey (Gui Chou)
3 am-5 am	Tigre	Fuego + Tigre (Bing Yin)	Tierra + Tigre (Wu Yin)	Metal + Tigre (Geng Yin)	Agua + Tigre (Ren Yin)	Madera + Tigre (Jia Yin)
5 am-7 am	Mao	Fuego – Conejo (Ding Mao)	Tierra – Conejo (Ji Mao)	Metal – Conejo (Xin Mao)	Agua – Conejo (Gui Mao)	Madera – Conejo (Yi Mao)
7 am-9 am	Dragón	Tierra + Dragón (Wu Chen)	Metal + Dragón (Geng Chen)	Agua + Dragón (Ren Chen)	Madera + Dragón (Jia Chen)	Fuego + Dragón (Bing Chen)
9 am-11 am	Serpiente	Tierra – Serpiente (Ji Si)	Metal – Serpiente (Xin Si)	Agua – Serpiente (Gui Si)	Madera – Serpiente (Yi Si)	Fuego – Serpiente (Ding Si)
11 am-1 pm	Caballo	Metal + Caballo (Geng Wu)	Agua + Caballo (Ren Wu)	Madera + Caballo (Jia Wu)	Fuego + Caballo (Bing Wu)	Tierra + Caballo (Wu Shen)
1 pm-3 pm	Cabra	Metal – Cabra (Xin Wei)	Agua – Cabra (Gui Wei)	Madera – Cabra (Yi Wei)	Fuego – Cabra (Ding Wei)	Tierra – Cabra (Ji Wei)
3 pm-5 pm	Mono	Agua + Mono (Ren Shen)	Madera + Mono (Jia Shen)	Fuego + Mono (Bing Shen)	Tierra + Mono (Wu Shen)	Metal + Mono (Geng Shen)
5 pm-7 pm	Gallo	Agua – Gallo (Gui Hai)	Madera – Gallo (Yi Hai)	Fuego – Gallo (Ding You)	Tierra – Gallo (Ji You)	Metal – Gallo (Xin You)
7 pm-9 pm	Perro	Madera + Perro (Jia Xu)	Fuego + Perro (Bing Xu)	Tierra + Perro (Wu Xu)	Metal + Perro (Geng Xu)	Agua + Perro (Ren Xu)
9 pm-11 pm	Cerdo	Madera – Cerdo (Yi Hai)	Fuego – Cerdo (Ding Hai)	Tierra – Cerdo (Ji Hai)	Metal – Cerdo (Xin Hai)	Agua – Cerdo (Gui Hai)
11 pm-12 am	Rata de Noche	Fuego + Rata (Bing Zi)	Tierra + Rata (Wu Zi)	Metal + Rata (Geng Zi)	Agua + Rata (Ren Zi)	Madera + Rata (Jia Zi)

Simbología: Yang (+) / Yin (–)

Se conoce como Tabla de las 5 Ratas a la tabla con la cual se puede calcular fácilmente el Pilar correspondiente a la Hora Dual de Nacimiento (personal) o a la Hora Dual en curso (de cualquier día).

Recibe el nombre de Tabla de las 5 Ratas porque el signo o Rama Terrestre Rata es el que corresponde tanto a la primera hora como a la última hora del día (de cualquier día).

Cada una de las 12 Ramas Terrestres o signos del zodiaco chino gobierna una hora dual específica del día (de cualquier día).

Hora	Rama Terrestre			Hora Dual
1	Zi	Rata	子	23-1
2	Chou	Buey	丑	1-3
3	Yin	Tigre	寅	3-5
4	Mao	Conejo	卯	5-7
5	Chen	Dragón	辰	7-9
6	Si	Serpiente	巳	9-11
7	Wu	Caballo	午	11-13
8	Wei	Cabra	未	13-15
9	Shen	Mono	申	15-17
10	Yu	Gallo	酉	17-19
11	Xu	Perro	戌	19-21
12	Hai	Cerdo	亥	21-23

Rata de Noche o Rata Tardía / Rata Temprana o Rata de Día

La Hora Dual de la Rata abarca de las 23:00 horas a las 00:59 horas, lo cual significa que esta hora dual queda cortada entre dos días.

El pilar que corresponde a la Hora de la Rata de Noche o Tardía corre de las 23:00 horas y hasta las 23:59 horas, y es ese mismo pilar con el cual comienza el siguiente día (de las 00:00 horas a las 00:59 horas).

Lo anterior indica que para un día en particular (cualquiera) existen 13 de la Hora Dual y no 12 pilares.

También a cada animal o signo zodiacal le corresponde un mes, empezando el año con el signo del tigre, representante del elemento madera y el inicio de la primavera. Recordando que el

Año Nuevo Chino empieza en febrero, entonces los meses corresponden de la siguiente manera:

Tigre	Febrero	A partir del 4
Conejo	Marzo	A partir del 6
Dragón	Abril	A partir del 6
Serpiente	Mayo	A partir del 6
Caballo	Junio	A partir del 6
Cabra o borrego	Julio	A partir del 8
Mono	Agosto	A partir del 8
Gallo	Septiembre	A partir del 8
Perro	Octubre	A partir del 9
Cerdo	Noviembre	A partir del 8
Rata	Diciembre	A partir del 8
Buey o búfalo	Enero	A partir del 5

A continuación presentamos una tabla para que encuentres el elemento variable que te rige por el mes de nacimiento.

Tabla de los 5 Tigres

Mes ▼	Año ▶ (Terminación del año)	A 8 0 3	B 7 0 2	C 6 0 1	D 5 0 0	E 9 0 4
(Yin) Tigre	Febrero	(Jia) Madera + Tigre (Yin)	(Ren) Agua + Tigre (Yin)	(Geng) Metal + Tigre (Yin)	(Wu) Tierra + Tigre (Yin)	(Bing) Fuego + Tigre (Yin)
(Mao) Conejo	Marzo	(Yi) Madera – Conejo (Mao)	(Gui) Agua – Conejo (Mao)	(Xin) Metal – Conejo (Mao)	(Ji) Tierra – Conejo (Mao)	(Ding) Fuego – Conejo (Mao)
(Chen) Dragón	Abril	(Bing) Fuego + Dragón (Chen)	(Jia) Madera + Dragón (Chen)	(Ren) Agua + Dragón (Chen)	(Geng) Metal + Dragón (Chen)	(Wu) Tierra + Dragón (Chen)

		(Ding) Fuego – Serpiente (Si)	(Yi) Madera – Serpiente (Si)	(Gui) Agua – Serpiente (Si)	(Xin) Metal – Serpiente (Si)	(Ji) Tierra – Serpiente (Si)
(Si) Serpien- te	Mayo	(Ding) Fuego – Serpiente (Si)	(Yi) Madera – Serpiente (Si)	(Gui) Agua – Serpiente (Si)	(Xin) Metal – Serpiente (Si)	(Ji) Tierra – Serpiente (Si)
(Wu) Caballo	Junio	(Wu) Tierra + Caballo (Wu)	(Bing) Fuego + Caballo (Wu)	(Jia) Madera + Caballo (Wu)	(Ren) Agua + Caballo (Wu)	(Geng) Metal + Caballo (Wu)
(Wei) Cabra	Julio	(Ji) Tierra – Cabra (Wei)	(Ding) Fuego – Cabra (Wei)	(Yi) Madera – Cabra (Wei)	(Gui) Agua – Cabra (Wei)	(Xin) Metal – Cabra (Wei)
(Shen) Mono	Agosto	(Geng) Metal + Mono (Shen)	(Wu) Tierra + Mono (Shen)	(Bing) Fuego + Mono (Shen)	(Jia) Madera + Mono (Shen)	(Ren) Agua + Mono (Shen)
(You) Gallo	Septiembre	(Xin) Metal – Gallo (You)	(Ji) Tierra – Gallo (You)	(Ding) Fuego – Gallo (You)	(Yi) Madera – Gallo (You)	(Gui) Agua – Gallo (You)
(Xu) Perro	Octubre	(Ren) Agua + Perro (Xu)	(Geng) Metal + Perro (Xu)	(Wu) Tierra + Perro (Xu)	(Bing) Fuego + Perro (Xu)	(Jia) Madera + Perro (Xu)
(Hai) Cerdo	Noviembre	(Gui) Agua – Cerdo (Hai)	(Xin) Metal – Cerdo (Hai)	(Ji) Tierra – Cerdo (Hai)	(Ding) Fuego – Cerdo (Hai)	(Yi) Madera – Cerdo (Hai)
(Zi) Rata	Diciembre	(Jia) Madera + Rata (Zi)	(Ren) Agua + Rata (Zi)	(Geng) Metal + Rata (Zi)	(Wu) Tierra + Rata (Zi)	(Bing) Fuego + Rata (Zi)
(Chou) Buey	Enero	(Yi) Madera – Buey (Chou)	(Gui) Agua – Buey (Chou)	(Xin) Metal – Buey (Chou)	(Ji) Tierra – Buey (Chou)	(Ding) Fuego – Buey (Chou)

Simbología: Yang (+) / Yin (-)

Se conoce como Tabla de los 5 Tigres a la tabla con la cual se puede calcular fácilmente el Pilar correspondiente al mes de nacimiento (personal) o el Pilar del Mes en curso (de cualquier año).

Recibe el nombre de Tabla de los 5 Tigres porque el signo Tigre es el que corresponde al primer mes del año chino (de cualquier año).

Cada una de las 12 Ramas Terrestres o signos del zodiaco chino gobierna un mes específico del año (de cualquier año), de tal forma que el Tigre gobierna el primer mes chino (equiparable a febrero); el Conejo gobierna el segundo mes (equiparable a marzo), y así sucesivamente.

Por ejemplo, ya que este libro trata del Año del Perro de Tierra y es el año 2018, tomemos como ejemplo el Pilar del primer mes (Mes del Tigre).

Como el año en curso termina en "8" se busca la columna en la que aparece listado el número "8" en el renglón superior.

El número "8" aparece listado en la columna central de la tabla con la letra "A", de tal forma que en esa columna aparecen listados los pilares correspondientes a los 12 meses del Año del Perro 2018.

Al casar el contenido de la columna 8 con la primera columna, se puede saber que el Pilar del primer mes del Año del Perro 2018 es Madera Yang / Tigre (febrero) y el pilar del segundo mes del Año del Perro 2018 (marzo) es Madera Yin / Conejo y así sucesivamente.

¿Entonces cuántos signos zodiacales chinos tenemos?

Cada persona tiene cuatro signos chinos de acuerdo con su fecha de nacimiento (día, hora, mes y año). Esto nos imprime características propias y diferentes a cada uno. Cada signo tiene un elemento fijo (rama terrestre) y uno variable (tallo celestial).

Tu signo zodiacal chino por año de nacimiento te ayuda a establecer y determinar tu personalidad en el mundo, y la forma en que te manifiestas, mientras que el signo por hora de nacimiento te sirve para determinar tu carácter y la forma en que reaccionas ante situaciones difíciles. También el signo por hora de nacimiento te da dos horas más del día como propicias y se puede interpretar como tus logros. Existen un tercer y cuarto signo relacionados con el mes y el día de nacimiento. El mes de nacimiento se asocia con tu profesión y el día de nacimiento con tu ser real interior, es decir, tus verdaderos e íntimos sentimientos y emociones.

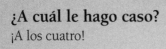

¿A cuál le hago caso?
¡A los cuatro!

Esto es lo que se estudia y analiza en los Cuatro Pilares o Astrología Ba Zi para determinar el destino de las personas.

SIGNO DEL DÍA DE NACIMIENTO O PILAR DEL DÍA DE NACIMIENTO
日柱 / 日元 (Ri Zhu/Ri Yuan)

El Pilar del día de nacimiento es decisivo en el estudio astrológico de una persona, ya que este Pilar contiene al Soberano del Día (日主 Ri Zhu), que es el Tallo Celestial (del día de nacimiento) el que define al "ser", es decir, a la persona misma.

Este Tallo Celestial es el que realmente marca a una persona, ya que es el que interactúa con los otros pilares y con base en él se determinan los Pilares de la Suerte.

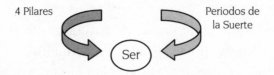

4 Pilares — Ser — Periodos de la Suerte

Para poder calcular el Pilar del Día necesitamos saber en qué número de día nacimos, partiendo del día 1° de enero del calendario gregoriano. Es decir, el 1° de enero, de cualquier año, es el día 1, mientras que el 31 de diciembre es el día 365, excepto en año bisiesto, que es el día 366.

1	ENE	2	FEB	3	MAR	4	ABR	5	MAY	6	JUN	7	JUL	8	AGO	9	SEP	10	OCT	11	NOV	12	DIC
1	1	1	32	1	60	1	91	1	121	1	152	1	182	1	213	1	244	1	274	1	305	1	335
2	2	2	33	2	61	2	92	2	122	2	153	2	183	2	214	2	245	2	275	2	306	2	336
3	3	3	34	3	62	3	93	3	123	3	154	3	184	3	215	3	246	3	276	3	307	3	337
4	4	4	35	4	63	4	94	4	124	4	155	4	185	4	216	4	247	4	277	4	308	4	338
5	5	5	36	5	64	5	95	5	125	5	156	5	186	5	217	5	248	5	278	5	309	5	339
6	6	6	37	6	65	6	96	6	126	6	157	6	187	6	218	6	249	6	279	6	310	6	340
7	7	7	38	7	66	7	97	7	127	7	158	7	188	7	219	7	250	7	280	7	311	7	341
8	8	8	39	8	67	8	98	8	128	8	159	8	189	8	220	8	251	8	281	8	312	8	342
9	9	9	40	9	68	9	99	9	129	9	160	9	190	9	221	9	252	9	282	9	313	9	343
10	10	10	41	10	69	10	100	10	130	10	161	10	191	10	222	10	253	10	283	10	314	10	344
11	11	11	42	11	70	11	101	11	131	11	162	11	192	11	223	11	254	11	284	11	315	11	345
12	12	12	43	12	71	12	102	12	132	12	163	12	193	12	224	12	255	12	285	12	316	12	346
13	13	13	44	13	72	13	103	13	133	13	164	13	194	13	225	13	256	13	286	13	317	13	347
14	14	14	45	14	73	14	104	14	134	14	165	14	195	14	226	14	257	14	287	14	318	14	348
15	15	15	46	15	74	15	105	15	135	15	166	15	196	15	227	15	258	15	288	15	319	15	349
16	16	16	47	16	75	16	106	16	136	16	167	16	197	16	228	16	259	16	289	16	320	16	350
17	17	17	48	17	76	17	107	17	137	17	168	17	198	17	229	17	260	17	290	17	321	17	351
18	18	18	49	18	77	18	108	18	138	18	169	18	199	18	230	18	261	18	291	18	323	18	352
19	19	19	50	19	78	19	109	19	139	19	170	19	200	19	231	19	262	19	292	19	323	19	353
20	20	20	51	20	79	20	110	20	140	20	171	20	201	20	232	20	263	20	293	20	324	20	354
21	21	21	52	21	80	21	111	21	141	21	172	21	202	21	233	21	264	21	294	21	325	21	355
22	22	22	53	22	81	22	112	22	142	22	173	22	203	22	234	22	265	22	295	22	326	22	356
23	23	23	54	23	82	23	113	23	143	23	174	23	204	23	235	23	266	23	296	23	327	23	357
24	24	24	55	24	83	24	114	24	144	24	175	24	205	24	236	24	267	24	297	24	328	24	358
25	25	25	56	25	84	25	115	25	145	25	176	25	206	25	237	25	268	25	298	25	329	25	359
26	26	26	57	26	85	26	116	26	146	26	177	26	207	26	238	26	269	26	299	26	330	26	360
27	27	27	58	27	86	27	117	27	147	27	178	27	208	27	239	27	270	27	300	27	331	27	361
28	28	28	59	28	87	28	118	28	148	28	179	28	209	28	240	28	271	28	301	28	332	28	362
29	29			29	88	29	119	29	149	29	180	29	210	29	241	29	272	29	302	29	333	29	363
30	30			30	89	30	120	30	150	30	181	30	211	30	242	30	273	30	303	30	334	30	364
31	31			31	90			31	151			31	212	31	243			31	304			31	365

Nota: En un año bisiesto, agregar un día después del 28 de febrero.

Para calcular el Pilar del Día podemos utilizar la siguiente fórmula matemática, que al principio se ve complicada, pero con la práctica cualquier persona es capaz de calcular el binomio o pilar, o signo del día de nacimiento.

$$\frac{5(X-1) + (X-1)/4 + 15 + Y}{60} = q$$

X = Últimos 2 dígitos del año de nacimiento
Y = Días transcurridos del año, incluido el día del nacimiento
q = Cociente
r = Remanente, el cual es el que realmente se utiliza para obtener el binomio

Ejemplo:

Hombre nacido el 17 de mayo de 1968

$$\frac{5(68\text{-}1) + (68\text{-}1)/4 + 15 + 138}{60} = q$$

$$\frac{5(67) + (67)/4 + 15 + 138}{60} = q$$

$$\frac{335 + 16 + 15 + 138}{60} = \frac{504}{60}$$

Nota: en este ejemplo se aplicó el aspecto del año bisiesto, ya que 1968 lo fue.

En este punto la cantidad de 504 se divide entre 60. Es importante hacer notar lo siguiente: se toma la cantidad completa y se busca cuál es la cantidad más cercana que exactamente sea divisible entre 60, que en este caso es 480 (480/60 = 8), así que la diferencia entre 504 y 480 es 24, por lo que 24 es el remanente.

Ahora buscamos en la Tabla de los 60 Jia Zi (siguiente tabla) la combinación número 24 que corresponde a Ding/Hai (Fuego Yin/ Cerdo) y este es el Pilar del Día.

六十花甲子 *Las 60 Flores Jia Zi (Liu Shi Hua Jia Zi)*

六十甲子60 Jia Zi								
1 甲子	Jia Zi	Madera +	**Rata**	31 甲午	Jia Wu	Madera +	**Caballo**
2 乙丑	Yi Chou	Madera -	Buey	32 乙未	Yi Wei	Madera -	Cabra
3 丙寅	Bing Yin	Fuego +	**Tigre**	33 丙申	Bing Shen	Fuego +	**Mono**
4 丁卯	Ding Mao	Fuego -	Conejo	34 丁酉	Ding Youo	Fuego -	Gallo
5 戊辰	Wu Chen	Tierra +	**Dragón**	35 戊戌	**Wu Xu**	Tierra +	**Perro**
6 己巳	Ji Si	Tierra -	Serpiente	36 己亥	Ji Hai	Tierra -	Cerdo
7 庚午	Geng Wu	Metal +	**Caballo**	37 庚子	Geng Zi	Metal +	**Rata**
8 辛未	Xin Wei	Metal -	Cabra	38 辛丑	Xin Chou	Metal -	Buey
9 壬申	Ren Shen	Agua +	**Mono**	39 壬寅	Ren Yin	Agua +	**Tigre**
10 癸酉	Gui You	Agua -	Gallo	40 癸卯	Gui Mao	Agua -	Conejo
11 甲戌	Jia Xu	Madera +	**Perro**	41 甲辰	Jia Chen	Madera +	**Dragón**
12 乙亥	Yi Hai	Madera -	Cerdo	42 乙巳	Yi Si	Madera -	Serpiente
13 丙子	Bing Zi	Fuego +	**Rata**	43 丙午	Bing Wu	Fuego +	**Caballo**
14 丁丑	Ding Chou	Fuego -	Buey	44 丁未	Ding Wei	Fuego -	Cabra
15 戊寅	Wu Yin	Tierra +	**Tigre**	45 戊申	Wu Shen	Tierra +	**Mono**
16 己卯	Ji Mao	Tierra -	Conejo	46 己酉	Ji You	Tierra -	Gallo
17 庚辰	Geng Chen	Metal +	**Dragón**	47 庚戌	Geng Xu	Metal +	**Perro**
18 辛巳	Xin Si	Metal -	Serpiente	48 辛亥	Xin Hai	Metal -	Cerdo
19 壬午	Ren Wu	Agua +	**Caballo**	49 壬子	Ren Zi	Agua +	**Rata**
20 癸未	Gui Wei	Agua -	Cabra	50 癸丑	Gui Chou	Agua -	Buey
21 甲申	Jia Shen	Madera +	**Mono**	51 甲寅	Jia Yin	Madera +	**Tigre**
22 乙酉	Yi You	Madera -	Gallo	52 乙卯	Yi Mao	Madera -	Conejo
23 丙戌	Bing Xu	Fuego +	**Perro**	53 丙辰	Bing Chen	Fuego +	**Dragón**
24 丁亥	Ding Hai	Fuego -	Cerdo	54 丁巳	Ding Wu	Fuego -	Serpiente
25 戊子	Wu Zi	Tierra +	**Rata**	55 戊午	Wu	Tierra +	**Caballo**
26 己丑	Ji Chou	Tierra -	Buey	56 己未	Ji Wei	Tierra -	Cabra
27 庚寅	Geng Yin	Metal +	**Tigre**	57 庚申	Geng Shen	Metal +	**Mono**
28 辛卯	Xin Mao	Metal -	Conejo	58 辛酉	Xin You	Metal -	Gallo
29 壬辰	Ren Chen	Agua +	**Dragón**	59 壬戌	Ren Xu	Agua +	**Perro**
30 癸巳	Gui Si	Agua -	Serpiente	60 癸亥	Gui Hai	Agua -	Cerdo

En la rueda zodiacal se establecen relaciones entre los signos que se denominan trinos. Formando trinos encontramos los signos que son compatibles. Las horas propicias para los dos signos compatibles al nuestro también van a ser propicias para nosotros.

Los trinos nos hablan de signos compatibles que representan afinidad y buenos amigos entre unos y otros signos:

Rata	Mono	Dragón
Buey	Gallo	Serpiente
Tigre	Perro	Caballo
Conejo	Cochino	Cabra

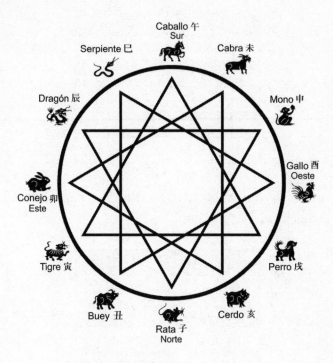

Trinos compatibles en la rueda zodiacal

Los signos paralelos también nos establecen un signo amigo.

Caballo	Cabra
Serpiente	Mono
Dragón	Gallo
Conejo	Perro
Tigre	Cochino
Buey	Rata

Los signos no compatibles se establecen por los opuestos en la rueda zodiacal.

Rata	Caballo
Buey	Cabra
Tigre	Mono
Conejo	Gallo
Dragón	Perro
Serpiente	Cochino

Otros signos no compatibles son los opuestos paralelamente en la rueda zodiacal de este a oeste.

Dragón	Conejo
Serpiente	Tigre
Caballo	Buey
Cabra	Rata
Mono	Cochino
Gallo	Perro

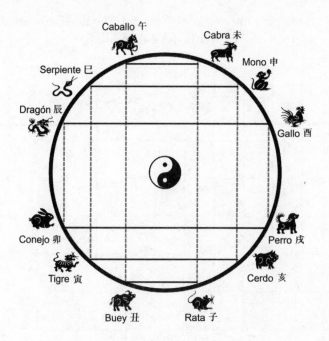

Opuestos en la rueda zodiacal = incompatibles
Paralelos en la rueda zodiacal= mejores amigos

A continuación presentamos una tabla donde puedes encontrar tu signo zodiacal y el elemento que te rige por el año en que naciste.

Tabla para encontrar el Pilar del Año de Nacimiento
(A partir del 4 de febrero)

Elemento	Último Dígito	Polaridad	Rata	Buey	Tigre	Conejo	Dragón	Serpiente	Caballo	Cabra	Mono	Gallo	Perro	Cerdo
Metal	0	+	1900 1960		1950 2010		1940 2000		1930 1990		1920 1980		1910 1970	
Metal	1	–		1901 1961		1951 2011		1941 2001		1931 1991		1921 1981		1911 1971
Agua	2	+	1912 1972		1902 1962		1952 2012		1942 2002		1932 1992		1922 1982	
Agua	3	–		1913 1973		1903 1963		1953 2013		1943 2003		1933 1993		1923 1983
Madera	4	+	1924 1984		1914 1974		1904 1964		1954 2014		1944 2004		1934 1994	
Madera	5	–		1925 1985		1915 1975		1905 1965		1955 2015		1945 2005		1935 1995
Fuego	6	+	1936 1996		1926 1986		1916 1976		1906 1966		1956 2016		1946 2006	
Fuego	7	-		1937 1997		1927 1987		1917 1977		1907 1967		1957 2017		1947 2007
Tierra	8	+	1948 2008		1938 1998		1928 1988		1918 1978		1908 1968		1958 2018	
Tierra	9	–		1949 2009		1939 1999		1929 1989		1919 1979		1909 1969		1959 2019

Dentro de la cosmogonía china existe la Teoría de los 5 Elementos (Wu Xing), los cuales interactúan en ciclos de Generación, Reducción, Control, Destrucción y Mediación.

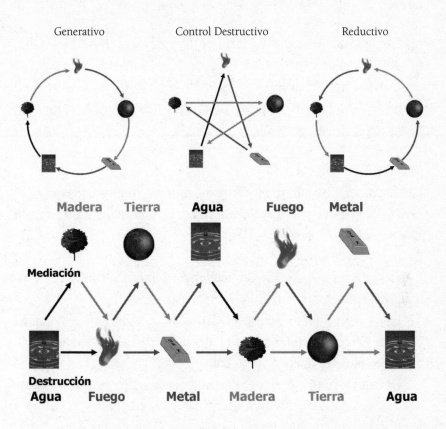

Las características físicas, por fecha de nacimiento, vestimenta, arquitectura, formas del paisaje y artículos decorativos, entre otros, se clasifican en uno u otro elemento, tal y como se presenta a continuación:

Agua

El elemento *agua* se distingue por las formas irregulares (no picudas), como olas, ondulaciones, así como las formas libres. Ejemplo: la Alberca Olímpica y el Gimnasio Juan de la Barrera (forman un patrón ondulante), una vereda o camino ondulante. Las calles, así como los pasillos, se asocian con el elemento *agua*.

Los colores que distinguen al elemento *agua* son el negro y azul marino, así como sus tonalidades más oscuras, como el gris Oxford o un verde muy oscuro.

Las texturas que distinguen al elemento *agua* son: agua y líquidos (incluido el aceite).

Detalles arquitectónicos y partes de la casa, así como artículos decorativos del elemento *agua*: fuentes, baños, lavandería, bar, tinaco, fosa séptica, peceras, espejos y vidrios.

Madera

Las formas del elemento *madera* son aquellas que son alargadas y generalmente verticales, ya sean cilíndricas, tubulares o cuadradas. Un rascacielos se considera elemento *madera*. Lo mismo sucede con las columnas.

Los colores que distinguen al elemento *madera* son el verde y azul (excepto en sus tonalidades más oscuras).

Las texturas del elemento *madera* son aquellas que provienen de fibras vegetales, tales como el algodón, el yute y el henequén, así como aquello hecho de madera.

Detalles arquitectónicos y partes de la casa, así como artículos decorativos del elemento *madera* son: textiles con patrones o dibujos florales, un cuadro con un paisaje boscoso, plantas y árboles.

Fuego

Las formas del elemento *fuego* son las pirámides, los conos, triángulos, picos y estrellas.

Los colores que distinguen al elemento *fuego* son el rojo, naranja y amarillo intensos, así como el rojo Ferrari.

Las texturas del elemento *fuego* son aquellas que provienen de pieles de animales o una pared con formas piramidales sobresalientes.

Detalles arquitectónicos y partes de la casa, así como artículos decorativos del elemento *fuego* son, por ejemplo: velas, luces y lámparas, pared roja, fotografías y/o figuras de personas o animales, cocina (estufa), calentador, chimenea, techo de dos aguas.

De la misma forma, todas las deidades o ángeles se considera que son del elemento *fuego*.

Tierra

Las formas del elemento *tierra* son los cuadrados, rectángulos y cubos, como puede ser un edificio no muy alto y en forma de cubo.

Los colores que distinguen al elemento *tierra* son aquellos como el terracota, café, amarillo, ocre, arena, beige, tonos rojizos, etcétera.

Las texturas del elemento *tierra* son aquellas que son porosas, tal como el ladrillo, el adobe y la arcilla.

Detalles arquitectónicos y partes de la casa, así como artículos decorativos del elemento *tierra*, son: muebles cuadrados, piso de losetas de cantera, cuadros con paisajes desérticos y planicies, ladrillo, cantera y barro.

Metal

Las formas de *metal* son las esferas, círculos, óvalos, arcos y bóvedas o cúpulas. La cúpula de una iglesia se considera metal.

Los colores del elemento *metal* son el gris, el blanco y el marfil, además de los colores metálicos como plata, cobre, oro, etcétera.

Las texturas del elemento *metal* son aquellas que son acojinadas o redondeadas.

Detalles arquitectónicos y partes de la casa, así como artículos decorativos del elemento *metal*, son: pisos o paredes blancas, bombillas, una barcaza dorada (china), un tapete redondo, cuarzos y cristales.

4. ASTROLOGÍA CHINA
DESCRIPCIÓN DE CADA SIGNO

RATA

Es encantador, compasivo. Conocido por su entrega y amor a la familia.

Generalmente es muy popular por poseer una mezcla de curiosidad, cariño y arrogancia. Son personas contradictorias, simpáticas y amables. Funcionan a base de competencia, les fascina negociar, organizar eventos, fiestas, coordinar situaciones. Socialmente son tímidas y reservadas. Tienen un buen sentido de evaluador y les gusta conciliar en las diferentes situaciones. Son controladoras y valoran mucho sus pertenencias. A veces caen en la trampa de la sobreambición, lo que las conduce a tener pérdidas económicas en diferentes negocios. Les gusta brindar cariño y amor a los demás aunque generalmente se sienten incomprendidas.

Son exigentes y materialistas, confiadas, perceptivas, observadoras y escurridizas cuando sienten que su espíritu libre puede ser atrapado.

Características positivas

Inteligente, cariñosa, imaginativa, plácida, oportunista, apasionada, elegante, sentimental, afectiva, emite críticas constructivas, atenta, honesta, práctica, materialista, aprende de la experiencia.

Características negativas

Calculadora, mala, misteriosa, incansable, de intenciones secretas, temperamental, odia las críticas, chismosa y organizadora de escándalos, manipuladora, obsesiva, demasiado ambiciosa.

La rata se asocia con

❖ Sabor: salado
❖ Estación: invierno
❖ Nace en: verano
❖ Colores: blanco, negro y azul
❖ Plantas: menta, ajenjo
❖ Flores: orquídeas, cardo
❖ Comida: chícharos, puerco
❖ Clima: frío

El hombre rata

❖ Busca sacar ventaja y provecho de todo y de todos
❖ Tiene un ojo perfecto para encontrar las mejores oportunidades
❖ Vive a través de su ingenio y astucia
❖ Tiene habilidad para los negocios
❖ Es ahorrador
❖ Le gustan las apuestas
❖ Le gusta gastar dinero
❖ Colecciona logros
❖ Se engancha con los chismes
❖ Buen evaluador
❖ Sensible hacia su familia

- Muy creativo
- Suspicaz y desconfiado
- Honesto

La mujer rata

- Gobierna el nido
- Su apariencia es tranquila
- Obtiene ganancias de sus logros
- Excelente en los negocios
- Comunicativa
- Aguda
- Nunca se pierde una oferta
- Siempre almacena
- Le gusta la moda pero siempre es elegante
- Excelente ama de casa
- Nunca se niega nada a sí misma
- Apasionada
- Directa y honesta
- Intelectual y creativa
- Excelente para poner a trabajar a los demás
- Generosa con quienes ama

El infante rata

- Aventurero
- Esconde sus cosas
- Odia ser ignorado
- Siempre se mete en problemas
- Se involucra en pleitos
- Siempre consigue lo que quiere
- Inquieto
- Hiperactivo
- Apena a sus padres
- Es metiche

* Alegre y cariñoso
* Le encanta explorar e investigar
* Curioso

En el hogar

No es una persona hogareña o a la que le gusten las labores del hogar. Prefiere tener quien se ocupe de esos asuntos. Le agradan la comodidad, la sensación de protección y la buena decoración. En ocasiones especiales le gusta tener invitados (solo en ocasiones especiales). Su casa es el lugar ideal para divertirse, ya que son excelentes anfitriones. Disfruta cocinar y divertir a sus huéspedes. Es generosa. Le gusta disfrutar de las ganancias que obtiene de su trabajo y es muy sensible para las celebraciones especiales, como aniversarios o el Día de las Madres. Le gusta tener su casa limpia, ordenada y organizada.

En el trabajo

Tiene una tendencia laboral agresiva que requiere de dirección, ya que puede ser conflictivas si no tienen suficiente actividad. Aunque tiende a ser controlada, la rata se puede volver neurótica en lo que a trabajo se refiere. Necesita comodidad y parecerá floja (prefiere que los demás hagan el trabajo y ella dar las órdenes). Tiende a ahorrar pero también a gastar. Busca tener ganancias de todo. Le gusta usar su mente y su astucia más que participar en labores físicas.

Ocupaciones

* Crítico
* Consejero financiero
* *Broker*
* Prestamista
* Abogado
* Detective

- ❖ Anticuario
- ❖ Accionista
- ❖ Especialista
- ❖ Psicólogo
- ❖ Escritor
- ❖ Patólogo
- ❖ Minero u otro tipo de trabajo debajo de la tierra

Le gusta

- ❖ Divertirse
- ❖ Lo raro e inusual
- ❖ Ser la primera en explorar cosas nuevas
- ❖ Los pasadizos secretos y escondites
- ❖ El misterio
- ❖ El dinero
- ❖ Lo enigmático
- ❖ Apostar
- ❖ La compañía
- ❖ Los bienes valiosos
- ❖ El placer

Le disgusta

- ❖ La vida mundana
- ❖ Los relojes de alarma
- ❖ Los esquemas rígidos
- ❖ Las agendas
- ❖ La burocracia
- ❖ Estar desocupada
- ❖ El fracaso
- ❖ Estar aislada o sola

Buenos amigos

❖ Es muy compatible con el buey, el dragón y el mono.

❖ Amigable con el conejo, la serpiente, el perro y el cerdo.

❖ Sin conflicto pero necesita esfuerzo: la rata, el tigre.

❖ Falta de empatía: la cabra, el gallo.

❖ Antagónico: el caballo.

Rata con rata

Esta combinación puede ser o muy buena o muy mala. Se juntan dos oportunistas que pueden generar doble problemática o doble beneficio. Al principio la relación puede ser apasionada, pero pronto el interés se irá perdiendo cuando se den cuenta del extremo parecido entre ellos.

Rata con buey

Aunque ambos tienen poco en común, la unión entre ellos es afortunada. La sensibilidad de la rata valorará la capacidad de ahorro y economía del buey. El buey se sentirá atraído por la audacia e inteligencia de la rata y su sinceridad. La rata puede encontrar mucha paz con el buey.

Rata con tigre

Debido al idealismo del tigre, que se manifiesta en poco interés hacia lo material, y al materialismo de la rata, pueden formar una buena pareja si ambos hacen un esfuerzo. Ambos pueden ser superficiales y rebeldes, escurridizos. Sin embargo, la rata deberá agradar y consentir al tigre dejándolo ser el centro de atención.

Rata con conejo

Estos dos se pueden llevar muy bien, pero la rata debe tener cuidado de no abusar del conejo porque puede arruinar su amistad y relación. Las relaciones de negocios entre ellos son mejores que las sentimentales.

Rata con dragón

Excelente relación. Ambos se aburren con facilidad, por lo que suficiente actividad y movimiento se debe esperar de esta combinación. La rata debe permitir que el dragón tome el rol dominante. La rata admirará al dragón, y como el dragón adora ser admirado, la relación puede ser un éxito.

Rata con serpiente

Este par forma una combinación amistosa en la que ambos disfrutan las cosas finas y valiosas, y chismearán juntos por horas. La serpiente puede caer en arranques de celos y posesividad, así como en frialdad y pasión repentina pero todo será temporal.

Rata con caballo

La relación entre estos dos egoístas se debe evitar a como dé lugar. Chocan completamente y su relación se torna difícil y compleja. La lucidez de la rata se verá fragmentada por lo impulsivo y drástico del caballo.

Rata con cabra

No existe mucha comprensión entre estos dos pero pueden convivir por periodos cortos, sobre todo en cuestiones relacionadas con interés mutuo. La desinteresada cabra será buena para la rata y la cabra disfrutará lo cariñoso de la rata.

Rata con mono

Esta combinación puede durar largo tiempo, ya que tienen mucho en común. Formarán una pareja entretenida y divertida siempre a la búsqueda de cosas y planes nuevos. La relación siempre tendrá presente la competencia y la rata tendrá que aceptar el dominio del mono.

Rata con gallo

Estos dos tienen poco para lograr una relación estable, más bien es una relación pasional sin estabilidad ni duración. La rata juzgará la apariencia del gallo y lo percibirá como superficial y banal.

Rata con perro

Estos dos viven en planetas diferentes por lo que pueden ser amistosos entre ellos pero no intentar una relación larga, porque lo apasionado del perro puede sacar de quicio a la independiente rata.

Rata con cerdo

Es un par muy sensual y pueden ser excelentes amigos por un rato, pero el confiado cerdo se puede volver vulnerable por los atractivos de la rata y ser manipulado por ella todo el tiempo.

Amor

Cuando la rata se enamora todo es romance y pasión. La rata es sensible a las cosas pequeñas y a los detalles que comparten con ella. La pareja sentimental de una rata puede esperar que sea cautelosa y nerviosa al principio, hasta que la relación se vuelva más estable. Es entonces cuando la rata mostrará toda su generosidad. La rata es sensual y hará todo lo posible para agradar a su pareja. Sin embargo, cuando la rata se siente segura de una relación se vuelve egoísta y demandante, lo que puede generar tristeza y depresión en su pareja.

Sexo

La rata no se incomoda en lo que se refiere a cuestiones sexuales. Le gusta tener la iniciativa e involucrarse en romances y relaciones emocionantes. Tanto al hombre como a la mujer rata les gusta el sexo rodeado de una atmósfera romántica o en lugares secretos. La rata es garantía de una noche apasionada. La mejor manera de seducir a una rata es buscar un lugar secreto, misterioso, con velas y buen vino. Si quieres que la rata te abandone llévala al entorno más aburrido y poco romántico que encuentres.

Salud

El elemento agua de la rata se asocia con los riñones y la vejiga, por lo que estos son los órganos a los que les debe poner atención. Su tendencia a ser ansiosa puede generar desequilibrio, por lo que debe aprender a expresar sus emociones y sentimientos para mantener una buena salud.

Intereses

A la rata le gustan los rompecabezas y los acertijos así como los juegos de mesa. Seguir el mercado de valores, la moda, las ofertas, el regateo, la búsqueda de antigüedades. Su fuerte no son los deportes, excepto la exploración o la espeleología. Le gustan los grupos ideológicos, religiosos y espirituales.

De acuerdo con el último número o dígito del año en que nació la rata puede tener como elemento variable agua, madera, fuego, tierra o metal. Los años terminados en 0 y 1 metal; 2 y 3 agua; 4 y 5 madera; 6 y 7 fuego y 8 y 9 tierra.

Rata agua de metal

Esta rata se caracteriza por ser íntegra, ambiciosa y por tener la habilidad de desarrollar la fuerza y la tenacidad para lograr un proyecto desde que lo inicia hasta que lo termina. En su aspecto negativo puede manifestarse inflexible, rígida y poco creativa. Esta rata debe esforzarse por ser más moldeable y adaptable al cambio, así como abierta al compromiso.

Rata agua de agua

Esta rata está en su elemento. Por consiguiente, tiene la doble habilidad de la persuasión, la diplomacia y la intuición. En su aspecto negativo el exceso de agua la puede llevar a saturarse de demasiada investigación, curiosidad y emociones. Es extremadamente sensible y le preocupa lo que piensan los demás acerca de ella. Esta rata debe esforzarse por ser menos influenciable y correr riesgos por sí misma de vez en cuando.

Rata agua de madera

La madera es el elemento asociado con la creatividad, por lo que este tipo de rata es artística de una u otra manera o expresión. Se caracteriza por confiar bastante en su propio juicio, tener un alto sentido moral y ético, así como una gran capacidad para crecer y expandir sus planes y proyectos. En su lado negativo, la madera la provee de diversas opciones, lo que la vuelve compleja en ideas y sentimientos. Esta rata debe controlar su tendencia a hacer todo al mismo tiempo y llenarse de actividades y compromisos que luego no puede sacar adelante por sí misma. Se sugiere que concentre su energía y la enfoque en pocas metas a la vez.

Rata agua de fuego

Esta rata se caracteriza por la indecisión, pero también por la sabiduría y la capacidad de innovar en todo lo que hace, lo que la conduce al éxito constante. Es adaptable y capaz de tolerar los cambios drásticos e inesperados. En su aspecto negativo puede caer en el exceso de entusiasmo y pasión, lo que la puede llevar a destruir y acabar con el principio por el que empezó a hacer algo. Esta rata debe tratar de controlar lo que dice, ya que puede ser demasiado hiriente con las palabras, y enfocar su energía a construir en lugar de destruir.

Rata agua de tierra

Esta rata es práctica, confiable, prudente, disciplinada y tiene la habilidad de trabajar duro para obtener lo que desea. En su aspecto negativo puede ser lenta y perder la iniciativa, y caer en la apatía dejando las decisiones importantes y cruciales sobre su vida en otros. Esta rata debe trabajar la autodisciplina y permitir volar su creatividad y sentirse más libre.

❀ Esencia: agua.

❀ Colores favorables: blanco, tonos pastel, gris, plata, oscuros, negro, verdes.

❀ Accesorios: metales, formas irregulares, cristales, maderas.

❀ Texturas: suaves, gasas, patrones de círculos, asimétricas, onduladas, líneas horizontales o verticales.

❀ Aromas: eucalipto, abeto blanco, ciprés, menta, mirra, palmarosa, jazmín, sándalo, neroli, rosa, toronja, manzanilla romana, lavanda, cedro, vetiver.

❀ Piedras y cuarzos: aquellos de colores oscuros, blanco, rosa, plata, verde.

❀ Color de cabello: oscuro, negro, rubio.

Si eres rata agua de metal, agua o de madera, lo anterior te apoya perfectamente.

Si eres rata agua de fuego logra el equilibrio enfatizando lo anterior con tonos verdes.

Si eres rata agua de tierra logra el equilibrio enfatizando lo anterior con tonos blancos y plateados.

BUEY

Calmado, paciente, pacífico, dictatorial. Se rige por la necesidad de estabilidad en todos los aspectos. No le es fácil adaptarse a los cambios, es convencional y tradicional. Respeta los valores tradicionales y la estabilidad. Su naturaleza es calmada y tranquila; siempre tiene disponibilidad y un temperamento profundo. Cuando se enoja es capaz de perder los estribos y se convierte en una persona violenta y agresiva. Disfruta los aspectos materiales de la vida y puede realizar el trabajo más pesado para poder tener comodidades y lujos. Adora la buena comida y una casa lujosa. Es disciplinado, tenaz y perseverante. Es amoroso pero poco expresivo.

Características positivas

Es consciente, paciente, trabajador, confiable, serio, amable, fuerte, cuidadoso, persistente, determinado, decidido, capaz y práctico.

Características negativas

Lento, necio, intolerante, parcial, temperamental, dogmático, conservador, materialista, complaciente, conformista, melancólico, depresivo.

El buey se asocia con

- ❖ Sabor: dulce
- ❖ Estación: invierno
- ❖ Nacimiento: noche de verano
- ❖ Colores: amarillo, azul
- ❖ Planta: cáñamo
- ❖ Flor: orquídea
- ❖ Comida: jengibre
- ❖ Clima: húmedo, frío

El hombre buey

- ❖ Es difícil de comprender
- ❖ Duda de sí mismo
- ❖ Aparenta ser pesimista
- ❖ Valora su vida familiar
- ❖ Planea el futuro
- ❖ No es muy ágil mentalmente
- ❖ Disciplinado y tenaz
- ❖ Autoritario
- ❖ Le gusta la buena comida y bebida
- ❖ Flojo en las labores de casa
- ❖ Machista

La mujer buey

- ❖ Facilidad para hablar
- ❖ No muy grácil socialmente
- ❖ Organizada
- ❖ Reservada pero no tímida

- ❖ Rencorosa
- ❖ Productiva
- ❖ Disfruta el confort del hogar
- ❖ Leal a su familia
- ❖ Repara sus deudas
- ❖ Digna
- ❖ Discreta
- ❖ Menos reservada que los hombres buey

El infante buey

- ❖ Mejor dejarlo solo cuando se pone temperamental
- ❖ Coleccionista de objetos
- ❖ Serio y pensativo
- ❖ Tiene pocos amigos cercanos
- ❖ Le gusta construir y armar cosas
- ❖ Le encanta leer
- ❖ Necesita motivación para relajarse
- ❖ Le gusta estar solo
- ❖ Se organiza solo

En el hogar

El buey disfruta de las cosas materiales, por lo que su casa debe ser cómoda pero no necesariamente lujosa. El buey es práctico. Prefiere vivir en un área rural o campirana más que en una ciudad grande, y lo ideal es que busque su casa cerca de un lago o un río. Si tiene que vivir en ciudad lo ideal es que tenga un jardín cerca. Si vive en departamento la presencia de plantas naturales es necesaria. Le gusta tener un estudio o taller de trabajo en su casa, ya que gusta más del trabajo manual que el intelectual. Le gusta acumular objetos de todo tipo y tiene su propio orden, tan particular que solo él lo entiende.

En el trabajo

Puede obtener logros en todo tipo de profesiones debido a su tenacidad y empeño. Antes de embarcarse en un proyecto de trabajo se tiene que interesar y encontrar motivación en él, por lo que explorará todos sus ángulos para decidir el plan de acción. Es metódico. En ese sistema metódico de trabajo es en donde encontrará logros y éxitos en lo profesional. No es bueno para negociar. Le favorece trabajar en cuestiones de alimentos y agricultura. Es bueno para las artes.

Ocupaciones

❖ Compositor
❖ Terrateniente
❖ Doctor
❖ Líder religioso
❖ Chef
❖ Cocinero
❖ Policía
❖ Militar
❖ Granjero
❖ Soldado
❖ Maestro
❖ Filósofo
❖ Juez
❖ Banquero
❖ Vendedor de seguros
❖ Jardinero
❖ Músico

Le gusta

❖ Ahorrar
❖ La comida casera
❖ El ambiente familiar

- ❖ Ser apreciado
- ❖ La ropa cómoda
- ❖ Las festividades tradicionales
- ❖ Las artesanías
- ❖ Planear a futuro
- ❖ Tener el control

Le disgusta

- ❖ La presión y el estrés
- ❖ La superficialidad y las modas
- ❖ Los cambios
- ❖ Novedades e imprevistos
- ❖ Ser tomado por seguro
- ❖ El arte moderno
- ❖ Pláticas sobre sentimientos
- ❖ Colores deslumbrantes
- ❖ El comportamiento frívolo y tonto

Buenos amigos

- ❖ Muy compatibles: rata, conejo, gallo
- ❖ Amigable: serpiente
- ❖ Sin conflicto pero necesita esfuerzo: buey, mono, cerdo
- ❖ Falta de empatía: caballo, cabra, perro
- ❖ Antagónico: tigre, dragón

Buey con rata

Una relación entre estos dos puede ser buena, fuerte y afortunada. La sensibilidad de la rata valorará la capacidad de ahorro del buey. El buey se sentirá atraído por la audacia e inteligencia de la rata. La rata sentirá paz en compañía del buey.

Buey con buey

Dos bueyes pueden ser una muy buena pareja; sin embargo, uno de ellos debe ser quien tome la iniciativa para que la relación crezca y tenga resultados. De otra forma pueden caer en el tedio.

Buey con tigre

¡Nada que hacer juntos! Son enemigos por naturaleza. Al tigre le gusta el cambio y el buey necesita estabilidad, por lo que chocan completamente. Vivirán peleados y discutiendo todo el tiempo. Aparentemente el tigre buscará dominar pero el buey se dedicará a retar y a alterar al buey.

Buey con conejo

Es una buena combinación, ya que el conejo busca ser protegido y el buey busca proteger. El conejo es demasiado refinado y sentirá un poco brusco al buey por su excesiva sinceridad.

Buey con dragón

El ego del dragón es demasiado para el buey. Cualquier relación entre ambos no será larga ni duradera. El buey disfruta la rutina diaria, mientras que el dragón siempre está buscando cómo escapar de ella.

Buey con serpiente

El buey es dependiente emocionalmente y le dará a la serpiente el apoyo que exige en forma constante. Ambos trabajan con metas a largo plazo. Ambos respetan la necesidad de privacidad del otro, por lo que puede ser una buena relación mientras la serpiente no se exceda en su ímpetu manipulador con el buey.

Buey con caballo

Es una relación triste para ambos. Los dos se molestarán mutuamente. El caballo se aburrirá con el buey y el buey se exasperará con la vanidad del caballo. El caballo es libre y el buey autoritario, por lo que no es una buena combinación si buscan salud mental.

Buey con cabra

Ambos tienen mentalidades opuestas. La cabra tiene el hábito de actuar sin pensar, lo que altera profundamente al buey. Sus prioridades de vida son muy opuestas: la cabra es caprichosa, y el buey busca y exige tenacidad y lealtad, así como metodología como base de cualquier relación.

Buey con mono

El mono es travieso y juguetón, lo que puede desesperar y molestar al buey. Sin embargo, el mono lo hace con cariño y amabilidad, lo que enamorará al buey por la personalidad alegre del mono; sin embargo, no pueden lograr estabilidad juntos. No se comprenden uno al otro y el mono no tiene la paciencia necesaria para atender al buey.

Buey con gallo

Esta es la mejor combinación para el buey; son bastante compatibles. El gallo es muy sociable y saca de su apatía al buey, y el buey permitirá que el gallo brille y destaque. Ambos se interesarán en cuidar las finanzas y se preocuparán por la estabilidad y seguridad financiera.

Buey con perro

La creatividad e inquietud del perro no funciona con la quietud del buey. El perro criticará constantemente la falta de humor del buey. Si aprenden a respetarse mutuamente pueden lograr una buena relación, ya que lo que tienen en común es que son realistas y leales.

Buey con cerdo

El cerdo disfruta la paz y la quietud tanto como el buey, pero el exceso de responsabilidad del buey aburrirá un poco al cerdo. Al cerdo le gusta salir y divertirse, y al buey le gusta quedarse en casa y relajarse. El cerdo sentirá al buey demandante y el buey sentirá al cerdo irritante.

Amor

El buey no es de los que se enamoran fácilmente, ya que saben que eso los saca de su rutina y de su esquema organizado. Difícilmente el buey se permite perder la cabeza y dejar que gobierne el corazón. Son poco románticos y poco apasionados. Sus sentimientos son profundos pero no los expresan fácilmente. Son devotos de sus parejas y las defienden con toda su fuerza. Su lealtad es incomparable. Si alguien los traiciona o los lastima es difícil que inicien una nueva relación. No son sentimentales ni ponen atención en los detalles como aniversarios y situaciones románticas. Puede parecer duro e insensible.

Sexo

El buey es considerado hacia los demás pero es tímido en cuestiones de amor. Difícilmente inicia el ritual del cortejo, le gusta ser cortejado. No es celoso con su pareja, es celoso con sus derechos, es decir, exige fidelidad. Para el buey son más importantes la responsabilidad, la confianza y la lealtad que el buen sexo. Los amantes del buey se pueden sentir desdeñados e ignorados por la falta de expresividad del buey. Con el buey funciona la propuesta directa, ya que no entiende por medio de coqueteos e indirectas.

Salud

El buey se rige por agua, por lo que su punto débil son los riñones. Debe cuidarlos y ponerles atención. Otros órganos frágiles del buey son los oídos y la vejiga. Se le aconseja beber bastante agua y ejercitar su cuerpo. Debe aprender a expresar sus emociones o puede volverse neurótico.

Intereses

El buey disfruta el ejercicio y mantenerse en forma. Prefieren los deportes tradicionales. Los deportes de pelea son buenos para el buey, ya que le permiten sacar y expresar la violencia que llega a contener constantemente. Los favorecen las actividades marciales que requieren paciencia, práctica y trabajo duro.

Le gusta viajar en grupo más que solo. El buey es extremista.

Según el último número o dígito del año en que nació, el buey puede tener como elemento variable agua, madera, fuego, tierra o metal. Años terminados en 0 y 1 metal; 2 y 3 agua; 4 y 5 madera; 6 y 7 fuego, y 8 y 9 tierra.

Buey tierra de metal

Este buey se caracteriza por ser muy terco y excesivamente trabajador. Siempre tiene energía y recursos y es increíblemente autosuficiente. Es más intuitivo que objetivo; artístico, elocuente, lógico y con una amplia visión hacia su entorno. Es carismático y contagia a los demás y los inspira con sus grandes logros. Puede ser dominante y caer en el autocastigo a través de exigirse demasiado a sí mismo.

Buey tierra de agua

Este buey es sensible, siempre dispuesto a escuchar y ayudar a los demás. De manera atípica, este buey es diplomático. Se caracteriza por saber concentrar y canalizar su energía además de ser expresivo con sus emociones. Tiene menos tendencia a caer en neurosis como los demás tipos de buey. Es flexible y paciente aunque no tolera la debilidad o la autocompasión en las personas.

Buey tierra de madera

Este tipo de buey se caracteriza por su energía física, que se combina con su energía por naturaleza. Es el buey más innovador, creativo y elocuente de todos. Tiene un buen sentido del humor y disfruta bromeando a los demás. Es bueno para aprender y no se asusta de intentar cosas nuevas. Es temperamental y explosivo.

Buey tierra de fuego

Este tipo de buey es impaciente y desesperado, lo que lo lleva a valorar poco los aspectos agradables de la vida. Es aguerrido y agresivo. Generalmente lastima y ofende a los demás, aunque no sea su intención hacerlo. No le gusta causar o involucrarse en conflictos. Es orgulloso y arrogante. Se considera superior a los demás. Es amable y honesto, pero carece de tacto y diplomacia.

Buey tierra de tierra

Este tipo de buey es confiable, práctico y paciente. Materialista y excelente ahorrador. Tiene un alto sentido de la justicia y es generoso para ayudar a quien lo necesite. Es apasionado, poco creativo y no corre riesgos. Es hogareño, disfruta del placer pero es testarudo.

✿ Esencia: tierra.

✿ Colores favorables: rojo, naranja, amarillo, café, ocre, dorado, blanco, tonos pastel, plata, gris.

✿ Accesorios: triangulares, plumas, piel, seda, lana, cerámica, metales.

✿ Texturas: seda, piel, lana, brillantes, gruesas, patrones de círculos, óvalos.

✿ Aromas: romero, ylang ylang, melaleuca, jengibre, salvia esclárea, pachuli, incienso, limón, mejorana, naranja, romero, eucalipto, abeto blanco, ciprés, menta, neroli, mirra, palmarosa.

❀ Piedras y cuarzos: aquellos de color rojo, naranja, amarillo, café, blanco, rosa, plateado o morado.
❀ Color de cabello: rojo, castaño, rubio.

Si eres buey tierra de tierra, de fuego y de metal, lo anterior te apoya perfectamente.

Si eres buey tierra de madera, logra el equilibrio enfatizando lo anterior con tonos rojos.

Si eres buey tierra de agua, consigue el equilibrio enfatizando lo anterior con tonos blancos y plateados.

TIGRE

Cálido, amoroso, independiente, libre y divertido. Extremadamente carismático; es mágico. Es dinámico, enérgico y divertido. Es impulsivo e inmaduro. Constantemente comete errores y se deprime a consecuencia de ellos. Difícilmente se da por vencido cuando va en busca de algo. Tiene un gran sentido del humor, disfruta la aventura, la alegría, la fiesta. Disfruta de la vida familiar y de los niños, especialmente de los bebés. Es sentimental y reacciona como niño constantemente. Tiene un sentido de la vida absurdo y entusiasta; es energético y juvenil.

Características positivas

- ❖ Leal
- ❖ Honrado
- ❖ Sabio
- ❖ Protector
- ❖ Generoso
- ❖ Ambicioso
- ❖ Carismático

- ❖ Cariñoso
- ❖ Afortunado
- ❖ Idealista
- ❖ Valiente
- ❖ Decidido
- ❖ Sensible
- ❖ Benevolente

Características negativas

- ❖ Impulsivo
- ❖ Desobediente
- ❖ Arrogante
- ❖ Impaciente
- ❖ Crítico
- ❖ Imprudente
- ❖ Dominante
- ❖ Agresivo
- ❖ Egoísta
- ❖ Demandante
- ❖ Vanidoso
- ❖ Necio
- ❖ Peleonero

El tigre se asocia con

- ❖ Sabor: ácido
- ❖ Estación: invierno/primavera
- ❖ Nacimiento: noche
- ❖ Colores: naranja, dorado, ocre
- ❖ Planta: bambú
- ❖ Flor: heliotropo
- ❖ Comida: pan, pollo
- ❖ Clima: ventoso

El hombre tigre

- ❖ De buena naturaleza
- ❖ De apariencia pacífica
- ❖ Confía en su buena suerte
- ❖ Tiene una fuerza de voluntad muy sólida
- ❖ Necesita poder y reconocimiento
- ❖ Buen consejero
- ❖ Busca atención
- ❖ Toma rápidamente el liderazgo
- ❖ De buenos modales
- ❖ Listo
- ❖ Bien vestido
- ❖ Le gusta correr riesgos
- ❖ Critica a la autoridad
- ❖ Pelea por buenas causas
- ❖ Protege a los débiles
- ❖ Amante apasionado

La mujer tigre

- ❖ Le atraen las cosas, personas, objetos y lugares poco comunes
- ❖ Intenta ser honesta
- ❖ No acepta la autoridad
- ❖ Odia y pelea contra la injusticia
- ❖ Es intensa en el amor
- ❖ Le gusta la aventura
- ❖ No se impresiona fácilmente con la moda
- ❖ Es excelente con los niños
- ❖ Independiente
- ❖ Difícilmente siente remordimientos o culpabilidad
- ❖ Se viste de manera atrevida
- ❖ Intenta alejarse de la vida mundana
- ❖ Es buena contando historias
- ❖ Se ofende fácilmente

- ❖ Su espíritu es fuerte
- ❖ Es inteligente
- ❖ Demandante si se siente ignorada
- ❖ Franca y directa
- ❖ Autoritaria
- ❖ Si se aburre es agresiva y peleonera

El infante tigre

- ❖ Tiene facilidad para sufrir accidentes y lastimarse
- ❖ No es un niño escurridizo
- ❖ Es estudioso
- ❖ Le gustan la aventura y el reto
- ❖ Es difícil de disciplinar
- ❖ Actúa antes de pensar
- ❖ Es una constante preocupación para sus padres
- ❖ Le gusta ser el centro de atención
- ❖ Es impaciente y demandante
- ❖ Siempre se involucra en retos
- ❖ Energético y juguetón
- ❖ Le gusta que lo traten como adulto

En el hogar

El tigre busca una casa muy confortable, costosa, elegante, de buen gusto y de diseño simple. Tiene un gusto particular por lo original y poco común, por lo que su casa tiene un estilo único. Su casa tendrá recuerdos de viajes. No le gusta el trabajo de casa pero le encanta que se vea cuidada y hermosa, por lo que desarrolla métodos para que su espacio esté bien cuidado sin tener que dedicarle mucho tiempo.

En el trabajo

El tigre es excelente líder en los negocios. Su naturaleza es buscar riesgos y con su buena suerte es excelente profesionista. Su mente creativa está llena de ideas para hacer dinero. Aunque no desea acumular riquezas le encanta perseguir el dinero. Para lograr el éxito el tigre necesita de la influencia y consejo de otras personas. Le cuesta trabajo recibir órdenes. Si controla el ego puede alcanzar y obtener grandes logros. Destacan en las cuestiones literarias y artísticas. Le gusta compartir y comunicar sus ideas a otros, lo cual generalmente le genera éxito.

Ocupaciones

* ❖ Emprendedor
* ❖ Oficial militar
* ❖ Líder de Estado
* ❖ Político
* ❖ Publicista
* ❖ Músico
* ❖ Escritor
* ❖ Poeta
* ❖ Diseñador
* ❖ Director de cine o de teatro
* ❖ Atleta
* ❖ Estrella de cine
* ❖ Líder comercial
* ❖ Director de una compañía
* ❖ Explorador
* ❖ Domador de leones
* ❖ Maestro

Le gusta

* ❖ Destacar
* ❖ Ser original

- La comodidad sin caer en lo ostentoso
- Las grandes fiestas
- Ser valorado y apreciado por sus logros
- Gastar dinero
- Ser honesto y que los demás lo sean con él
- Los cambios
- Las cosas nuevas, modernas y poco comunes
- Comprar productos de calidad
- Los retos
- Estar a cargo o al mando de las situaciones
- Las sorpresas

Le disgusta

- El fracaso
- Sentirse atrapado por circunstancias y por personas
- Las reglas establecidas por otros
- La cotidianidad
- Poner atención a los detalles
- Involucrarse en escándalos
- Recibir órdenes
- Ser criticado
- Atender o cuidar a otras personas
- Ser ignorado
- La autoridad

Buenos amigos

- Muy compatibles: dragón, caballo, perro
- Amigables: conejo, cerdo
- Necesita esfuerzo y voluntad: rata, tigre, cabra
- Poca empatía: serpiente, gallo
- Antagónicos: buey, mono

Tigre con rata

Aunque ambos son apasionados, pueden estar juntos pero haciendo un esfuerzo, ya que el tigre es idealista y la rata materialista, lo cual provoca choques entre ellos. El tigre puede llegar a sentir a la rata poco sincera pero atractiva, mientras que la rata se sentirá impresionada por la energía del tigre, pero no le gustará su impulsividad.

Tigre con buey

Al tigre le gusta el cambio y el movimiento mientras que el buey necesita estabilidad y orden para vivir, por lo que es muy difícil una relación entre ambos. Sus temperamentos son tan diferentes que generalmente acaban siendo enemigos.

Tigre con tigre

Cualquier relación entre dos tigres es fuerte. Comparten su gusto por la aventura, el cambio, el movimiento y pueden desarrollar una relación salvaje. En momentos difíciles ninguno apoyará al otro, son demasiado egoístas y cada uno exige ser el centro de atención, por lo que dos tigres juntos es demasiado.

Tigre con conejo

Estos dos se comprenden bastante bien. El conejo es lo suficientemente prudente para dejar que el tigre tome el liderazgo. Lo que puede molestar al tigre es que el conejo no lo tome muy en serio. Si comparten intereses en común la unión puede ser muy fuerte y buena.

Tigre con dragón

Muy similares en temperamento, impulsivos y apasionados. El dragón tiene el impulso para jalar y atraer al tigre. Esta combinación jamás será aburrida. Ambos son muy francos y directos, por lo que los malentendidos no existen entre ellos.

Tigre con serpiente

Estos dos ven la vida desde ángulos muy opuestos: la serpiente es analítica y sigue su mentalidad y el tigre es impulsivo y sigue sus instintos. La serpiente disfruta la paz y la quietud, mientras que al tigre le atrae el riesgo y la acción, lo que provoca poca comprensión y entendimiento entre ellos.

Tigre con caballo

Se puede presentar mucha atracción entre estos dos signos. El caballo disfruta de la energía del tigre y se sentirá motivado por el tigre cuando se deprima. Relación basada en una vida social activa, así como en viajes y aventuras.

Tigre con cabra

Relación compleja pero que puede generar una sólida amistad. La cabra se enamorará del valor y la lealtad del tigre, mientras que al tigre le gustará la naturaleza calmada y divertida de la cabra. Necesitan poner de su parte para mantener una buena relación.

Tigre con mono

Ambos son muy competitivos y ninguno sabe cómo mantener un compromiso sólido. El mono puede admirar al tigre pero jamás permitirá que lo opaque. El tigre no soportará los retos constantes del mono, por lo que la relación puede ser un fracaso y destructiva. Pueden sentir una atracción, un amor muy fuerte entre ellos pero la relación puede caer en la codependencia y la destrucción.

Tigre con gallo

Pueden iniciar una relación prometedora que al poco tiempo sea nada más una breve amistad, ya que aunque tienen mucho en común no soportan la crítica constante del otro y terminan convirtiéndose en amigos y rivales constantes.

Tigre con perro

Lo opuesto de su naturaleza los convierte en el complemento perfecto. El perro amará la energía y lo aventurado del tigre, y el tigre amará la lealtad del perro. Pueden entablar una relación larga, estable y duradera. Ambos son idealistas y pueden unir sus talentos para obtener grandes logros.

Tigre con cerdo

Pueden llevar una buena relación ya que los dos son gregarios, tolerantes e independientes. El tigre protegerá al cerdo de sus enemigos y este le demostrará su constante lealtad. El cerdo deberá ser paciente para lidiar con el temperamento del tigre.

Amor

Debido a que tiene una personalidad carismática, el tigre siempre estará rodeado de admiradores y pretendientes. El tigre se guía por el corazón y los instintos, por lo que se enamora muy fácil y rápidamente. Enamorado, el tigre puede ser intenso y apasionado.Cuando se le pasa la emoción pierde el interés. La vida amorosa del tigre es intensa; se enamora y desenamora con facilidad. Conquistador por naturaleza. La pareja de un tigre debe ser lista y audaz para hacer que el tigre no pierda el interés en la relación. El tigre gusta conquistar y sentir que la situación le pertenece, y luego pierde el interés. El tigre es una pareja atractiva, romántica, pero poco atenta.

Sexo

La naturaleza apasionada, la mentalidad creativa y la extrema energía del tigre lo hacen un amante creativo y lleno de energía. Le atraen los ambientes lujosos, agradables y confortables. El misterio es el entorno ideal para el aspecto sexual del tigre. El tigre exige lealtad de su pareja y se aleja si siente que es ignorado. Odia sentirse atrapado, por lo que su pareja debe evitar celarlo, presionarlo o perseguirlo.

Salud

El elemento madera del tigre se asocia con el hígado, por lo que deben poner atención a ese órgano. El tigre tiende a ser corajudo y enojón, lo cual puede afectar el buen funcionamiento de ese órgano. Puede llegar a ser ansioso y obsesivo.

Intereses

El tigre se engancha con las actividades dinámicas que requieren esfuerzo físico. Los deportes como esquiar, volar, surfear, carreras de coches son ideales para el tigre. Le atraen mucho los riesgos.

Según el último número o dígito del año en que nació, el tigre puede tener como elemento variable agua, madera, fuego, tierra o metal. Años terminados en 0 y 1 metal; 2 y 3 agua; 4 y 5 madera; 6 y 7 fuego, y 8 y 9 tierra.

Tigre madera de metal

Este tipo de tigre es abierto, elocuente y mandón. No se deja gobernar por los sentimientos y el corazón. Esto lo convierte, a veces, en inescrupuloso. Es muy disciplinado y confía demasiado en sí mismo, lo que lo hace ambicioso y siempre obtiene grandes logros. Se le aconseja pensar en los deseos y sentimientos de los demás, ser más flexible y practicar la diplomacia y el tacto.

Tigre madera de agua

Este tipo de tigre es sensible y compasivo, y se preocupa por las necesidades de los demás. Siempre lleno de ideas nobles que combina con la capacidad y pasión hacia las personas necesitadas lo cual lo convierte en un líder sabio. Su vida tiende a ser calmada y suave. Le gusta lo ostentoso.

Tigre madera de madera

Este tipo de tigre es sociable, magnético y divertido. Emprendedor y excelente planeador de grandes proyectos y hazañas. Le deja el trabajo detallado a otros. Aparenta superficialidad en lo emocional; se le sugiere tratar de controlar el estrés.

Tigre madera de fuego

Este tipo de tigre es extremadamente activo. Animoso, emocionable y voluble en su carácter. Sensible para percibir los detalles, de temperamento rápido y explosivo. Sin embargo, sus explosiones no duran mucho tiempo. Para disfrutar la vida, este tigre debe aprender a relajarse y tomar las cosas y las situaciones con más calma.

Tigre madera de tierra

Este tipo de tigre es impulsivo. Es práctico, le encantan la comodidad y la estabilidad. Es exitoso en relaciones a largo plazo y negociaciones y sociedades de trascendencia. Es insoportable cuando siente que su libertad es coartada. Se le recomienda ampliar su criterio y evitar encapricharse.

- ❀ Esencia: madera.
- ❀ Colores favorables: oscuros, verdes, turquesas, rojos, naranjas, amarillos, rosas brillantes.
- ❀ Accesorios: cristales, maderas, triangulares, seda, lana, plumas, piel.
- ❀ Texturas: suaves, gasas, líneas horizontales o verticales, algodón, lino, seda, lana, piel.
- ❀ Aromas: jazmín, sándalo, neroli, rosa, toronja, manzanilla romana, lavanda, cedro, vetiver, romero, ylang ylang, melaleuca, jengibre, salvia esclárea, pachuli.
- ❀ Piedras y cuarzos: aquellos de colores oscuros, morado, verde, turquesa, rojo o naranja.
- ❀ Color de cabello: oscuro, negro, castaño, rojo.

Si eres tigre madera de agua, de madera o de fuego, lo anterior te apoya perfectamente.

Si eres tigre madera de metal, equilibra enfatizando lo anterior con tonos oscuros.

Si eres tigre madera de tierra, equilibra enfatizando lo anterior con tonos rojos y brillantes.

CONEJO

Sensible, hogareño, callado, discreto y ambicioso. Es una criatura pasiva, amorosa, ordenada… adorable. No debemos caer en el error de considerarlo débil; es tierno pero tiene una fortaleza silenciosa y constante. Es pacífico y prefiere retirarse antes que iniciar una pelea; sin embargo, es feroz al momento de defender su territorio. Tiene una resistencia peculiar a los cambios y los acepta de manera conformista y conservadora. Simboliza la fortuna y la longevidad. Evade el peligro y las dificultades. Disfruta de la buena vida en el aspecto artístico y estético. El buen gusto en muebles, decoración y ropa es característico de este adorable animalito. Le encanta la buena música y leer un buen libro. Es hogareño y sofisticado. No le gustan los enfrentamientos y ante un problema prefiere esconderse hasta que la tempestad pase.

Características positivas

❖ Diplomático
❖ Circunspecto
❖ Pacífico

- ❖ Sensible
- ❖ Intuitivo
- ❖ Discreto
- ❖ Moderado
- ❖ Reflexivo
- ❖ Organizado
- ❖ Con principios
- ❖ Refinado
- ❖ Ético
- ❖ Buen anfitrión
- ❖ Inteligente
- ❖ Expresivo
- ❖ Honorable

Características negativas

- ❖ Indeciso
- ❖ Impredecible
- ❖ Dudoso
- ❖ Impresionable
- ❖ Sentimental
- ❖ Conservador
- ❖ Conformista
- ❖ Ególatra
- ❖ Superficial
- ❖ Cruel
- ❖ Chismoso
- ❖ Misterioso
- ❖ Pedante
- ❖ Engreído
- ❖ Sagaz

El conejo se asocia con

❖ Sabor: ácido
❖ Estación: primavera
❖ Nace en: verano
❖ Color: blanco
❖ Planta: higuera
❖ Flor: listón
❖ Comida: trigo, aves de corral
❖ Clima: viento

El hombre conejo

❖ No es susceptible a las modas
❖ Cuidadoso para gastar dinero en sus necesidades
❖ Extravagante con el dinero al comprar lujos
❖ Limpio y bien vestido
❖ Tiende a ser superficial
❖ Le interesan el arte y la cultura
❖ No es de mentalidad familiar
❖ Confiado y cariñoso
❖ Excelente para escuchar
❖ Alegre
❖ Su punto de vista es tradicional
❖ Celoso de su espacio, de la paz y la quietud
❖ Glamoroso

La mujer conejo

❖ No es exagerada en lo maternal
❖ Divertida
❖ Sofisticada
❖ Tierna y soñadora
❖ Decidida
❖ Excelente para dar consejos prácticos
❖ Hogareña

- ❖ Atenta a sus necesidades materiales
- ❖ Excelente para encontrar una buena oferta
- ❖ Buena negociadora
- ❖ Defensora de la lealtad
- ❖ Agudo sentido del humor
- ❖ Emotiva
- ❖ Prefiere una vida cómoda que una aventurada
- ❖ Manipula para conseguir lo que quiere
- ❖ Prefiere la compañía a la soledad
- ❖ De buenos modales, le gusta la etiqueta

El infante conejo

- ❖ Odia pelear
- ❖ Tímido y nervioso
- ❖ Obediente y disciplinado
- ❖ Le gusta estudiar
- ❖ Disfruta los deportes de equipo
- ❖ Es más estudioso que atlético
- ❖ Necesita estímulo y motivación constantes
- ❖ Poco creativo
- ❖ Tiene tendencia a las pesadillas nocturnas
- ❖ Destaca a través de su trabajo y esfuerzo
- ❖ Le gustan los cuentos de hadas, las fábulas y las historias de fantasía

En el hogar

El conejo es sensible a los ambientes y le gusta crear atmósferas cálidas e íntimas. Los muebles le gustan cómodos y bellos, prefiere las antigüedades o los diseños clásicos. El conejo es meticuloso y jamás tendrá un hogar sucio o desordenado, una ligera mancha en sus muebles o pisos puede alterarlo y llevarlo al enojo absoluto. Disfruta de pasar tiempo en su casa y prefiere las reuniones familiares que salir a la calle. Es excelente anfitrión y hace lo que sea porque sus invitados se sientan como en casa. Se esfuerza mucho por arreglar su entorno y su ambiente. Ya que logra tener su hogar como le gusta odia cambiarse de casa.

En el trabajo

Aunque el conejo no es autoritario puede ser un excelente líder y coordinador ya que es bastante diplomático. El conejo puede ganar una batalla sin que nadie se entere de que hubo una guerra. Al no ser ambicioso, el conejo rara vez alcanza el rango más alto en la profesión que elige. El conejo sobresale en posiciones administrativas. En el momento en el que establece lo que es necesario hacer o lo que se debe hacer, se manifiesta responsable y constante para sacar adelante su tarea o su trabajo. El conejo es bueno para el trabajo en equipo aunque prefiere trabajar solo o ser profesionista independiente. Le gustan el trabajo estable y las profesiones estables. Lo ideal es que el conejo emplee su buen gusto natural y su diplomacia característica para evaluar las situaciones y obtener ventaja en lo profesional.

Ocupaciones

- ❖ Anticuario
- ❖ Diplomático
- ❖ Administrador
- ❖ Diseñador de interiores
- ❖ Político
- ❖ Historiador
- ❖ Coleccionista de arte
- ❖ Abogado
- ❖ Sastre
- ❖ Recepcionista
- ❖ Químico
- ❖ Capataz
- ❖ Farmacéutico

- ❖ Esteticista
- ❖ Contador
- ❖ Librero

Le gusta

- ❖ La privacidad
- ❖ Conversar, incluso chismear
- ❖ Tener una rutina establecida
- ❖ Utilizar sus habilidades para resolver un problema
- ❖ Las películas románticas
- ❖ El secreto y el misterio
- ❖ El cabello largo
- ❖ Estar en casa rodeado de familia y amigos
- ❖ Los entornos agradables
- ❖ Los cuadros hermosos
- ❖ Poner atención al detalle

Le disgusta

- ❖ Discutir
- ❖ Ver o usar la violencia
- ❖ Los cambios drásticos
- ❖ Correr riesgos
- ❖ Las sorpresas
- ❖ Decir cosas desagradables
- ❖ Ser forzado a tomar una decisión
- ❖ Los planes complicados
- ❖ Cambiar de idea
- ❖ La crítica abierta

Buenos amigos

- ❖ Muy compatibles: buey, serpiente, cabra
- ❖ Amigables: rata, perro, cerdo
- ❖ Sin conflicto pero necesita esfuerzo: tigre, conejo
- ❖ Falta de empatía: dragón, mono
- ❖ Antagónicos: caballo, gallo

Conejo con rata

Estos dos se llevan muy bien. El conejo debe poner atención de no ser explotado por la rata. Pueden tener una mejor relación de negocios que amorosa.

Conejo con buey

Forman una pareja ideal. El buey provee al conejo de seguridad y estabilidad, lo que genera armonía entre ambos. Lo que puede molestar o desagradar al conejo del buey es su excesiva franqueza.

Conejo con tigre

Contra todos los pronósticos y expectativas este par puede tener un excelente entendimiento, tal vez demasiado bueno para establecer una relación duradera o larga ya que el conejo no tomará muy en serio al tigre.

Conejo con conejo

Dos conejos pueden vivir juntos sin discutir ni pelear. También pueden ser demasiado pasivos, por lo que a la relación le puede faltar emoción, a menos de que uno de ellos tenga un toque de aventurero.

Conejo con dragón

Totalmente opuestos para estar juntos. El ego del dragón es demasiado para el buen gusto del conejo. Pueden entablar una relación con esfuerzo y respetando los espacios de cada uno.

Conejo con serpiente

A ambos les gusta la paz y la seguridad y comparten el amor al arte. La serpiente puede ayudar al conejo a ser más aventurero, mientras que el conejo le ayudará a la serpiente a ser más tolerante.

Conejo con caballo

El malhumorado y temperamental caballo se puede convertir en un factor de estrés para el conejo, quien no lo tolerará demasiado.

Conejo con cabra

Esta puede ser una muy buena combinación, ya que comparten el buen gusto y el amor al lujo. La naturaleza creativa de la cabra atrae el lado romántico del conejo. En momentos difíciles ninguno va a ser capaz de aportar valor y decisión a la situación, ya que ambos son ansiosos y desesperados.

Conejo con mono

El egoísmo del mono puede sacar lo peor y oculto del conejo. El mono percibe al conejo aburrido, por lo que una relación entre ellos no durará ni siquiera al punto de sacar lo más negativo del conejo.

Conejo con gallo

No hay posibilidad de una buena relación entre ellos. Las críticas duras y fuertes del gallo echarán a correr al conejo, además de que el gallo encontrará al conejo antipático.

Conejo con perro

La lealtad del perro y la diplomacia del conejo hacen buena química y pueden llegar a tener una relación feliz, siempre y cuando ambos se valoren y se cuiden.

Conejo con cerdo

La tolerancia y el amor por el placer del cerdo es bueno para el conejo. Se entienden y tienen intereses en común. La excesiva demostración pública de cariño del cerdo puede incomodar al conejo, pero nada de manera seria o preocupante.

Amor

El conejo es un guerrero para defender y exigir compromiso, sobre todo cuando algo requiere un cambio y tomar una decisión seria. No quiere decir que sea veleidoso, sino que más bien es cuidadoso al escoger a su pareja. El conejo prefiere estar solo que en una relación difícil o compleja. Aprecia la paz en su vida por sobre todo. Cuando tiene una relación sentimental el conejo pone mucho esfuerzo y compromiso en ella. Siempre dispuesto a escuchar y a evitar discutir, puede llegar a ser misterioso, ya que difícilmente expresará lo que siente o lo que piensa. El conejo necesita mucho cariño y amor, y si lo recibe se entrega emocionalmente.

Sexo

El conejo se toma su tiempo antes de saltar a la cama. El ritual del cortejo es largo con el conejo y él no es quien toma la iniciativa. Ya envuelto en una relación el conejo es un buen amante y confiable. Es tradicional y sensible por naturaleza, es romántico y lo seduces con rosas, cenas a la luz de las velas y con detalles tiernos. Odia el drama y los celos, sale corriendo ante el exceso de emociones. El conejo es poco expresivo y pocas veces toma la iniciativa; más bien es observador y aprende cómo complacer a su pareja. Es tímido y pudoroso.

Salud

El elemento del conejo es la madera, que se asocia con el hígado, por lo que deben poner atención constante a ese órgano. Deben ejercitarse constantemente o su salud se puede ver afectada por el exceso de quietud en la que pueden caer. En lo psicológico el conejo debe tratar de no ser tan encerrado en sí mismo y evitar caer en ser obsesivo y fastidioso.

Intereses

El conejo disfruta de muchas actividades mientras no sea el encargado de organizarlas. Le son ideales los viajes y *tours* en paquete. No es muy afecto al deporte pero es bueno en la participación en equipo. Le gusta el arte y la cultura, por lo que los museos y las galerías son de su total agrado. Prefiere escuchar música en casa en vez de ir a un concierto lleno de gente. Le gusta pasar tiempo a solas. Le gustan el buen vino, la comida *gourmet* y una buena conversación.

Según el último número o dígito del año en que nació, el conejo puede tener como elemento variable agua, madera, fuego, tierra o metal. Años terminados en 0 y 1 metal; 2 y 3 agua; 4 y 5 madera; 6 y 7 fuego, y 8 y 9 tierra.

Conejo madera de metal

Este tipo de conejo se caracteriza por ser valiente dentro de su timidez. Confía en sí mismo y es visionario. Es ambicioso y rudo, lo que esconde detrás de su magnetismo tierno. Es amable pero frío y llega a ser indiferente ante los sentimientos de los demás. Por lo mismo tiende a ser solitario. Es de carácter fuerte y rígido. Puede manifestarse inflexible y reaccionario.

Conejo madera de agua

Este tipo de conejo es sensible; puede ser dependiente, tímido e improductivo y alejado de la realidad. Le disgustan los conflictos y se puede ir al extremo con tal de evitar enfrentamientos. Tiende a ser solitario y a sentir remordimiento por todo. Es pasivo y reflexivo.

Conejo madera de madera

Este tipo de conejo es de doble matiz. Busca el placer y le gusta la aventura. Es muy emotivo y vulnerable. Es generoso y de carácter fácil y sociable. Debe cuidarse de las personas que constantemente buscarán sacar ventaja de él. Es creativo y de gusto estético. Es artístico y creativo.

Conejo madera de fuego

Este tipo de conejo es cálido y amistoso o temperamental y de mal carácter. Tiene la capacidad de explotar sus habilidades para obtener grandes propósitos y logros. Es expresivo, inspira confianza y se puede convertir en líder debido a ello. Debe seguir sus instintos y hacer que el razonamiento controle sus impulsos y pasión.

Conejo madera de tierra

Este tipo de conejo es realista y pragmático. Es capaz de lidiar con altas y bajas sin esconderse de los problemas. Capaz de tomar decisiones sin requerir apoyo y consejo de otras personas; es cuidadoso y reservado. Es humilde y consciente de sus limitaciones. Logra sus metas a través del esfuerzo.

- ❁ Esencia: madera.
- ❁ Colores favorables: oscuros, verdes, turquesas, rojos, naranjas, amarillos, rosas brillantes.
- ❁ Accesorios: cristales, maderas, triangulares, seda, lana, plumas, piel.
- ❁ Texturas: suaves, gasas, líneas horizontales o verticales, algodón, lino, seda, lana, piel.
- ❁ Aromas: jazmín, sándalo, neroli, rosa, toronja, manzanilla romana, lavanda, cedro, vetiver, romero, ylang ylang, melaleuca, jengibre, salvia esclárea, pachuli.

✿ Piedras y cuarzos: aquellos de colores oscuros, morado, verde, turquesa, rojo o naranja.

✿ Color de cabello: oscuro, negro, castaño, rojo.

Si eres conejo madera de agua, de madera o de fuego, lo anterior te apoya perfectamente.

Si eres conejo madera de metal, logra el equilibrio enfatizando lo anterior con tonos oscuros.

Si eres conejo madera de tierra, consigue el equilibrio enfatizando lo anterior con tonos rojos y brillantes.

DRAGÓN

Carismático, ególatra, vanidoso. Es el de mayor suerte en el zodiaco. Tiene una gran iniciativa y siempre tiene la mente ocupada en alguna nueva idea. Le gustan las aventuras sentimentales, tiene mucha confianza en sí mismo y siempre consigue lo que desea. Constantemente vive altas y bajas tanto emocionales como económicas. Es arrogante y orgulloso, poderoso y no acepta la opinión de los demás. No acepta sugerencias y está convencido de que lo que hace y lo que piensa es lo correcto. Líder por naturaleza, considera que los demás deben hacer caso de todo lo que dice y hace. Siempre está rodeado de admiradores, y aunque cuenta con muy pocos amigos, estos son para toda la vida. Soluciona cualquier problema con madurez, liderazgo y suavidad. Vive en un mundo de acción y no soporta la quietud y el estancamiento.

Características positivas

❖ Visionario
❖ Dinámico
❖ Idealista

- ❖ Perfeccionista
- ❖ Escrupuloso
- ❖ Suertudo
- ❖ Exitoso
- ❖ Entusiasta
- ❖ Sentimental
- ❖ Saludable
- ❖ Irresistible
- ❖ Magnético
- ❖ Inteligente

Características negativas

- ❖ Demandante
- ❖ Impaciente
- ❖ Intolerante
- ❖ Insaciable
- ❖ Ingenuo
- ❖ Abusa del poder
- ❖ Soberbio
- ❖ Irritable
- ❖ Impulsivo
- ❖ Inocente
- ❖ Excéntrico
- ❖ Voluble
- ❖ Demasiado apasionado
- ❖ Orgulloso
- ❖ Imprudente
- ❖ Temperamental

El dragón se asocia con

- ❖ Sabor: ácido
- ❖ Estación: primavera
- ❖ Nace: en cualquier momento excepto en una tormenta

- ❖ Color: amarillo, negro
- ❖ Plantas: salvia, mandrágora
- ❖ Flor: loto
- ❖ Comida: aves de corral, trigo
- ❖ Clima: ventoso

El hombre dragón

- ❖ Exhibicionista
- ❖ Seductor
- ❖ Atractivo
- ❖ Admirado
- ❖ Tiene pocos amigos
- ❖ Se cree irreemplazable
- ❖ Bueno en los deportes
- ❖ Cree que jamás comete errores
- ❖ Sensible y apasionado con los que quiere
- ❖ Impulsivo
- ❖ Rencoroso
- ❖ Agradable
- ❖ Simpático
- ❖ Comprador compulsivo
- ❖ Tiene muchos *hobbies* e intereses

La mujer dragón

- ❖ No es feliz siendo ama de casa
- ❖ Es generosa
- ❖ Inspira confianza
- ❖ Es perfeccionista
- ❖ Exige perfección en los demás
- ❖ Atractiva
- ❖ Glamorosa
- ❖ Exige atención
- ❖ Le gusta ser halagada

- ❖ Odia ser manipulada o decepcionada
- ❖ Bromista
- ❖ Le gustan los niños
- ❖ De mentalidad fija y estricta
- ❖ Necesita sentirse irreemplazable

El infante dragón

- ❖ Se aburre fácilmente
- ❖ Le disgusta la autoridad
- ❖ Necesita motivación constante
- ❖ Puede ser un buen estudiante
- ❖ Le disgustan las muestras de afecto
- ❖ Es insolente con los maestros
- ❖ Disfruta y es bueno en los deportes
- ❖ Demandante en cuestión de atención
- ❖ Le disgustan los horarios
- ❖ Es creativo
- ❖ Necesita y exige libertad
- ❖ Fija la atención por poco tiempo
- ❖ Se siente incomprendido

En el hogar

El dragón padece claustrofobia, necesita espacios amplios, aire fresco y sensación de libertad. Vivir en un lugar por largo tiempo es muy difícil para el dragón; le gusta vivir en casas ultramodernas, en casas flotantes o cerca del mar donde se escuchen las olas. Si esto no le es posible, redecorará constantemente su casa para no aburrirse. Tendrá una casa lujosa aunque pase más tiempo fuera que en ella.

En el trabajo

El dragón no es un ser hambriento de poder; sin embargo, siempre acaba en posiciones de poder, ya que simplemente es líder por naturaleza. Es pésimo para resolver situaciones mundanas pero un genio para resolver lo que otros consideran imposible de solucionar. Es excelente director. El dragón inspira confianza, por lo que es excelente promotor y vendedor. Su integridad inspira credibilidad en todo lo que hace. Necesita sentirse vital en el trabajo y ocupar un puesto donde pueda crear e innovar.

Ocupaciones

- ❖ Director
- ❖ Vendedor
- ❖ Ejecutivo de publicidad
- ❖ Presidente
- ❖ Primer ministro
- ❖ Profeta
- ❖ Abogado
- ❖ Productor de cine
- ❖ Fotógrafo
- ❖ Periodista
- ❖ Arquitecto
- ❖ Conferencista
- ❖ Filósofo
- ❖ Astronauta
- ❖ Artista
- ❖ Estrella de cine
- ❖ Corresponsal de guerra

Le gusta

- ❖ Cualquier tipo de celebración o fiesta
- ❖ Vestir ropa casual y cómoda
- ❖ Viajar y pasear
- ❖ Ser tomado en serio
- ❖ Ir de día de campo
- ❖ Ferias, la rueda de la fortuna

- ❖ Fuegos artificiales
- ❖ Que le pidan ayuda
- ❖ Sentirse necesario
- ❖ Que le pidan consejo
- ❖ Sentirse indispensable
- ❖ Estar a cargo
- ❖ Ganar

Le disgusta

- ❖ Ser tranquilo y paciente
- ❖ Esperar
- ❖ La falta de visión y proyección en los demás
- ❖ Estar desocupado
- ❖ La gente manipuladora
- ❖ La falta de honestidad y la hipocresía
- ❖ La falta de energía o fuerza de voluntad en otros
- ❖ Seguir órdenes
- ❖ El compromiso

Buenos amigos

- ❖ Muy compatibles: rata, tigre, serpiente, mono
- ❖ Amigable: cerdo
- ❖ Sin conflicto pero necesita esfuerzo: caballo, gallo
- ❖ Falta de empatía: conejo, dragón, cabra
- ❖ Antagónico: buey, perro

Dragón con rata

Los dos se aburren con facilidad, por lo que no se puede esperar demasiada actividad en esta relación. La rata debe permitir que el dragón tome el rol dominante. El dragón ama la admiración, por lo que una relación entre ambos puede funcionar.

Dragón con buey

Una relación entre ellos no es larga ni duradera. El buey es rutinario y el dragón odia la rutina. Sus temperamentos e intereses son totalmente opuestos; sin embargo, pueden aprender mucho uno del otro.

Dragón con tigre

Son muy similares en temperamento y los dos tienen mucha energía y valor. Cualquier tipo de relación entre ellos jamás será aburrida pero se puede volver una guerra por el dominio.

Dragón con conejo

Difícilmente se entienden; el dragón molesta al conejo con su naturaleza ególatra y exhibicionista. Pueden lograr un compromiso si ambos aprenden a respetar sus respectivos espacios. El conejo le puede enseñar tacto y diplomacia al dragón.

Dragón con dragón

Dos dragones forman una pareja llamativa aunque ambos estarán más enamorados de sí mismos que del otro. El dragón necesita sentirse indispensable, por lo que ninguno llenará ese espacio en el otro, es demasiado ego en una relación.

Dragón con serpiente

Una buena combinación. La serpiente es lista y deja que el dragón se sienta que domina en la relación. El dragón se siente cómodo de que lo asocien con la imagen elegante de la serpiente. Juntos pueden obtener grandes logros.

Dragón con caballo

El entusiasmo del caballo embona con la energía e impulso del dragón, y se pueden llevar muy bien si ambos comparten un propósito en común y el dragón no invade la privacidad del caballo.

La autosuficiencia del caballo no le permite darle la atención que requiere el dragón.

Dragón con cabra

La falta de comprensión acabará con cualquier intento de relación entre estos dos signos. Ambos tendrían que aprender a aceptar y valorar, así como a respetar sus diferencias. Las alianzas de negocios pueden ser más exitosas que las personales, ya que el dragón puede apoyar a la cabra a explotar su creatividad.

Dragón con mono

El dragón se siente muy atraído por el carisma e inteligencia del mono. Ambos se inspiran y complementan sin convertirse en rivales; compartirán muchos amigos y tendrán una activa vida social.

Dragón con gallo

Estos dos son el uno para el otro. Se entienden a la perfección. Pueden embonar sus grandísimos egos y tener una magnífica relación.

Dragón con perro

El aspecto intelectual y el cinismo del perro acabarán con la autoestima y confianza del dragón. El perro ve la verdad del dragón, por lo que le hace imposible admirarlo, la consecuencia es el dragón no soporta una relación con él.

Dragón con cerdo

El cerdo y el dragón tienen muy poco en común, pero por lo mismo pueden ser muy compatibles. El cerdo es fácil de llevar, no es nada complejo y disfrutará el glamur y exhibicionismo del dragón, por lo que el dragón se sentirá feliz con el cerdo y hará lo que sea por tenerlo feliz.

Amor

El dragón siempre está rodeado de admiradores y nunca sufrirá de falta de amor. Es apasionado pero nunca se dejará dominar por sus pasiones. Su autoestima es muy alta y sabe perfectamente que no necesita de una pareja para vivir. Aunque siempre está rodeado de amor, el dragón no se enamora fácilmente. Cuando se enamora es leal y amoroso, coloca a su pareja en un pedestal.

Sexo

El aspecto sexual es muy importante para el dragón. Se involucra en relaciones sentimentales a corta edad y percibe la expresión sexual como la llave de su libertad personal. Para el dragón el aspecto sexual es un instrumento de escape y manifestación personal, lo que puede lastimar a su pareja, ya que pone de manifiesto el egoísmo del dragón. Sin embargo, lo que el dragón hace lo hace bien. Más que egoísta el dragón es impersonal. Si está enamorado hará lo que sea por complacer a su pareja.

Salud

El punto débil del dragón es la madera asociada con el hígado, por lo que debe poner atención en cuidar ese órgano. Tiene la tendencia a padecer insomnio y problemas respiratorios. Difícilmente padece enfermedades graves, ya que siempre se cuida y se recupera rápidamente. Cuando se siente vulnerable tiende a comer en exceso.

Intereses

El dragón se interesa en muchas cosas pero le falta tenacidad para estudiar y aprender lo necesario para practicar todo en lo que se interesa. Un día juega futbol, al día siguiente hace yoga, después practica karate; todo lo realiza por un periodo corto. Le gusta viajar, ir de safari, la aventura.

Según el último número o dígito del año en que nació, el dragón puede tener como elemento variable agua, madera, fuego, tierra o metal. Años terminados en 0 y 1 metal; 2 y 3 agua; 4 y 5 madera; 6 y 7 fuego, y 8 y 9 tierra.

Dragón tierra de metal

Este tipo de dragón es de cualidades fuertes. Es de reacciones teatrales y dramáticas y posee un ego grande. Es honesto y discute para defender sus puntos de vista al grado de llegar a ser agresivo. Cuando cree en una causa la defenderá contra viento y marea hasta salir vencedor o triunfador sobre cualquier circunstancia. Tiene naturaleza de gladiador y llega a tener logros heroicos. Es visionario y práctico, eficiente y trabajador, disciplinado y muy exitoso.

Dragón tierra de agua

Este tipo de dragón es extremista, calmado y reflexivo o excesivo. Es diplomático y muy creativo. Pacifista interesado en cuestiones sociales. Su intuición lo convierte en sabio, idealista y compasivo.

Dragón tierra de madera

Este tipo de dragón es creativo, se renueva constantemente, es innovador e improvisa constantemente. Ama la armonía, la elegancia y la estética. Es relajado y extremadamente sociable; odia ofender y lastimar a los demás; es dinámico y activo, progresivo y muy curioso de las relaciones sentimentales de otras personas. Es divertido y considerado con sus amigos.

Dragón tierra de fuego

Este tipo de dragón es apasionado y honesto, temperamental e impaciente, ambicioso y orgulloso. Autoritario. Perfeccionista y muy crítico con quienes no manejan las mismas ideas y niveles de calidad que él. Carismático y líder.

Dragón tierra de tierra

Este tipo de dragón es dedicado, cooperativo y abierto al trabajo en equipo. Pocas veces pone atención en los detalles. Es paciente y no vive a la carrera ni cae en la impaciencia. La estabilidad y la seguridad son conceptos muy importantes para él y siempre está en búsqueda de la independencia económica.

- ❀ Esencia: tierra.
- ❀ Colores favorables: rojo, naranja, amarillo, café, ocre, dorado, blanco, tonos pastel, plata, gris.
- ❀ Accesorios: triangulares, plumas, piel, seda, lana, cerámica, metales.
- ❀ Texturas: seda, piel, lana, brillantes, gruesas, patrones de círculos, óvalos.
- ❀ Aromas: romero, ylang ylang, melaleuca, jengibre, salvia esclárea, pachuli, incienso, limón, mejorana, naranja, romero, eucalipto, abeto blanco, ciprés, menta, neroli, mirra, palmarosa.
- ❀ Piedras y cuarzos: aquellos de colores rojo, naranja, amarillo, café, blanco, rosa, plateado, morado.
- ❀ Color de cabello: rojo, castaño, rubio.

Si eres dragón tierra de tierra, de fuego y de metal, lo anterior te apoya perfectamente.

Si eres dragón tierra de madera, logra el equilibrio enfatizando lo anterior con tonos rojos.

Si eres dragón tierra de agua, consigue el equilibrio enfatizando lo anterior con tonos blancos y plateados.

SERPIENTE

Ética, intachable, sofisticada. Es de los animales más enigmáticos del zodiaco. Es silenciosa, prudente y escurridiza. Siempre está observando y lista para atacar en el momento menos previsto. Nunca muestra de manera abierta sus cartas. Es excelente para hacer negocios, se basa en su intuición y siempre almacena para el futuro. Como adversaria es muy poderosa. Su naturaleza es fuerte y poderosa, dominante y posesiva. Poco expresiva, guarda sus emociones y sentimientos durante mucho tiempo; es rencorosa y puede esperar años para desquitarse de aquello que la lastima. Es paciente e inteligente. Psíquica e intuitiva. Profunda, analítica y filosófica. Sobresale del resto del mundo. Es una gran amante de los placeres de la vida. Es acumuladora de dinero como reserva para su tranquilidad y seguridad.

Características positivas

- ❖ Distinguida
- ❖ Elegante
- ❖ Discreta

- ❖ Prudente
- ❖ Astuta
- ❖ Profunda
- ❖ Perceptiva
- ❖ Lúcida
- ❖ Sofisticada
- ❖ Sabia
- ❖ Gregaria
- ❖ Sensual
- ❖ Curiosa
- ❖ Reflexiva
- ❖ Organizada

Características negativas

- ❖ Extravagante
- ❖ Vengativa
- ❖ Obstinada
- ❖ Calculadora
- ❖ Mala con el dinero
- ❖ Cruel
- ❖ Insegura
- ❖ Suspicaz
- ❖ Ladina
- ❖ Distante
- ❖ Posesiva
- ❖ Ansiosa
- ❖ Celosa
- ❖ Desleal

La serpiente se asocia con

- ❖ Sabor: amargo
- ❖ Estación: verano
- ❖ Nace: en el calor, un día de verano

- ❖ Color: verde, rojo
- ❖ Planta: helecho
- ❖ Flor: brezo, cardo
- ❖ Comida: arroz, borrego
- ❖ Clima: caliente, soleado

El hombre serpiente

- ❖ Mal perdedor
- ❖ No tolera los insultos
- ❖ Influenciable
- ❖ No entiende la fidelidad
- ❖ Guapo
- ❖ Hedonista
- ❖ Superficial algunas veces
- ❖ Romántico y apasionado
- ❖ Tiene un sutil sentido del humor
- ❖ Cree en la primera impresión
- ❖ Mal apostador

La mujer serpiente

- ❖ Ingeniosa y simpática
- ❖ Se toma el fracaso de manera personal
- ❖ Es buena consejera
- ❖ Cautivadora y bella
- ❖ No padece falsa modestia
- ❖ Le gusta un hogar confortable
- ❖ Le gusta complacer a los demás
- ❖ Es precisa al vengarse de sus enemigos
- ❖ Es más confiada que el hombre serpiente
- ❖ Es muy perceptiva

El infante serpiente

❖ Es tranquilo y nada problemático

❖ Es feliz

❖ Necesita aprender a compartir sus juguetes

❖ Sensible a los problemas y discusiones familiares

❖ Bueno para las artes

❖ Tranquilo si tiene un entorno familiar estable

❖ Busca complacer a sus padres

❖ Le gustan los secretos y las confidencias

❖ No le importa la responsabilidad

❖ Es celoso de la atención de sus padres

❖ Exige mucho afecto

En el hogar

El lugar preferido de una serpiente es su casa. Diseñará un entorno tranquilo y lleno de paz pero creativo y original. Tiene un sentido natural para combinar colores y diseños así como texturas, con muy buen gusto. Busca la comodidad en todo lo que la rodea, decora de una manera sensual y cálida. Siempre tendrá buena comida, buen vino y bebidas, así como suficientes libros para leer. El hogar de una serpiente siempre tendrá objetos de arte y originales. La casa de una serpiente es el reflejo de sí misma.

En el trabajo

La serpiente es una persona eficiente y adaptable. Hace las cosas rápidamente y con el mínimo esfuerzo, y de la manera más efectiva. Es capaz de eliminar silenciosamente a la competencia. Es bien intencionada y bien organizada pero su fuerte no son los planes a largo plazo. Es excelente para tomar las oportunidades en el aire y controlar los riesgos. Es ambiciosa y sabe cuándo atacar y obtener el éxito en lo que busca. Tiene una sabiduría particular que le permite ser objetiva acerca de sus metas y aspiraciones. Es decidida y determinada si algo la inspira moral y materialmente.

Si no está motivada o no tiene nada que hacer, su apariencia reflexiva se convierte en un huracán.

Ocupaciones

- ❖ Profesor
- ❖ Lingüista
- ❖ Filósofo
- ❖ Maestro
- ❖ Psiquiatra
- ❖ Embajador
- ❖ Astrólogo
- ❖ Clarividente
- ❖ Oficial
- ❖ Relaciones públicas
- ❖ Mediador
- ❖ Diseñador
- ❖ Decorador
- ❖ Creativo

Le gusta

- ❖ Complacer a otros
- ❖ Los adornos
- ❖ Vestirse para impresionar
- ❖ Confiar y escuchar confesiones
- ❖ Los desiertos y los paisajes salvajes
- ❖ Impresionar a otros con su conocimiento
- ❖ Tener gestos de buena voluntad
- ❖ Un buen debate
- ❖ Gastar de manera extravagante en ella
- ❖ El arte abstracto
- ❖ Los aplausos
- ❖ La armonía y la estabilidad
- ❖ Que le pidan ayuda

Le disgusta

❖ Que la gente pierda el control
❖ Que la perciban ingenua
❖ Prejuzgar a la gente
❖ Que la pongan de ejemplo
❖ Los pleitos y la violencia
❖ Prestar o darle dinero a otros
❖ La gente superficial
❖ La vulgaridad
❖ Ser abandonada
❖ Fallar en algo

Buenos amigos

❖ Muy compatible: conejo, dragón, gallo
❖ Amigable: rata, buey, cabra
❖ Sin conflicto pero necesita esfuerzo: serpiente, perro
❖ Falta de empatía: tigre, caballo
❖ Antagónicos: mono, cerdo

Serpiente con rata

Es un par amistoso donde ambos disfrutan de las cosas finas y platican durante horas. La serpiente puede ser cambiante e ir desde lo más cálida y amorosa a lo más aislado y cortante pero siempre de manera temporal.

Serpiente con buey

El buey es dependiente en lo emocional y proveedor de apoyo a la serpiente. Ambos disfrutan trabajar con metas a largo plazo, aspecto en el cual el buey puede ayudar a la serpiente a lograrlo de manera exitosa. Cada uno respetará la necesidad de privacidad del otro y todo puede funcionar muy bien mientras la serpiente no quiera manipular al buey.

Serpiente con tigre

Ambos ven la vida desde distintos ángulos. La serpiente funciona a través de su mente, mientras que el tigre sigue su corazón. La serpiente disfruta relajarse leyendo un libro mientras que el tigre busca la acción y el riesgo. No es posible comprensión entre este par.

Serpiente con conejo

Puede ser una buena combinación, ambos cultivan la paz y la seguridad y comparten el amor al arte. La serpiente puede ayudar al conejo a ser más aventurero mientras el conejo sea paciente con lo enigmático de la serpiente.

Serpiente con dragón

Una buena pareja. La serpiente es lo suficientemente lista para dejar que el dragón crea que él gobierna la relación. El dragón se siente contento de la imagen elegante y seductora de la serpiente. Juntos pueden lograr mucho.

Serpiente con serpiente

Buena combinación para el trabajo y una buena amistad; sin embargo, no funciona una relación sentimental larga y duradera. En negocios son rudas y ambiciosas. Dos serpientes viviendo juntas crean un campo de batalla donde cada una busca dominar a la otra, y la serpiente no se deja dominar fácilmente.

Serpiente con caballo

Sienten una atracción irresistible mutua; sin embargo, con el tiempo se cansarán uno del otro. El caballo se aburrirá de la analítica serpiente y ella no soportará la impulsividad del caballo.

Serpiente con cabra

Ambos aman el arte, la belleza y la armonía. La serpiente aprecia la creatividad y la imaginación de la cabra. Mientras tengan un buen estatus y nivel de vida, rara vez discutirán. De otra manera, la cabra encontrará a la serpiente muy seria y la serpiente percibirá a la cabra como débil.

Serpiente con mono

El mono es inteligente de manera ágil, mientras que la serpiente es inteligente de manera profunda. Esto puede repercutir en la competencia o en una buena relación de negocios. En lo sentimental el mono percibe a la serpiente aburrida y nada atractiva.

Serpiente con gallo

Es considerada la mejor pareja en la astrología china. Es una pareja en perfecto balance y equilibrio tanto emocional como intelectual.

Serpiente con perro

El perro idealista se siente muy atraído por la sabiduría y profundidad de la serpiente, ignorando su egoísmo y su ambición. La serpiente admira la honestidad del perro, por lo que esta relación puede funcionar.

Serpiente con cerdo

Este es un caso de opuestos que no se atraen. Para la serpiente el cerdo es demasiado inocente pero el cerdo es demasiado sabio para la naturaleza de la serpiente. Ambas son criaturas sensuales y muy magnéticas por lo que pueden generar competencia entre ellos.

Amor

La serpiente es intensa y apasionada. Tiene que sentir que es el centro de la vida de su pareja. Aun en pareja la serpiente no hace a un lado su habilidad para coquetear, ya que necesita estar poniendo a prueba de manera constante su atractivo sexual. Antes de ubicarse en una relación estable probará varios romances. Aun casada siempre estará envuelta en cuestiones apasionadas y románticas. Exige fidelidad pero no la garantiza de su parte. La pareja de una serpiente debe hacer que la respete o no sabrá cómo salir de la manipulación de esta.

Sexo

Astuta, apasionada y sensual, así es la serpiente, creativa y atractiva. Utiliza el sexo como una manera de autodescubrirse. La serpiente florecerá en una relación donde haya entendimiento físico. Es tan seductora que hipnotiza a las personas para que queden fascinadas con ella. No soporta las traiciones, por lo que se debe tener cuidado y no jugar con ella o conocerás su lado más vengativo y rencoroso.

Salud

El elemento fuego de la serpiente se asocia con el corazón y el intestino, por lo que debe poner cuidado a esos órganos. Debe realizar constantes revisiones médicas de su corazón. Un constante malestar de la serpiente es el dolor de estómago, por lo que lo ideal es que lleve un régimen alimentario sano. Debe cuidar sus ideas porque tiende a caer en desórdenes mentales.

Intereses

Le encanta enroscarse en una silla con un buen libro y buena música. Disfruta relajarse en el campo durante un fin de semana. Para salir le gustan la ópera o el teatro. Disfruta vestirse bien y las cosas finas de la vida. La serpiente es excelente estratega y sobresale en juegos como el *backgammon* y el ajedrez. En casa, si no se está relajando y descansando, está remodelando, decorando, pintando o reacomodando sus adornos.

Según el último número o dígito del año en que nació, la serpiente puede tener como elemento variable agua, madera, fuego, tierra o metal. Años terminados en 0 y 1 metal; 2 y 3 agua; 4 y 5 madera; 6 y 7 fuego, y 8 y 9 tierra.

Serpiente fuego de metal

Este tipo de serpiente es de carácter fuerte. Extremista, siempre está entre el esplendor y la destrucción. Energética, disciplinada y perfeccionista. Tiene una autoestima alta y un fuerte sentido de identidad; es independiente, reflexiva y seria. Es extremista en sus pensamientos; poco tolerante, orgullosa, ruda pero muy honesta y directa.

Serpiente fuego de tierra

Este tipo de serpiente es brillante y glamorosa. Sabe aprovechar y sacar ventaja de todas sus cualidades. Es menos misteriosa y enigmática que las demás serpientes y fácil de llegar a conocer. Amigable y calmada, siempre busca lo mejor de las demás personas y no tiende a sacar provecho de quienes la rodean. Prefiere la armonía que el estatus. Poco ambiciosa, introvertida, soñadora, añora el pasado y no planea el futuro.

Serpiente fuego de agua

Este tipo de serpiente es la más enigmática e impredecible de todas las serpientes. Intuitiva al grado de poder ser clarividente. Calmada, sabia, reflexiva, justa, honesta pero práctica y muy inteligente y astuta. Siempre logra sus metas de manera silenciosa y nunca conoces sus planes ni sus emociones.

Serpiente fuego de madera

Este tipo de serpiente es simpática, rápida y astuta. Siempre trabaja apoyando a los demás y así alcanza sus metas. Es inteligente, creativa, soñadora y libre de pensamiento. Combina la belleza, la estética y la forma con el espacio. Es artística y sigilosa.

Serpiente fuego de fuego

Este tipo de serpiente es dinámica, imparable y muy activa. Es tan energética que puede ser destructiva consigo misma. Apasionada en todo lo que hace, piensa y siente. Ama y odia con toda su fuerza. No conoce el término medio. Es dramática, atractiva, magnética y muy sexi. Superficial.

✿ Esencia: fuego.
✿ Colores favorables: verdes, turquesas, rojos, naranjas, rosas brillantes, amarillos, ocres, dorados, cafés.
✿ Accesorios: maderas, rectángulos, triangulares, plumas, piel, seda, lana, cerámica.
✿ Texturas: algodón, lino, rayas verticales u horizontales, seda, piel, lana, brillantes, gruesas.
✿ Aromas: toronja, manzanilla romana, lavanda, cedro, vetiver, romero, ylang ylang, melaleuca, jengibre, salvia esclárea, pachuli, incienso, limón, mejorana, naranja, romero.
✿ Piedras y cuarzos: aquellos de color verde, turquesa, rojo, naranja, amarillo o café.
✿ Color de cabello: rojo, castaño.

Si eres serpiente fuego de madera, de fuego y de tierra, lo anterior te apoya perfectamente.

Si eres serpiente fuego de agua, puedes lograr el equilibrio enfatizando lo anterior con tonos verdes.

Si eres serpiente fuego de metal, consigue el equilibrio enfatizando lo anterior con tonos amarillos y cafés.

CABALLO

Confiable y orgulloso. Callado e independiente, solitario, popular y admirado por un gran grupo de gente. Es el alma de las fiestas. Ama la libertad, que es su más preciado tesoro; es noble, organizado, honesto. A veces le cuesta trabajo cumplir lo que promete. Entusiasta, acepta todo tipo de actividades y se llena de compromisos que a veces no puede sacar adelante. Se emociona con facilidad y se descontrola de igual manera cuando las cosas no salen como las espera. Necesita motivación constante; se entusiasma con facilidad pero de igual manera se desilusiona. Extremadamente inquieto y alegre.

Características positivas

❖ Leal
❖ Noble
❖ Alegre
❖ Entusiasta
❖ Emprendedor
❖ Flexible

- ❖ Sincero
- ❖ Franco
- ❖ Versátil
- ❖ Conversador
- ❖ Gregario
- ❖ Generoso
- ❖ Nada egoísta
- ❖ Realista
- ❖ Energético

Características negativas

- ❖ Inestable
- ❖ Temperamental
- ❖ Impaciente
- ❖ Inseguro
- ❖ Irresponsable
- ❖ Superficial
- ❖ Ambicioso
- ❖ Descuidado
- ❖ Despilfarrador
- ❖ Contradictorio
- ❖ Banal
- ❖ Se asusta fácilmente
- ❖ Vulnerable
- ❖ Ansioso

El caballo se asocia con

- ❖ Sabor: amargo
- ❖ Estación: verano
- ❖ Nace en: invierno
- ❖ Color: naranja
- ❖ Plantas: palma
- ❖ Flor: rosa

* Comida: arroz, borrego
* Clima: caliente, soleado

El hombre caballo
* No es bueno con el dinero
* Secretamente es pesimista
* Le importa su apariencia
* Egocéntrico
* Ofende a otros sin darse cuenta
* Independiente
* Busca aprobación
* Le gusta su voz
* Aparenta ser alegre y fácil de relacionar
* Es descuidado en casa

La mujer caballo
* Odia la autoridad
* No tolera un papel o puesto de subordinada
* No tiene tiempo para los problemas de los demás
* Anhela destacar y llamar la atención
* Es elegante y distinguida
* Siempre llega retrasada
* Le gustan las escenas dramáticas
* Necesita su propio espacio
* Es persuasiva

El infante caballo
* Tiene tendencia a hacer berrinches
* Es independiente
* Tiene tendencia a ser flojo
* Es impetuoso
* Se desespera con aquello que le cuesta trabajo
* Es descuidado y alegre

- ❖ No le gusta la responsabilidad
- ❖ Es desordenado
- ❖ Prefiere jugar a aprender o estudiar
- ❖ Es fácil quererlo, hace que los demás se enamoren de él
- ❖ Es difícil disciplinarlo

En el hogar

El caballo no es muy hogareño. Prefiere hacer vida social en casa de sus amigos. Sin embargo, para el caballo es muy importante tener un hogar estable para sentirse seguro y confiado. Le gusta sentirse orgulloso de su entorno y de su casa, le agrada decorarla de manera original y creativa. No es bueno para el trabajo de casa, por lo que busca ayuda para tenerla limpia y ordenada. El caballo no es materialista, más bien es social y le gusta impresionar con la imagen y decoración de su casa, la cual decora basándose más en cuestiones sentimentales que en cosas u objetos costosos.

En el trabajo

El caballo tiene la cualidad de ser talentoso, brilla más por talento que por inteligencia. Tiene magnetismo y simpatía natural que lo vuelve muy atractivo. Necesita tener un trabajo variado que lo mantenga interesado para explotar su naturaleza versátil. El caballo tiene agilidad para hablar y para pensar, pero no es bueno para planear a largo plazo ni organizar. No es adecuado para el trabajo burocrático, ya que odia la rutina y no es capaz de poner atención en los pequeños detalles. Es excelente comunicador y creativo. Es muy bueno para aportar ideas creativas e innovadoras; claro, él aporta las ideas y otros tienen que realizarlas. Es impaciente; le gustan los logros y los resultados rápidos. Es muy bueno para iniciar proyectos, pero es difícil que se enfoque en terminarlos. Inspira confianza por su entusiasmo por el trabajo aunque puede perder ese entusiasmo frente a cualquier imprevisto, y sus colaboradores pueden sentirse decepcionados por su inconstancia.

Ocupaciones

- ❖ Atleta
- ❖ Vaquero
- ❖ Técnico
- ❖ Administrador
- ❖ Chofer
- ❖ Inventor
- ❖ Chofer de camión
- ❖ Vendedor
- ❖ Maestro
- ❖ Reportero
- ❖ Periodista
- ❖ Pintor
- ❖ Publicista
- ❖ Poeta
- ❖ Estilista
- ❖ Guía de turistas
- ❖ Modelo

Le gusta

- ❖ Iniciar un nuevo proyecto
- ❖ Ser halagado
- ❖ Bailar
- ❖ Hacer reír a la gente
- ❖ Cambio de escenarios
- ❖ Viajar
- ❖ Conocer gente
- ❖ Conversar, ya sea chisme o profundo
- ❖ Sentirse iniciador o pionero
- ❖ Discutir y comentar su sentir y sus emociones
- ❖ Comer en restaurantes caros

Le disgusta

- ❖ El silencio
- ❖ Los horarios
- ❖ La desaprobación
- ❖ La gente callada
- ❖ Lo burocrático
- ❖ La gente poco entusiasta o desinteresada
- ❖ Que le digan qué hacer
- ❖ Tener muchas pertenencias materiales
- ❖ Escuchar a otros
- ❖ La crítica o las quejas
- ❖ La soledad

Buenos amigos

- ❖ Muy compatibles: tigre, cabra, perro
- ❖ Amigable: gallo
- ❖ Sin conflicto pero necesita esfuerzo: dragón, caballo, cerdo
- ❖ Falta de empatía: buey, serpiente
- ❖ Antagónicos: rata, conejo, mono

Caballo con rata

Esta relación se debe evitar. Son totalmente incompatibles.

Caballo con buey

Es una relación infeliz para los dos. Se molestarán mutuamente de manera constante. El inquieto caballo no recibirá motivación alguna por parte del buey, y el caballo jamás aceptará el autoritarismo del buey.

Caballo con tigre

Hay gran atracción entre el tigre y el caballo. Ambos disfrutarán de la compañía del otro. El caballo recibirá motivación constante por parte del tigre. Pueden discutir bastante y la relación necesita de paseos y salidas constantes para nutrirse.

Caballo con conejo

El temperamento del caballo se vuelve molesto e incómodo para el pacifismo del conejo, quien no tolerará por mucho tiempo al caballo a menos que esté perdidamente enamorado de él.

Caballo con dragón

Se pueden llevar muy bien si tienen intereses y metas en común. El entusiasmo del caballo y la energía del dragón son una buena combinación mientras el dragón no invada demasiado la privacidad del caballo. El problema que se puede presentar es que el caballo, en su egoísmo, no le preste al dragón la atención que exige.

Caballo con serpiente

Al principio se puede dar una atracción muy fuerte entre ellos, sin embargo, el caballo se aburrirá y cansará pronto de la quietud y prudencia de la serpiente, quien se aburrirá de la falta de profundidad y análisis del caballo.

Caballo con caballo

Pueden entablar una relación alegre que disfruten mucho pero rodeada de inestabilidad. Tienen mucho en común pero será difícil que logren algo estable.

Caballo con cabra

Se complementan de manera casi perfecta. La cabra se siente segura con el caballo, y el caballo le imprimirá diversión y emoción a la relación. Ambos odian la rutina.

Caballo con mono

Una relación entre estos dos siempre estará rodeada de malentendidos. Para el caballo la inteligencia del mono es calculadora y fría, y el mono encontrará el entusiasmo del caballo superficial y ficticio, además de ingenuo e incluso estúpido.

Caballo con gallo

Se pueden llevar bien. El caballo iniciará las cosas y el gallo las terminará. Son sensibles a las opiniones de los demás aunque ellos no tienen sutileza ni tacto para decir las cosas, lo que puede generar problemas de ego entre ellos.

Caballo con perro

Este es un típico caso de opuestos que se atraen. El caballo se enamora de la naturaleza leal y generosa del perro, y de su capacidad para ver las cosas como realmente son. El perro se fascina con la energía y habilidad del caballo e ignora su superficialidad.

Caballo con cerdo

Al principio pueden tener una buena química. El cerdo se sentirá atraído por el glamur del caballo y el caballo por la ternura y amabilidad del cerdo. Sin embargo, el egoísmo del caballo llevará al cerdo al límite de su paciencia y el caballo se aburrirá del cerdo.

Amor

El caballo ama ser amado; de hecho, puede estar más enamorado de la idea de ser amado que de su propia pareja. El caballo es de los que se enamoran a primera vista y pone todo su esfuerzo en seducir a la otra persona. Como pareja, el caballo es divertido pero difícil. Es temperamental, cambiante en su estado de ánimo, ama la libertad pero también exige apoyo. Es muy romántico y vive a través de sus emociones. Por un amor el caballo da todo a cambio, desde cambiarse de casa, de trabajo, emigrar. Es peculiar; se puede desenamorar tan rápido como se enamoró. Para mantener la relación viva con el caballo se le debe mantener interesado en el sentido de hacer que la pareja sea un reto para él, de lo contrario, se aburrirá y se irá.

Sexo

El caballo es el ejemplo claro del símbolo sexual y es muy sensual. Le gusta consumir rápidamente una relación y hará lo que sea necesario para seducir a quien eligió. El caballo es un amante apasionado y energético. Cae fácilmente en la tentación. Sin embargo, cambia su temperatura con mucha facilidad, es decir, de repente quiere y al minuto ya no.

Salud

El elemento fuego del caballo se asocia con el corazón y el intestino, indicando que debe ponerle atención a esos órganos. Es muy importante que se esfuerce en llevar una dieta balanceada y observe hábitos alimenticios sanos. El caballo tiene fuertes reservas de energía, por lo que es importante que haga ejercicio para evitar padecer ataques de ansiedad, insomnio o ataques de hambre.

Intereses

El caballo disfruta todo tipo de deportes, especialmente los más competitivos. Le gustan los eventos sociales y las reuniones.

Según el último número o dígito del año en que nació, el caballo puede tener como elemento variable agua, madera, fuego, tierra o metal. Años terminados en 0 y 1 metal; 2 y 3 agua; 4 y 5 madera; 6 y 7 fuego, y 8 y 9 tierra.

Caballo fuego de fuego

Este tipo de caballo es todo un caso. Es extremista y drástico. Tiene el don de cambiar la suerte por donde pasa, para bien o para mal. Cae en los excesos fácilmente. Aventurero, apasionado, ingobernable, caprichoso y talentoso. Su vida es muy diferente al común de las personas. Su destino es el éxito espectacular o el fracaso absoluto.

Caballo fuego de tierra

Este tipo de caballo es estable. Tiene tenacidad y la capacidad para desarrollar un proyecto desde el principio hasta el final; es decidido y perseverante. Responsable y cauteloso. Convencional y nervioso, lo que refleja poniendo excesiva atención a los detalles y manifestándose excéntrico.

Caballo fuego de metal

Este tipo de caballo es decidido y perseverante. Funciona por medio de la motivación. Necesita estimulación constante o se aburre con facilidad. Es terco y libre, odia que lo traten de controlar o reprimir.

Caballo fuego de agua

Este tipo de caballo es creativo y exitoso en la cuestión artística. Es disperso y se distrae fácilmente de sus objetivos. Comunicativo, simpático, de buen humor y amigable. Desconsiderado y egoísta, obtiene lo que quiere a través de su encanto. Los demás se enamoran de él y le perdonan sus excentricidades.

Caballo fuego de madera

Este tipo de caballo es cooperativo y le gusta apoyar a las demás personas. Ingenuo, inocente y disperso. Poco intuitivo. Tiene buen control sobre sus emociones y sentimientos, lo que le permite evitar las depresiones y tener buen humor y una actitud positiva ante la vida.

✿ Esencia: fuego.
✿ Colores favorables: verdes, turquesas, rojos, naranjas, rosas brillantes, amarillos, ocres, dorados, cafés.
✿ Accesorios: maderas, rectángulos, triangulares, plumas, piel, seda, lana, cerámica.

❀ Texturas: algodón, lino, rayas verticales u horizontales, seda, piel, lana, brillantes, gruesas.

❀ Aromas: toronja, manzanilla romana, lavanda, cedro, vetiver, romero, ylang ylang, melaleuca, jengibre, salvia esclárea, pachuli, incienso, limón, mejorana, naranja, romero.

❀ Piedras y cuarzos: aquellos de colores verde, turquesa, rojo, naranja, amarillo o café.

❀ Color de cabello: rojo, castaño.

Si eres caballo fuego de madera, de fuego y de tierra, lo anterior te apoya perfectamente.

Si eres caballo fuego de agua, logra el equilibrio enfatizando lo anterior con tonos verdes.

Si eres caballo fuego de metal, consigue el equilibrio enfatizando lo anterior con tonos amarillos y cafés.

CABRA

Sensible, creativa, talentosa, excéntrica. Artística e imaginativa, la más soñadora del zodiaco. Es compasiva y noble de corazón, aspecto que la mete en graves problemas cuando se encuentra con personas más rudas que ella. Su esencia es familiar, suave, disfruta de su familia más que de cualquier otra cosa. Le gustan el confort, la paz, la calma. Su entorno es muy importante para ella; debe ser cómodo, amplio, armónico y organizado. Su casa es su refugio del mundo exterior. Odia discutir y pelear, aunque si algo la altera pierde el control y puede ser hiriente y agresiva. Evade cualquier tipo de enfrentamiento y desacuerdo; prefiere ceder a discutir y tener conflictos que considera innecesarios. Tiene una determinación profunda, es tenaz y decidida.

Características positivas

❖ Creativa
❖ Imaginativa
❖ Ingeniosa
❖ Honesta

- ❖ Caprichosa
- ❖ Sensible
- ❖ Confiada
- ❖ Sincera
- ❖ Pacífica
- ❖ Adaptable
- ❖ Independiente
- ❖ Ardiente
- ❖ Elegante
- ❖ Gentil
- ❖ Fácil de tratar

Características negativas

- ❖ Excéntrica
- ❖ Ilógica
- ❖ Vulnerable
- ❖ Irresponsable
- ❖ Irracional
- ❖ Ingenua
- ❖ Insaciable
- ❖ Desordenada
- ❖ Impulsiva
- ❖ Floja
- ❖ Bonachona
- ❖ Ansiosa
- ❖ Poco práctica

La cabra se asocia con

- ❖ Sabor: amargo
- ❖ Estación: verano
- ❖ Nace: en un día lluvioso
- ❖ Color: azul cielo
- ❖ Planta: ajenjo, anís

- ❖ Flor: madreselva, aretillo
- ❖ Comida: arroz, borrego
- ❖ Clima: caliente

El hombre cabra

- ❖ Dependiente de su familia
- ❖ Es un padre divertido pero irresponsable
- ❖ Es despreocupado e indeciso
- ❖ Tiene desarrollado un alto sentido de la estética
- ❖ Es un hombre inusualmente sensible
- ❖ Tiene un sentido natural de la hospitalidad
- ❖ Es reflexivo y amable
- ❖ Recuerda cumpleaños y aniversarios
- ❖ Se da por vencido con los obstáculos

La mujer cabra

- ❖ Es indiferente a las costumbres y los acuerdos
- ❖ Se enoja con la injusticia
- ❖ Es talentosa
- ❖ Lleva una vida descuidada y sin complicaciones
- ❖ Nunca es hostil
- ❖ Es fácil impresionarla y hacerle trampa
- ❖ Le gusta ser el centro de atención
- ❖ Le teme al rechazo y a la crítica
- ❖ Necesita sentirse segura para destacar
- ❖ Le gusta ser tomada en cuenta

El infante cabra

- ❖ Es delicado y enfermizo
- ❖ Necesita ser consentido
- ❖ Es inconstante e inestable
- ❖ Es tímido e indeciso
- ❖ Destaca con el respaldo y apoyo de la familia

- ❖ Se debe dejar que encuentre su camino
- ❖ Disfruta las cosas creativas
- ❖ Crea y arma fantasías y cuentos de hadas
- ❖ Regala y comparte sus juguetes con sus amigos

En el hogar

A la cabra le gusta la comodidad en la vida; sin embargo, no es capaz de salir y obtenerla, generalmente deja que su familia o pareja se encargue de decorar su entorno para que ella lo disfrute. La cabra es acaparadora, le atraen las cosas bonitas y novedosas. Su casa estará llena de detalles, recuerdos, colecciones y cosas que atraigan su atención. Le encantan las tiendas de recolectirios, de cosas raras, tiendas de caridad, de antigüedades y mercados que le ofrecen productos raros y baratos. Si tiene el suficiente dinero, recorre tiendas departamentales (las mejores) buscando las más grandes ofertas. Sin embargo, la cabra es indiferente a las posesiones materiales, no tiene apego a lo económico, por lo que igual puede tenerlo que dejarlo.

En el trabajo

La cabra no trabajaría si no necesitara el dinero para sobrevivir. Su especialidad no es ser activa o trabajadora, por lo que se comporta floja e inconstante en el trabajo. A pesar de esto, cuando la cabra toma un trabajo lo sacará adelante de manera adecuada o no hará nada. Tiene posibilidad de obtener buenos ingresos pero odia mantenerse a sí misma. No es ambiciosa y le gusta que otros hagan el trabajo por ella. Si tiene algún dinero es mejor que busque consejo en cómo invertirlo sabiamente en vez de arriesgarlo para empezar un negocio propio. La cabra se inspira por las artes y ama todo lo concerniente a la armonía y la belleza.

Ocupaciones

- ❖ Actor o actriz
- ❖ Escritor

- ❖ Pintor
- ❖ Músico
- ❖ Diseñador de paisajes
- ❖ Tejedor
- ❖ Artesano
- ❖ Cortesano
- ❖ Conductor de televisión
- ❖ Gigoló
- ❖ Bailarín
- ❖ Adivinador de la suerte
- ❖ Escolta
- ❖ Inversionista
- ❖ Accionista

Le gusta

- ❖ Agradar a los demás
- ❖ La belleza
- ❖ Despertar la curiosidad de los demás
- ❖ La tranquilidad
- ❖ Perdonar y olvidar
- ❖ Los parques con fuentes
- ❖ Las estatuas de mármol
- ❖ Las obras de teatro
- ❖ Que le pongan atención y la consientan
- ❖ La gente bonita

Le disgusta

- ❖ Tener que elegir
- ❖ La responsabilidad
- ❖ La rutina
- ❖ Verse envuelta en problemas ajenos
- ❖ Las obligaciones
- ❖ Las atmósferas hostiles

- ❖ Ofender a otros
- ❖ Las escenas emocionales
- ❖ Estar a cargo de la contabilidad
- ❖ Tomar la iniciativa

Buenos amigos
- ❖ Muy compatibles: conejo, caballo, cerdo
- ❖ Amigables: serpiente, cabra, mono
- ❖ Sin conflicto pero necesita esfuerzo: tigre, perro
- ❖ Falta de empatía: rata, buey, dragón, gallo

Cabra con rata

No existe mucha comprensión entre estos dos signos, aunque pueden pasar momentos agradables en periodos cortos cuando comparten algún punto de interés.

Cabra con buey

La cabra y el buey tienen personalidades opuestas. La costumbre de actuar sin pensar que tiene la cabra molesta y altera al buey. Sus prioridades en la vida son totalmente diferentes. La cabra es muy caprichosa y el buey exige fidelidad como base de cualquier relación.

Cabra con tigre

Relación difícil pero con buenas recompensas y satisfacciones potenciales. La cabra puede llegar a admirar la inquietud y lealtad del tigre, mientras que el tigre apreciará la naturaleza divertida de la cabra. Funcionan bien como amigos; para ser pareja necesitan esforzarse.

Cabra con conejo

Es una excelente combinación ya que comparten el amor al buen gusto y los lujos. La naturaleza creativa de la cabra atrae el lado romántico del conejo. Ambos son de naturaleza ansiosa, por lo que en etapas difíciles y problemáticas no serán capaces de darse apoyo uno al otro.

Cabra con dragón

La falta de entendimiento debilita cualquier relación entre estos dos signos, a menos de que aprendan a aceptar y apreciar sus diferencias. Es más exitosa una alianza de negocios entre ellos que una relación sentimental, ya que el dragón impulsa a la cabra a desarrollar su creatividad.

Cabra con serpiente

Ambos aman el arte, la belleza y la armonía. Pueden llevar una excelente relación en etapas buenas y positivas, pero si se presentan problemas se percibirán aburridos, débiles y serios.

Cabra con caballo

La cabra y el caballo se complementan mutuamente. La cabra se siente segura con el caballo y el caballo se siente admirado y divertido con la cabra. Ambos aman la libertad, la irresponsabilidad y la aventura. Odian la rutina.

Cabra con cabra

Dos cabras pueden desarrollar una relación idílica si tienen el suficiente dinero para no preocuparse por pagar las cuentas; de otra manera no podrán encontrar apoyo moral la una en la otra. Pueden ser amigas si son tolerantes e ignoran las faltas y debilidades de ambas.

Cabra con mono

Nunca se aburrirán juntos. Con la agilidad mental del mono y la imaginación de la cabra siempre habrá suficiente actividad y movimiento, y pueden ser grandes amigos. Como amantes, el mono no será capaz de proveer a la cabra del constante impulso y aliento que exige.

Cabra con gallo

Estos dos tienen muy poco en común y ni un solo punto de entendimiento entre ellos. Aunque el gallo puede apoyar económicamente a la cabra, esta no tiene la capacidad de respaldar moralmente al gallo en reciprocidad.

Cabra con perro

Pueden ser buenos amigos si aplican la tolerancia para ignorar sus diferencias. Sin embargo, ambos tienen el don de irritarse y molestarse mutuamente.

Cabra con cerdo

Forman una buena alianza entre ellos. Ambos valoran la tranquilidad y la armonía y son capaces de ceder para obtener ambas cosas. La cabra debe ser cuidadosa de no abusar de la paciencia del cerdo con su constante irresponsabilidad.

Amor

La cabra no sabe ser objetiva y cree que el mundo gira en torno a ella y de aquellos a quienes ama. Efectivamente así se manifestará, ya que ignora todo aquello que no le concierne. La cabra es sensible y emotiva y crea grandes expectativas de romance y entregará mucho en lo emocional en reciprocidad. La cabra se adaptará para complacer a su pareja y hará todo tipo de concesiones para mantener la paz. La cabra es una compañera amable y cariñosa. No es compasiva, por lo que odia sentirse agobiada por los problemas de su pareja. Odia que alguien dependa de ella en lo emocional, ya que ella es la que busca depender del otro. La cabra siempre esperará que su pareja este ahí para darle apoyo y cubrir sus necesidades. La pareja de una cabra debe aceptarla como es y no pretender cambiarla.

Sexo

La cabra es más curiosa que apasionada. No puede ser ni lógica ni objetiva con respecto a sus emociones. Para la cabra los sentimientos y las emociones son tan importantes como el acto sexual, por lo que no acostumbran tener solamente una noche de sexo o una relación basada en aspectos sexuales sin sentimientos. Se siente lastimada si descubre que la otra persona no siente nada por ella. La cabra inicia una relación sexual de manera delicada y elegante. Ama el arte de la seducción con toda una atmósfera de romance.

Salud

El elemento fuego de la cabra se asocia con el corazón y el intestino, por lo que se debe poner atención a esos órganos. Al tener una tendencia yin se recomienda que la cabra prevenga más que curar las enfermedades. Es importante que se haga constantes revisiones médicas. Debe descansar y meditar para recuperar su energía y sentir bienestar.

Intereses

La cabra no se caracteriza por ser muy energética. Prefiere visitar una galería de arte que ir a nadar. Le gustan los parques, los jardines, las flores y las construcciones históricas. Ama todo aquello en lo que pueda encontrar belleza y armonía. Le gusta visitar a sus amigos.

Según el último número o dígito del año en que nació, la cabra puede tener como elemento variable agua, madera, fuego, tierra o metal. Años terminados en 0 y 1 metal; 2 y 3 agua; 4 y 5 madera; 6 y 7 fuego y 8 y 9 tierra.

Cabra tierra de metal

Este tipo de cabra es fuerte, decidida y perseverante. Es sensible, mas no llega al punto de ser vulnerable o frágil. Aunque su apariencia es dura, en realidad es cariñosa, noble y tierna. Ambiciosa y enfocada en sus metas, no es competitiva y es de gustos y atracciones muy particulares.

Cabra tierra de agua

Es caprichosa, sensible e intuitiva. Bastante perceptiva en cuestiones emocionales. Se preocupa en exceso por los problemas y tristezas de los demás. Tiene la tendencia a alejarse y evadirse, es decir, es solitaria y sutil. Conservadora, temerosa del cambio, no le gusta correr riesgos.

Cabra tierra de madera

Es bastante artística y sensible. Es compasiva y generosa. Enfoca su energía, su tiempo y su dinero en causas nobles en las que cree. Le gusta trabajar tranquilamente y es más citadina que aventurera.

Cabra tierra de fuego

Valiente e intuitiva. Dramática e innovadora, tiene la capacidad de hacer creer que sus ideas locas y diferentes son lógicas y sensatas. Tiende a ser incansable y es impulsiva. No es buena administrando su dinero, lo gasta y pierde fácilmente. Atractiva y magnética, amable y simpática, aunque poco tolerante hacia los que considera tontos.

Cabra tierra de tierra

Es sensata y estable, tenaz y trabajadora. Ambiciosa y con gran capacidad para cubrir sus necesidades, así como para no ser tan dependiente de los demás como las otras cabras. Es alegre y optimista; sin embargo, cuando las cosas no salen como espera se queja constantemente. Tiende a ser cauta y conservadora, lo que la puede llevar a estancarse en algunos casos.

- ❀ Esencia: tierra.
- ❀ Colores favorables: rojo, naranja, amarillo, café, ocre, dorado, blanco, tonos pastel, plata, gris.
- ❀ Accesorios: triangulares, plumas, piel, seda, lana, cerámica, metales.
- ❀ Texturas: seda, piel, lana, brillantes, gruesas, patrones de círculos, óvalos.
- ❀ Aromas: romero, ylang ylang, melaleuca, jengibre, salvia esclárea, pachuli, incienso, limón, mejorana, naranja, romero, eucalipto, abeto blanco, ciprés, menta, neroli, mirra, palmarosa.
- ❀ Piedras y cuarzos: aquellas de colores rojo, naranja, amarillo, café, blanco, rosa, plateado o morado.
- ❀ Color de cabello: rojo, castaño, rubio.

Si eres cabra tierra de tierra, de fuego y de metal, lo anterior te apoya perfectamente.

Si eres cabra tierra de madera, logra el equilibrio enfatizando lo anterior con tonos rojos.

Si eres cabra tierra de agua, consigue el equilibrio enfatizando lo anterior con tonos blancos y plateados.

MONO

Simpático, libre, alegre, polifacético. Es el signo más listo del zodiaco. Es oportunista, único, inesperado, variable. Le gusta vivir y disfrutar la vida al máximo. Adora la aventura y la emoción; es inocente e impulsivo. Creativo, innovador y siempre tiene su mente ocupada. Su agilidad mental es impresionante. Se aburre y desespera con facilidad. Siempre consigue lo que quiere. Sociable, líder por naturaleza, siempre está rodeado de gente e impone moda. Cuando se desespera puede convertirse en un ser destructivo y agresivo. Funciona a base de ego y competitividad; haga lo que haga siempre destacará del resto de las personas. No soporta que alguien sobresalga más que él, es celoso y envidioso. Es brillante y la gente se enamora de él fácilmente.

Características positivas

* ❖ Independiente
* ❖ Astuto
* ❖ Sociable
* ❖ Vivaz
* ❖ Entusiasta

- ❖ Tolerante
- ❖ Alegre
- ❖ Audaz
- ❖ Sensible
- ❖ Generoso
- ❖ Optimista
- ❖ Entretenido
- ❖ Ágil mentalmente
- ❖ Gregario
- ❖ Creativo
- ❖ Original

Características negativas

- ❖ Oportunista
- ❖ Manipulador
- ❖ Inquieto
- ❖ Esquemático
- ❖ Impredecible
- ❖ Misterioso
- ❖ Egoísta
- ❖ Presumido
- ❖ Veleidoso
- ❖ Tramposo

El mono se asocia con

- ❖ Sabor: agrio
- ❖ Estación: otoño
- ❖ Nace: en verano
- ❖ Color: blanco
- ❖ Planta: baya china
- ❖ Flor: ave del paraíso
- ❖ Comida: clavo
- ❖ Clima: seco

El hombre mono

❖ Rompe las reglas
❖ Le falta disciplina
❖ Le gusta apostar
❖ Es aprovechado
❖ Aparenta ser superficial
❖ Es bueno con los niños
❖ Se lleva bien con las mujeres
❖ Le gusta molestar a sus amigos
❖ Miente con singular alegría
❖ Es de sentimientos cálidos y generoso
❖ Tiene un agudo sentido del humor

La mujer mono

❖ Provoca celos pero es coqueta
❖ Necesita sentirse independiente
❖ Es ingeniosa
❖ Le gusta tener su propio espacio
❖ Prefiere no casarse
❖ Es buena con los infantes
❖ No tiene una moral convencional
❖ Es más honesta que el hombre mono
❖ Es práctica
❖ Es buena arreglando las cosas

El infante mono

❖ Se emociona fácilmente
❖ Necesita que lo calmen constantemente
❖ No conoce los limites
❖ Es impaciente y temperamental
❖ Tiene mucha imaginación
❖ Se adapta fácilmente a los cambios
❖ Se impulsa a sí mismo

En el hogar

El mono no entra en la categoría de los signos que están apegados al hogar. Sin embargo, le importa tener un ambiente estable. Su casa le sirve como punto de partida o como cueva para planear sus aventuras. Al mono le es importante la cuestión del estatus y la imagen, por lo que siempre pensará en cambiarse a una casa mejor y más grande o hacer remodelaciones mayores y redecoración al lugar donde vive. El mono es verdaderamente representante del "hágalo usted mismo", es práctico y disfruta hacer, reparar y decorar. Incluso, cuando tiene problemas financieros, el mono encuentra la forma de arreglar y decorar su casa. Tiene mucha creatividad y sensibilidad para crear ambientes agradables, cálidos y coloridos.

En el trabajo

El mono es ágil y de pensamiento rápido, por lo que siempre encontrará trabajo. Es bastante flexible y se adapta a las circunstancias, y saca adelante situaciones y convierte lo que otros consideran sin importancia en algo muy productivo, redituable y provechoso. Odia la rutina. Para que un mono se quede en un trabajo este debe estar lleno de variedad y de retos. Tiene por costumbre buscar la estimulación constante, y si se siente aburrido puede cambiar fácilmente de profesión y carrera. Si se siente atrapado en una profesión convencional y predecible, siempre busca el cambio y la innovación. Siempre obtendrá el éxito en aquello que represente el romper y cambiar las reglas.

Ocupaciones

❖ Consejero
❖ Terapeuta
❖ Artista
❖ Chofer
❖ Terapeuta ocupacional

- ❖ Enfermero
- ❖ Instructor de artes marciales
- ❖ Maestro de inglés
- ❖ Crítico de arte
- ❖ Asesor financiero
- ❖ Teólogo
- ❖ Corresponsal en el extranjero
- ❖ Creativo
- ❖ Escritor
- ❖ Periodista

Le gusta

- ❖ Los retos
- ❖ Escuchar a los demás
- ❖ Atender gente
- ❖ Los horóscopos
- ❖ Los sistemas de creencias alternativos
- ❖ Viajar
- ❖ Bromear y jugar
- ❖ Decorar su casa
- ❖ La lectura e interpretación de cartas de tarot
- ❖ Visitar amigos
- ❖ El arte étnico
- ❖ Los juegos de azar
- ❖ Salir de noche

Le disgusta

- ❖ La rutina
- ❖ El licor
- ❖ Las creencias establecidas
- ❖ Ser manipulado
- ❖ Estar sin dinero
- ❖ El trabajo físico

- ❖ Los logros de otros
- ❖ La gente convencional
- ❖ Comprometer su independencia

Buenos amigos

- ❖ Muy compatibles: rata, dragón
- ❖ Amigables: cabra, perro, cerdo
- ❖ Sin conflicto pero necesita esfuerzo: buey, gallo
- ❖ Falta de empatía: conejo, caballo, mono
- ❖ Antagónicos: tigre, serpiente

Mono con rata

Son una combinación entretenida y peculiar. Pueden tener una relación duradera ya que tienen mucho en común. La rata tendrá que aceptar y tolerar la naturaleza dominante del mono.

Mono con buey

El mono disfruta molestar y hacerle travesuras al buey que es demasiado serio, siempre gentilmente y con amor. El buey se siente fascinado por la personalidad brillante y espontánea del mono. Sin embargo es difícil que entre ellos se dé una relación estable. Existe poca comprensión entre ambos y el mono se aburrirá por tantas diferencias entre ellos.

Mono con tigre

Ambos son competitivos y ninguno sabe cómo hacer un compromiso. El mono puede admira en secreto al tigre, pero simplemente dos egos tan grandes juntos son una bomba de tiempo. Pueden caer en una relación destructiva.

Mono con conejo

El envidioso mono puede sacar lo peor del conejo, su lado más negativo. Fuera de una relación de convivencia esporádica, es muy difícil que desarrollen una buena y estable relación sentimental.

Mono con dragón

El dragón se siente atraído por la gracia e inteligencia del mono. Los dos se inspiran y complementan mutuamente sin convertirse en rivales. Ambos disfrutan de la vida social y a los amigos. Son una pareja que puede despertar críticas de los demás, cosa que al mono y al dragón no les mueve ni un cabello.

Mono con serpiente

El mono es superficial, la serpiente es profunda. Entre ambos se despierta mucha competencia, lo cual genera rivalidad. Pueden establecer una excelente relación de negocios, nada más, ya que en el amor el mono ubica a la serpiente como aburrida.

Mono con caballo

Una relación entre ellos está llena de malentendidos. El caballo siente al mono demasiado calculador y el mono ve al caballo como inocente y superficial.

Mono con cabra

Una cabra y un mono nunca se aburrirán juntos. Con la agilidad del mono y la imaginación de la cabra siempre tendrán algo que hacer y se convertirán en grandes amigos. Como amante, el mono no es capaz de proveer las excesivas atenciones que la cabra exige.

Mono con mono

Un mono disfruta la compañía de otro mono. Aprecian la inteligencia y audacia del otro. Sin embargo, pueden convertirse en rivales debido a que son muy competitivos.

Mono con gallo

El mono listo y el gallo franco pueden funcionar bien juntos. Se juzgarán uno al otro por la apariencia y se encontrarán superficiales. Si aprenden a no criticarse pueden formar una buena pareja.

Mono con perro

Estos dos pueden ser grandes amigos. El perro se siente atraído por la vivacidad del mono y este aprecia la estabilidad del perro. Aunque hay buena comprensión entre ellos, ambos son cínicos y el perro puede desconfiar del mono.

Mono con cerdo

Ambos son amigables y flexibles, por lo que pueden desarrollar una buena relación. Si establecen convenios y negociaciones y evitan tratar de manipularse uno al otro pueden funcionar.

Amor

El mono se acerca al amor desde su muy peculiar y única perspectiva. Es vivaz y entusiasta. Al principio se manifiesta con toda la pasión y emoción por su nueva conquista. Cuando pasa la novedad el entusiasmo le empezará a bajar e iniciará una campaña de críticas hacia su pareja. La relación debe ser activa y dinámica para que el mono se mantenga interesado. Si se siente contento y estimulado, el mono será tolerante y comprensivo, aunque las lágrimas y las risas son una constante en una relación con el mono. Es emocionante e impredecible. El mono es cariñoso y complaciente, a cambio pide atención a sus necesidades.

Sexo

El mono tiene un apetito saludable por el sexo. Es creativo y original como amante. Es importante que la pareja de un mono sea divertida y apasionada en la cama. El mono se cansa rápidamente de las relaciones meramente físicas. Si el mono no se siente pleno, tiene problemas en lo que a fidelidad se refiere. El mono es ambicioso y admira lo que otros tienen, quitándole valor e importancia a lo que él tiene. Ante la primera señal de problema el instinto del mono será correr en vez de quedarse y sortearlo.

Salud

El elemento metal del mono se asocia con los pulmones y el intestino grueso, por lo que debe poner especial atención en esos órganos. El mono también debe poner atención a sus riñones evitando consumir café o sal en exceso. Aunque el mono no es aficionado a ejercitarse y mantenerse en forma, ya que generalmente tiene una tendencia natural a ser saludable y esbelto.

Intereses

Los intereses del mono pueden ser múltiples y variados. Amigable por naturaleza, el mono pasará gran parte de su tiempo haciendo vida social. Al mono le gusta la moda y todo lo nuevo. Le atraen los deportes de velocidad y las emociones extremas. Le gusta lo exótico y lo inusual, el arte, y conocer y aprender acerca de las diferentes culturas.

Según el último número o dígito del año en que nació, el mono puede tener como elemento variable agua, madera, fuego, tierra o metal. Años terminados en 0 y 1 metal; 2 y 3 agua; 4 y 5 madera; 6 y 7 fuego, y 8 y 9 tierra.

Mono metal de metal

Es inteligente y agresivo. Extremadamente libre e independiente, se siente superior a las demás personas. Es ambicioso y tiene gran facilidad para generar abundancia y dinero. Le gustan los riesgos y los retos; tiene suerte y facilidad para las apuestas.

Mono metal de agua

Es comprensivo y cooperativo hacia los demás. Es demasiado sensible y se siente criticado y atacado por todos lados. Su carácter es complejo ya que es sensible e intrépido, enigmático y misterioso; siempre esconde sus sentimientos y sus intenciones. Experimenta cambios constantes de humor y estado de ánimo.

Mono metal de madera

Este tipo de mono es afortunado, enfocado y estable. Amigable y atractivo. Es excelente para resolver problemas y siempre tiene recursos para salir adelante de cualquier situación. Destaca del común de las personas. Creativo y artístico, ético y excelente comunicador.

Mono metal de fuego

Poderoso, fuerte, apasionado y violento. Muy competitivo, destinado a destacar sobre las demás personas, pero controvertido y contradictorio consigo mismo. Enfrenta los retos desde la perspectiva menos esperada, y a veces de la manera incorrecta.

Mono metal de tierra

Se distingue por ser simpático y equilibrado. Es concreto y sabe aterrizar sus planes y proyectos. Es estudioso, tenaz, dedicado y trabajador. Paciente y estudiado, tiene una gran capacidad para resolver problemas de la mejor manera. Es inteligente e intelectual. Puede ser hiriente al hablar, es agudo y directo en sus comentarios. Muy crítico consigo mismo y con los demás. Sus relaciones son complejas.

❀ Esencia: metal.

❀ Colores favorables: amarillo, café, ocre, dorado, blanco, tonos pastel, plata, gris, morado, oscuros, negro.

❀ Accesorios: lana, cerámica, metales, cristales.

❀ Texturas: lana, gruesas, patrones de círculos, óvalos, gasas, chifón.

❀ Aromas: incienso, limón, mejorana, naranja, romero, eucalipto, abeto blanco, ciprés, menta, neroli, mirra, palmarosa, jazmín, sándalo, rosa.

❀ Piedras y cuarzos: aquellos de colores amarillo, café, blanco, rosa, plateado, morado, oscuro, negro o azul.

❀ Color de cabello: castaño, rubio, negro.

Si eres mono metal de tierra, de metal y de agua, lo anterior te apoya perfectamente.

Si eres mono metal de madera, logra el equilibrio enfatizando lo anterior con tonos oscuros.

Si eres mono metal de fuego, consigue el equilibrio enfatizando lo anterior con tonos amarillos y cafés.

GALLO

Valiente, entusiasta e inteligente. El gallo es glamoroso, le gusta llamar la atención. Da la impresión de ser alguien con mucha seguridad y decisión; es muy susceptible a la adulación y le gusta ser halagado. Esconde sus debilidades detrás de su arrogancia. Es eficiente y organizado. Le gusta regular la vida de los demás; tiene mente aguda y ágil, profunda y analítica. Debido a su mentalidad constantemente se ve enredado en discusiones y alegatos. Es sincero y directo, no maneja la diplomacia como regla de vida. También es honesto y le gusta el trabajo. Hace grandes planes y estructura metas que algunas veces le es difícil lograr. No le gusta escuchar consejos, ya que los toma como críticas hacia su persona, aspecto que no tolera y altera totalmente su naturaleza, prefiere alejarse y desaparecer antes que aceptar un error o una debilidad. Pocas veces tiene arranques de enojo o molestia.

Características positivas

❖ Honesto
❖ Dominante

- ❖ Mandón
- ❖ Valiente
- ❖ Glamoroso
- ❖ Resistente
- ❖ Entusiasta
- ❖ Relajado
- ❖ Preparado
- ❖ Leal
- ❖ Sincero
- ❖ Capaz
- ❖ Generoso
- ❖ Caritativo
- ❖ Divertido

Características negativas

- ❖ Vanidoso
- ❖ Irreflexivo
- ❖ Desconsiderado
- ❖ Egoísta
- ❖ Arrogante
- ❖ Vulnerable
- ❖ Crítico
- ❖ Superior
- ❖ Racional
- ❖ Severo
- ❖ Disipado
- ❖ Ostentoso
- ❖ Pretencioso

El gallo se asocia con

- ❖ Sabor: agrio
- ❖ Estación: otoño
- ❖ Nace en: primavera

- ❖ Colores: amarillo, blanco
- ❖ Planta: naranjo, palmera
- ❖ Flor: girasol
- ❖ Alimento: cereal
- ❖ Clima: seco

El hombre gallo

- ❖ Es carismático
- ❖ Le atraen las situaciones complicadas
- ❖ Tiene tendencia a ser engreído
- ❖ Es despiadadamente franco
- ❖ Tiene buena memoria
- ❖ Es celoso de los rivales
- ❖ Aparenta indiferencia
- ❖ Es un verdadero despilfarrador
- ❖ Es conquistador
- ❖ Cuenta grandes historias
- ❖ Es divertido e ingenioso
- ❖ Le gusta la compañía de mujeres

La mujer gallo

- ❖ No es maliciosa
- ❖ No dice mentirillas blancas
- ❖ Es razonable
- ❖ Es sociable y comunicativa
- ❖ Se concentra totalmente en cualquier cosa que realiza
- ❖ No es tan misteriosa o enigmática como lo es el hombre gallo
- ❖ Mantiene sus promesas
- ❖ Es celosa en secreto
- ❖ Aparenta frivolidad
- ❖ Es buena negociando
- ❖ Es generosa con sus amistades

El infante gallo

❖ Es atento y curioso
❖ Responde a través del razonamiento
❖ Se interesa en muchas cosas y tiene muchos *hobbies*
❖ Es rebelde si se siente desmotivado
❖ Es fácil vivir con él
❖ Es atrevido y temerario
❖ Es misterioso
❖ Le gusta ser independiente
❖ Es bueno con sus hermanos y hermanas
❖ Le disgusta la soledad
❖ Es bien organizado

En el hogar

El gallo típico es muy adaptable y puede hacer de cualquier lugar su hogar. Si le es posible, su hogar va a tener su propio estilo extravagante. Le gustan los muebles de línea y diseño sencillo. El gallo busca crear un hogar armonioso y confortable. Le encantan las novedades y los *gadgets*. Todo lo que le haga la vida más fácil y más confortable lo encontrarás en su casa. El gallo es obsesivo de la limpieza y el orden en su casa y no soporta algo fuera de su lugar por insignificante que sea. Necesita un espacio que sea totalmente de su uso privado.

En el trabajo

El gallo necesita trabajar duro para obtener éxito y destacar. Esto no es problema para él, ya que es muy entregado a lo que hace. El gallo destaca en cualquier profesión que requiera reto, confianza, autoestima y carisma. Por consiguiente, es ideal para las ventas y el comercio. El gallo es demasiado indiscreto para realizar una actividad que requiera discreción y tiene muy poco tacto para desempeñar actividades diplomáticas. Ama los retos y odia la rutina. Disfruta trabajar en medios de comunicación. El gallo es

ambicioso y no le gustan las posiciones laborales poco reconoci-
das. Le gusta ser director o ejecutivo.

Ocupaciones

❖ Informante de noticias
❖ Vendedor
❖ Director de ventas
❖ Propietario de restaurante
❖ Estilista
❖ Director de relaciones públicas
❖ Actor
❖ Granjero
❖ Crítico
❖ Manicurista
❖ Maestro
❖ Mesero
❖ Periodista
❖ Esteticista
❖ Dentista
❖ Cirujano
❖ Soldado
❖ Bombero
❖ Guardia de seguridad
❖ Oficial de policía

Le gusta

❖ Seducir
❖ Recibir miradas de admiración
❖ Las conversaciones serias
❖ Las manifestaciones ostentosas de riqueza
❖ Armar un espectáculo
❖ La elegancia
❖ Periodos ocasionales de soledad

- ❖ Ser adulado
- ❖ Soñar
- ❖ Dar consejo
- ❖ Gastar dinero

Le disgusta

- ❖ Perder la compostura
- ❖ Ser cuestionado de manera directa sobre aspectos personales
- ❖ La gente mal vestida
- ❖ Exhibir su conocimiento o sabiduría
- ❖ Interferencia en su romance
- ❖ Quedarse callado
- ❖ Que se burlen de él por medio de bromas

Buenos amigos

- ❖ Muy compatibles: buey, serpiente
- ❖ Amigables: caballo, cerdo
- ❖ Sin conflicto pero necesita esfuerzo: rata, dragón, mono
- ❖ Falta empatía: tigre, cabra, perro
- ❖ Antagónicos: conejo, gallo

Gallo con rata

Estos dos tienen poco en común; difícilmente desarrollarán una relación seria a menos que se presenten otras influencias que los lleven a desarrollarla. La rata encuentra al gallo más que molesto.

Gallo con buey

Estos dos son sumamente compatibles. Lo sociable del gallo complementa la quietud del buey, y el buey le dará espacio libre para brillar al gallo. Ambos se preocupan por el dinero y la estabilidad financiera.

Gallo con tigre

Lo más cercano a una relación que puede desarrollar este par es una corta amistad. Tienen mucho en común pero pronto caerán en malentendidos y críticas mutuas que se reflejarán en una guerra sin tregua.

Gallo con conejo

De ninguna manera estos dos signos deben pretender una relación seria y estable. Son completamente opuestos y pueden caer en situaciones destructivas.

Gallo con dragón

Forman una buena combinación. El dragón inspira al gallo. El gallo encuentra seguridad en el dragón y este siente al gallo como su espacio o hábitat natural.

Gallo con serpiente

Esta es la pareja más favorable e ideal dentro del horóscopo chino. Se equilibran uno al otro en mentalidad y sentimientos.

Gallo con caballo

Ambos signos se pueden llevar bien. El caballo comenzará las cosas y el gallo las terminará. Deben tener cuidado de evitar el ego, ya que eso puede generar problemas entre ambos.

Gallo con cabra

Tienen poco en común y es difícil que encuentren entendimiento y comprensión entre ellos. Aunque el gallo puede mantener económicamente a la cabra, esta no podrá proveerle el apoyo moral que el gallo necesita.

Gallo con mono

La astucia del mono y la franqueza del gallo pueden funcionar muy bien. Se la pasarán juzgándose uno al otro a través de su imagen. Si evitan caer en la crítica mutua pueden desarrollar una buena relación de pareja.

Gallo con gallo

Dos gallos juntos en el mismo tejado se vuelven intolerables para todos los demás. Se pueden llevar muy bien o llegar a odiarse a muerte. El gallo no acepta sus errores, pero es buenísimo para mostrar y criticar de los demás, por lo que dos gallos juntos se despedazan.

Gallo con perro

Ambos ven el mundo desde distintas perspectivas. El perro percibirá al gallo como egoísta y poco amable. El gallo odia ser juzgado por los demás y se sentirá agredido por las altas exigencias morales del perro.

Gallo con cerdo

Pueden ser muy buenos amigos y una excelente pareja. El cerdo reconoce la sensibilidad y amabilidad del gallo, y este le mostrará sus mejores cualidades al cerdo.

Amor

Para el gallo el amor es una responsabilidad y un reto, no lo ve como algo casual. Tiene un punto de vista analítico y organizado hacia el amor, lo que puede generar que se decepcione fácilmente. El gallo es devoto e intenso con quien ama, aunque tiende a ser dominante. Le preocupa mucho que su pareja cubra sus necesidades emocionales, por lo que a veces esta se puede sentir saturada y desgastada. Exige que su pareja adivine el humor en que se encuentra y sepa cuándo quedarse callada o hablar. Pide apapacho pero no permite fácilmente que se le apoye.

Sexo

El gallo es egocéntrico y le gusta tomar la iniciativa. Es un experto en el arte de la seducción. Sabe volverse indispensable para su pareja y se asegura de que esté completamente satisfecha. El gallo no se resiste fácilmente a la tentación y justifica sus infidelidades culpando a su pareja de descuidarlo.

Salud

El elemento metal del gallo se asocia con los pulmones y el intestino grueso, por lo que debe poner atención especial a esos órganos. Generalmente se ve afectado por problemas respiratorios, por lo que debe realizar ejercicio de manera constante para oxigenarse adecuadamente. Esto mejora su salud tanto física como emocional.

Intereses

El pasatiempo favorito del gallo es socializar y leer. Se va a los extremos. Le gusta alejarse del mundo de vez en cuando para recargar su energía, ya que siempre está envuelto en una vida social activa.

Según el último número o dígito del año en que nació, el gallo puede tener como elemento variable agua, madera, fuego, tierra o metal. Años terminados en 0 y 1 metal; 2 y 3 agua; 4 y 5 madera; 6 y 7 fuego, y 8 y 9 tierra.

Gallo metal de metal

Este tipo de gallo es problemático y de cabeza dura. Organizado, preciso, tajante y detallista al grado de desesperar a los demás. Es de grandes expectativas hacia sí mismo y hacia los demás. Crítico hacia aquellos que no cumplen con sus estándares de calidad o de comportamiento. Rígido, ético, poco flexible. Inexpresivo y duro cuando se siente incómodo.

Gallo metal de agua

Este tipo de gallo es claro en sus pensamientos e ideas, es intelectual. Adaptable y polifacético. Menos autoritario que el resto de los gallos, obtiene el apoyo de los demás a través de la negociación en vez de la imposición. Simpático y amigable, sensible.

Gallo metal de madera

Es entusiasta y progresista. Revolucionario, creativo, artístico y vanguardista. Siempre se va a los extremos, no conoce el término medio. Agresivo, susceptible y muy competitivo. Exigente, impulsivo y crítico. Amable e íntegro. Confiable y discreto.

Gallo metal de fuego

Es fuerte y dramático. Apasionado y contradictorio, perfectamente inesperado. Excéntrico y convincente. Aventurado, rápido, audaz e impositivo. Jamás es inconsistente ni en pensamiento ni acción. Tiene grandes expectativas en la vida. Es un ser de altos vuelos. Excelente líder y pionero, innovador. Exitoso, siempre consigue lo que quiere.

Gallo metal de tierra

Se distingue por ser decidido, firme y tiene grandes recursos y cualidades para destacar y salir adelante. Asume la responsabilidad y le gusta analizar y llegar a la raíz de las situaciones. Sutil, discreto, poco llamativo. Poco comunicativo. Elocuente pero directo al hablar.

- ❀ Esencia: metal.
- ❀ Colores favorables: amarillo, café, ocre, dorado, blanco, tonos pastel, plata, gris, morado, oscuros, negro.
- ❀ Accesorios: lana, cerámica, metales, cristales.
- ❀ Texturas: lana, gruesas, patrones de círculos, óvalos, gasas, chifón.
- ❀ Aromas: incienso, limón, mejorana, naranja, romero, eucalipto, abeto blanco, ciprés, menta, neroli, mirra, palmarosa, jazmín, sándalo, rosa.
- ❀ Piedras y cuarzos: amarillos, cafés, blancos, rosas, plateados, morados, oscuros, negros, azules.
- ❀ Color de cabello: castaño, rubio, negro.

Si eres gallo metal de tierra, de metal y de agua, lo anterior te apoya perfectamente.

Si eres gallo metal de madera, logra el equilibrio enfatizando lo anterior con tonos oscuros.

Si eres gallo metal de fuego, consigue el equilibrio enfatizando lo anterior con tonos amarillos y cafés.

PERRO

Leal, honesto, sincero, justo y temperamental. El perro es directo, odia las trampas psicológicas y los pleitos. Le gusta saber y conocer la verdad, es respetuoso y defiende la justicia por naturaleza. Es filantrópico y enfoca toda su atención en contribuir a causas justas y sociales. Tiene pocos amigos, es sensible y fácil de lastimar. Es capaz de dar la vida por aquellos a quienes ama. Es dogmático y fiel. No le gustan las medias tintas, es blanco o negro. Es excelente amigo y consejero, alegre, divertido y parlanchín. Cuando lo lastimas, se aleja y te desdeña; cuando lo quieres y lo mimas te apoya y te defiende con toda su fuerza. Tiene y manifiesta un gran respeto por la vida y la naturaleza.

Características positivas

- ❖ Es leal
- ❖ Tolerante
- ❖ Idealista
- ❖ Comprensivo
- ❖ Dedicado
- ❖ Moralista

- ❖ Confiable
- ❖ Poco egoísta
- ❖ Noble
- ❖ Creativo
- ❖ Honesto
- ❖ Valiente
- ❖ Responsable
- ❖ Ingenioso
- ❖ Sensible

Características negativas

- ❖ Cínico
- ❖ Ansioso
- ❖ Pesimista
- ❖ Suspicaz
- ❖ Misterioso
- ❖ Tímido
- ❖ Estricto
- ❖ Dudoso
- ❖ Insatisfecho
- ❖ Fatalista
- ❖ Obstinado
- ❖ Desconfiado
- ❖ Penoso
- ❖ Introvertido
- ❖ Sin tacto

El perro se asocia con

- ❖ Sabor: agrio
- ❖ Estación: otoño
- ❖ Nace: durante el día
- ❖ Colores: negro, azul oscuro
- ❖ Plantas: amapola, lirio acuático

- ❖ Flores: amapola roja, flor de naranjo
- ❖ Comida: avena
- ❖ Clima: seco

El hombre perro

- ❖ Es un padre protector
- ❖ Es leal y confiable para sus amigos y su familia
- ❖ Innecesariamente defensivo
- ❖ Buen aliado
- ❖ Lento para hacer amigos cercanos
- ❖ Rápido para criticar los errores de otros
- ❖ Tiene un irónico sentido del humor
- ❖ Tiene facilidad para deprimirse
- ❖ Le encanta el chisme
- ❖ Es terco
- ❖ Rara vez muestra sus sentimientos

La mujer perro

- ❖ Tiene un sentido del humor muy negro
- ❖ Es más ambiciosa que el hombre perro
- ❖ Es creativa
- ❖ Le falta perseverancia
- ❖ No se compromete
- ❖ Es impaciente
- ❖ Es atractiva
- ❖ Le gusta conversar
- ❖ Es más sociable que el hombre perro
- ❖ Critica severamente a quienes no reúnen sus exigencias

El infante perro

- ❖ Es sensible y cariñoso
- ❖ Necesita la atención y la comprensión de los padres
- ❖ Le asusta la oscuridad

- ❖ Si sus padres lo protegen es estable
- ❖ Es responsable y dedicado
- ❖ Siente celos de sus hermanos menores
- ❖ Le cuesta trabajo adaptarse a la escuela
- ❖ Es bien portado y obediente
- ❖ Le gustan las historias de fantasías y de monstruos

En el hogar

El perro es conocido por su sentido del buen gusto. A pesar de esto es una persona materialista, por lo que no invertirá su tiempo ni su dinero en perfeccionar o decorar ostentosamente su hogar. Decorará su hogar de acuerdo con sus preferencias personales, su presupuesto y su conveniencia. No se rige por la moda a menos que le guste la pieza. Busca diseñar una casa cálida, cómoda, confortable, con una buena sensación de bienvenida.

En el trabajo

El perro es una persona con mucha capacidad. Su único obstáculo para obtener el éxito es la falta de motivación. Le falta ambición y agresividad para luchar por sus metas y sus planes. El perro puede sustituir o suplir este aspecto si escoge profesiones que inspiren o nutran su naturaleza idealista y soñadora, algo altruista y humanitario donde pueda comprometerse con la causa. El perro puede ser un buen gerente o líder si es capaz de lidiar con la autoridad aplicando el tacto para hablar y si se mantiene accesible con la gente con la que trabaja.

Ocupaciones

- ❖ Sacerdote
- ❖ Misionero
- ❖ Monja
- ❖ Líder de uniones o intercambios comerciales
- ❖ Maestro

- ❖ Trabajador de caridad
- ❖ Enfermero
- ❖ Doctor
- ❖ Juez
- ❖ Abogado
- ❖ Científico
- ❖ Investigador
- ❖ Crítico
- ❖ Trabajador social
- ❖ Representante de la comunidad

Le gusta

- ❖ Las ciencias ocultas
- ❖ Las películas de terror
- ❖ Los textiles naturales
- ❖ Las novelas detectivescas
- ❖ Recordar los cumpleaños
- ❖ Escribirle cartas a sus amigos
- ❖ Aprender acerca de otras culturas
- ❖ La joyería de plata
- ❖ Reuniones con viejos amigos

Le disgusta

- ❖ La pedantería
- ❖ La hipocresía
- ❖ El comportamiento egoísta
- ❖ La falta de honestidad
- ❖ Las reuniones familiares
- ❖ Las fiestas de coctel
- ❖ La gente superficial y ambiciosa
- ❖ Los juegos psicológicos
- ❖ Los textiles sintéticos
- ❖ Evaluar el costo financiero de una actividad

Buenos amigos

- ❖ Muy compatibles: tigre, caballo, cerdo
- ❖ Amigables: rata, conejo, mono, perro
- ❖ Sin conflicto pero necesita esfuerzo: serpiente, cabra
- ❖ Falta de empatía: buey, gallo
- ❖ Antagónico: dragón

Perro con rata

Este par vive en mundos completamente diferentes. Pueden ser muy amigables entre ellos pero como pareja no se les augura mucho tiempo juntos.

Perro con buey

El perro soñador no se sentirá contento con el realismo del buey. Criticará constantemente al buey por su falta de sentido del humor. Si aprenden a respetarse pueden desarrollar una buena relación, ya que ambos son leales y confiables.

Perro con tigre

Sus diferencias se vuelven un perfecto complemento entre ellos. La relación puede ser estable y duradera, ambos son idealistas y combinan sus talentos para lograr grandes metas para una buena causa.

Perro con conejo

La lealtad del perro se lleva bien con el conejo, por lo cual pueden llevar una buena relación mientras eviten caer en el costumbrismo.

Perro con dragón

Es una relación destructiva y agresiva. El perro arremete contra el dragón y lo siente fantasioso y ególatra, por lo que no siente admiración alguna por él, lo cual desquicia al dragón y lo hace dudar sobre su autoestima y seguridad.

Perro con serpiente

El perro idealista se siente muy atraído por la enigmática serpiente. Admira su sabiduría y profundidad ignorando su egoísmo y ambición. La serpiente admira la honestidad del perro.

Perro con caballo

Este es un caso de dos polos opuestos que se atraen. El caballo admira la lealtad y la naturaleza generosa del perro, así como su capacidad realista. El perro disfruta de la compañía del caballo, por lo que ignorará sus arranques de ego.

Perro con cabra

Pueden ser amigos si aplican la tolerancia para ignorar las diferencias entre ellos. Sin embargo, ambos se irritan sobremanera debido a estas diferencias.

Perro con mono

Esta combinación puede funcionar bien, ya que el perro se siente atraído por la alegría y dinamismo del mono. El mono aprecia la estabilidad y equilibrio del perro.

Perro con gallo

El perro idealista y el descarado gallo ven la vida desde muy distintas perspectivas. El perro no sentirá aprecio o atracción hacia el gallo por descortés, y el gallo detestará la crítica constante del perro acorde con su alto nivel de moralidad.

Perro con perro

El perro es una persona genuina y auténtica, por lo que dos perros juntos pueden desarrollar una relación cálida y comprensiva. Es una relación de interdependencia.

Perro con cerdo

La ternura del cerdo le genera optimismo a cualquier relación que se dé entre este y un perro. El perro se sentirá contento y relajado con el cerdo. Ambos son generosos, amables y honestos, por lo que pueden construir una relación larga y duradera.

Amor

El perro es una persona fácil de querer. Es cálido, amable y generoso. Sin embargo, es difícil que el perro se enamore fácilmente, ya que es suspicaz y desconfía de la gente al principio. Si conoce a alguien que cubra los altos estándares que exige, entonces se permitirá ir enamorándose lentamente de esa persona. Ya comprometido, el perro querrá compartir todo con su pareja y se mostrará afectivo y tierno. Espera lo mismo de su pareja, que comparta todo con él. El perro tiene altas expectativas en el amor, por lo que tiende a sufrir y ser pesimista en esa cuestión. Es ansioso, por lo cual constantemente exige atención y reafirmar el compromiso de la otra persona hacia él.

Sexo

El perro es sensual y apasionado; valora la compañía y confía en la intimidad física. No puede vivir sin ternura y prefiere las relaciones largas que los romances cortos. El perro necesita aprobación constante de su pareja, por lo que se esmerará por complacerla. El perro se derrumba ante una infidelidad de su pareja, incluso puede destruir una relación por sus constantes celos y sospechas.

Salud

El elemento metal del perro se asocia con los pulmones y el intestino grueso, por lo que debe poner atención a esos órganos, ya que son su punto débil. El perro es ansioso y tiende al insomnio y a las enfermedades asociadas con estrés. Debe esforzarse por mantener el equilibrio en sus emociones y no dejarse llevar por sus constantes agobios y pesares. También es importante que el perro ponga atención a su peso.

Intereses

El perro es sociable y disfruta pasar tiempo con sus amigos. No le gusta la aventura, por lo que le gusta ir al cine o a un buen restaurante más que a escalar una montaña. Le gustan la comida internacional y las pláticas donde pueda desmenuzar y arreglar el mundo. En lo referente a deportes prefiere los simples como nadar por las mañanas y *spinning* por la tarde.

Según el último número o dígito del año en que nació, el perro puede tener como elemento variable agua, madera, fuego, tierra o metal. Años terminados en 0 y 1 metal; 2 y 3 agua; 4 y 5 madera; 6 y 7 fuego, y 8 y 9 tierra.

Perro tierra de metal

Este tipo de perro es temperamental y extremista. Trascendente, genera cambios buenos y malos en donde aparece. Idealista, inflexible, de principios firmes. Fuerte. Le huye al compromiso.

Perro tierra de agua

Es equilibrado, bello y sensual. Carismático y atractivo. Intuitivo y compasivo. Liberal y soñador. Es tenaz y decidido. Le gusta hacer planes constantes pero necesita de alguien que lo apoye a aterrizarlos y terminarlos.

Perro tierra de madera

Este tipo de persona es popular, magnética y carismática. Es de mentalidad abierta y objetiva. Le gusta el balance y las situaciones equilibradas. Es dedicada y le gusta seguir causas sin volverse obsesiva. Le gusta el arte aunque no sea artística.

Perro tierra de fuego

Indeciso y optimista. Carismático y llamativo. Amistoso y agradable. Tiene gran iniciativa, siempre dispuesto a participar en cualquier aventura. Entusiasta y curioso. Tiene facilidad para volverse adicto a lo que le gusta y atrae.

Perro tierra de tierra

Es equilibrado. Alegre, estable. Vive la vida como llega, sin agobiarse o preocuparse en exceso. No le gusta la ansiedad. Idealista y eficiente. Práctico y materialista. Consciente de las necesidades de otros.

- ✿ Esencia: tierra.
- ✿ Colores favorables: rojo, naranja, amarillo, café, ocre, dorado, blanco, tonos pastel, plata, gris.
- ✿ Accesorios: triangulares, plumas, piel, seda, lana, cerámica, metales.
- ✿ Texturas: seda, piel, lana, brillantes, gruesas, patrones de círculos, óvalos.
- ✿ Aromas: romero, ylang ylang, melaleuca, jengibre, salvia esclárea, pachuli, incienso, limón, mejorana, naranja, romero, eucalipto, abeto blanco, ciprés, menta, neroli, mirra, palmarosa.
- ✿ Piedras y cuarzos: aquellas de color rojo, naranja, amarillo, café, blanco, rosa, plateado o morado.
- ✿ Color de cabello: rojo, castaño, rubio.

Si eres perro tierra de tierra, de fuego y de metal, lo anterior te apoya perfectamente.

Si eres perro tierra de madera, logra el equilibrio enfatizando lo anterior con tonos rojos.

Si eres perro tierra de agua, consigue el equilibrio enfatizando lo anterior con tonos blancos y plateados.

CERDO

Hará lo que sea por quien sea; sincero y honesto, altruista. Es un diamante en el zodiaco. Es abierto, derecho y muy popular. Enérgico y suave a la vez; franco, directo y siempre busca sacar ventaja de su buena naturaleza. Es difícil engañarlo, tiene una inteligencia y suspicacia muy peculiares. Tiene una reserva interior de mucha fortaleza a pesar de dar una imagen de debilidad. Es leal, inocente, ingenuo y muy cariñoso. Espontáneo y confiado. Se entrega a los demás y renuncia a sus intereses por satisfacer a quienes ama. Cree fervientemente en la paz y en un mundo perfecto. Hace hasta lo imposible por solucionar los problemas y evitar los conflictos. Es sensual, le gusta la buena vida, es compartido y jovial. Es generoso, amigable e inocente.

Características positivas

- ❖ Entusiasta
- ❖ Optimista
- ❖ Suertudo
- ❖ Tolerante

- ❖ Cuidadoso
- ❖ Sensual
- ❖ Cortés
- ❖ No se queja
- ❖ Decidido
- ❖ Generoso
- ❖ Pacifista
- ❖ Honesto
- ❖ Paciente
- ❖ Alegre

Características negativas

- ❖ Indulgente
- ❖ Impaciente
- ❖ Excesivo
- ❖ Gastalón
- ❖ Voluble
- ❖ Temperamento a veces demasiado fuerte
- ❖ Miedoso
- ❖ Dudoso
- ❖ Materialista
- ❖ Ingenuo
- ❖ Indefenso

El cerdo se asocia con

- ❖ Sabor: salado
- ❖ Estación del año: invierno
- ❖ Nace: en invierno
- ❖ Color: negro
- ❖ Planta: ginseng
- ❖ Flor: lirio acuático
- ❖ Comida: chícharos, carne
- ❖ Clima: frío, húmedo

El hombre cerdo

- ❖ Se decepciona fácilmente
- ❖ Tiene modales impecables
- ❖ No busca revancha con sus enemigos
- ❖ Emplea el sentido común
- ❖ Disfruta la buena comida y los buenos vinos
- ❖ Siempre ve lo mejor de las demás personas
- ❖ Es pacifista
- ❖ Tendrá una juventud difícil

La mujer cerdo

- ❖ Es famosa por su hospitalidad
- ❖ Los demás sacan ventaja de ella
- ❖ Siempre ayudará y apoyará a sus amigos
- ❖ Es lista por naturaleza
- ❖ Siempre es amable y educada
- ❖ No soporta las envidias
- ❖ Es brillante y atenta
- ❖ Le es fácil aprender
- ❖ Perdona pero no olvida

El infante cerdo

- ❖ Es razonable y pacífico
- ❖ Soñador
- ❖ Irresponsable
- ❖ No hace berrinches
- ❖ Se enoja si lo ignoran
- ❖ Necesita disciplina amable
- ❖ Disfruta la privacidad
- ❖ Es entusiasta cuando está contento
- ❖ Es fácil convivir con él

En el hogar

El cerdo es sensual y bueno, por lo que su hogar lo refleja. La comodidad y el bienestar son su punto débil: tapetes afelpados, sillas cómodas y tinas de baño grandes. No le interesa un hogar ostentoso ni decorado para impresionar. El cerdo disfruta relajarse en casa. Tiene tendencia a caer en el exceso por lo que su casa estará llena de adornitos. Puede ser o muy ordenado y limpio en su hogar o extremadamente desordenado con sus cosas. La cocina siempre tendrá provisiones y estará bien equipada. Le encanta la comida gourmet.

En el trabajo

El cerdo no es flojo. Es trabajador y difícilmente estará desempleado. No le interesan ni el poder ni el estatus, solo busca un buen nivel y estilo de vida. Debido a esto se esforzará por asegurar su estabilidad económica. El cerdo es más apto para el trabajo técnico, científico y práctico. Es cuidadoso y prudente. Destaca como gerente. Es bueno para negociar con las personas. Acepta consejos y los busca cuando debe tomar una decisión importante.

Ocupaciones

- ❖ Investigador
- ❖ Científico
- ❖ Químico
- ❖ Técnico
- ❖ Músico
- ❖ Restaurantero
- ❖ Fabricante de zapatos
- ❖ Trabajador social
- ❖ Constructor
- ❖ Chef
- ❖ Dueño de una salchichonería
- ❖ Oficial administrativo

- ❖ Gourmet
- ❖ Samaritano

Le gusta

- ❖ Hacerle regalos a la gente
- ❖ Estar cómodo
- ❖ Organizar fiestas
- ❖ Leer un buen libro
- ❖ La gente famosa
- ❖ Chismear
- ❖ Los aplausos
- ❖ Trabajar en equipo
- ❖ Tener una relación

Le disgusta

- ❖ Discutir
- ❖ Tomar decisiones importantes por sí mismo
- ❖ La gente posesiva
- ❖ Que le reprochen algo
- ❖ Hablar con gente que no le gusta
- ❖ Salir adelante a través de su propio ingenio
- ❖ Sentirse confundido
- ❖ La gente grosera
- ❖ No saber dónde está parado o hacia dónde va

Buenos amigos

- ❖ Muy compatibles: conejo, cabra, perro
- ❖ Amigables: rata, tigre, dragón, mono, gallo
- ❖ Sin conflicto pero necesita esfuerzo: buey, caballo
- ❖ Falta de empatía: cerdo
- ❖ Antagónico: serpiente

Cerdo con rata

Es un par que busca su estabilidad financiera, por lo que una relación de amistad breve puede darse entre ellos. El problema que se puede suscitar es que la rata abuse de la inocencia del cerdo y acabe por cansarlo.

Cerdo con buey

El cerdo disfruta de la paz y la quietud tanto como el buey, aunque de repente el cerdo se aburra con el otro debido a su comportamiento demasiado responsable. Al cerdo le gusta pasear y gozar los días, y el buey disfruta quedarse en casa y descansar. El cerdo encontrará al buey muy exigente y este encontrará al cerdo bastante irritante.

Cerdo con tigre

Se pueden llevar bien, ya que comparten el gusto por salir y pasear, son tolerantes e independientes. El tigre protegerá al cerdo de sus enemigos y el cerdo le será leal.

Cerdo con conejo

El cerdo es una excelente pareja para el conejo. Se entienden, se apoyan y comparten puntos de vista.

Cerdo con dragón

Aunque tienen poco en común son bastante compatibles. Ambos admiran y disfrutan las cualidades del otro, la ternura del cerdo y el glamour del dragón.

Cerdo con serpiente

Opuestos que no se atraen en lo más mínimo. Si forman pareja la relación puede ser destructiva. La serpiente puede abusar del cerdo y este la percibe falsa e hipócrita.

Cerdo con caballo

En un inicio se pueden llevar bien. Cuando se van conociendo en profundidad el egoísmo del caballo llevará al cerdo al límite de su paciencia y tolerancia, y además el caballo se aburrirá del cerdo y lo lastimará emocionalmente.

Cerdo con cabra

Buena alianza para ambos signos. Los dos valoran la tranquilidad y la armonía y son capaces de hacer las concesiones necesarias para vivir en equilibrio, paz y armonía. La cabra debe tener cuidado de no presionar demasiado al cerdo para que se haga cargo de ella, porque la tolerancia del cerdo puede terminar.

Cerdo con mono

Ambos disfrutan salir y pasear, además de ser amistosos, por lo que pueden tener una buena relación. El mono puede ayudar al cerdo a controlar su generosidad y reducir sus gastos, mientras que el cerdo alabará el ego del mono y lo apoyará para reforzar su autoestima.

Cerdo con gallo

El cerdo y el gallo pueden ser buenos amigos e incluso buenos amantes. El cerdo es uno de los signos capaces de reconocer la sensibilidad y amabilidad escondida del gallo. El gallo se sentirá desarmado por la comprensión y ternura del cerdo.

Cerdo con perro

Pueden formar una pareja que se complemente, ya que el optimismo del cerdo neutraliza el pesimismo del perro. El perro se sentirá contento y relajado con el cerdo. Ambos son generosos, amables y honestos, por lo que pueden lograr una relación larga y duradera.

Cerdo con cerdo

Pueden ser excelentes amigos, aunque pueden presentarse bastantes malentendidos que saquen lo peor de cada uno, por lo que es difícil que entablen una relación larga y duradera.

Amor

El cerdo es entusiasta con respecto al amor. Una vez que encuentra a alguien compatible con él, se enamora rápida y profundamente. Todo el mundo se da cuenta cuando el cerdo está enamorado, porque se derrite por todos lados de amor. El cerdo es de corazón cálido y abierto, por lo que construye relaciones pacíficas y felices. Hará lo que sea para complacer a quien ama. El cerdo es sentimental y manifestará en todas formas su amor y devoción. Debe tener cuidado de no saturar con tanta miel a su pareja, ya que no a toda la gente gusta tanta atención. El cerdo es vulnerable cuando está enamorado; si lo lastiman se comportará agrio y no correrá el riesgo nuevamente.

Sexo

El cerdo es amoroso y sensual. No es tímido con respecto a lo sexual y sabe perfectamente lo que le gusta y lo que le disgusta. Aunque es romántico, el cerdo expresa sus sentimientos más física que emocionalmente. Si el amor de su vida no satisface sus deseos, el cerdo buscará hacerlo con otra persona. El cerdo no se deprime por mucho tiempo, por lo que se puede ver envuelto en muchos tipos de relaciones diferentes. Ya que encuentra a la persona adecuada es leal y confiable. Si quieres seducir a un cerdo, cocínale espléndidas comidas, sirve buenos vinos y deja que todo fluya de manera natural.

Salud

El elemento agua del cerdo se asocia con los riñones y la vejiga, por lo que debe ponerle atención constante a esos órganos.

Debe beber agua constantemente y cuidarse de enfermedades o infecciones en las vías urinarias. Al ser amante de la buena comida, debe poner atención en el control de peso. Es recomendable que desarrolle un sistema sano de alimentación.

Intereses

El cerdo ama leer y escribir. Siempre se mantiene en contacto con viejas amistades, incluso por carta si viven lejos. Al cerdo le gusta viajar a lugares lejanos y silvestres para relajarse. Le gustan los deportes de exterior: escalar, canotaje, surfear o bucear. Le gusta la buena comida, visitar buenos restaurantes o experimentar nuevas recetas de cocina.

Según el último número o dígito del año en que nació, el cerdo puede tener como elemento variable agua, madera, fuego, tierra o metal. Años terminados en 0 y 1 metal; 2 y 3 agua; 4 y 5 madera; 6 y 7 fuego, y 8 y 9 tierra.

Cerdo agua de metal

Este tipo de cerdo tiene mucha fortaleza y perseverancia. Ambicioso y terco. Sociable y extrovertido. Es detallista en su pensamiento así como analítico. Directo al hablar.

Cerdo agua de agua

Es diplomático y convincente. Simpático y odia que alguien se exprese mal de otras personas. Debe aprender a ser realista acerca de las demás personas. Es sensual.

Cerdo agua de madera

Creativo y brillante. Llamativo, comunicativo, expresivo. Obtiene respeto y apoyo en dondequiera que desee desarrollarse. Alcanza grandes metas con facilidad.

Cerdo agua de fuego

Es positivo, valiente, aventurero y optimista. Enamoradizo, coqueto, enfoca su energía en el amor. Le atraen las causas nobles y el trabajo social.

Cerdo agua de tierra

Es estable. Disfruta de una vida segura y cómoda. Trabajador, ingenioso. De autoestima alta. Decidido y firme, diplomático y energético.

❀ Esencia: agua.
❀ Colores favorables: blanco, tonos pastel, gris, plata, oscuros, negro, verdes.
❀ Accesorios: metales, formas irregulares, cristales, maderas.
❀ Texturas: suaves, gasas, patrones de círculos, asimétricas, onduladas, líneas horizontales o verticales.
❀ Aromas: eucalipto, abeto blanco, ciprés, menta, mirra, palmarosa, jazmín, sándalo, neroli, rosa, toronja, manzanilla romana, lavanda, cedro, vetiver.
❀ Piedras y cuarzos: aquellos de colores oscuros, blanco, rosa, plata, verde.
❀ Color de cabello: oscuro, negro, rubio.

Si eres cerdo agua de metal, agua o de madera, lo anterior te apoya perfectamente.

Si eres cerdo agua de fuego, puedes lograr el equilibrio enfatizando lo anterior con tonos verdes.

Si eres cerdo agua de tierra, consigue el equilibrio enfatizando lo anterior con tonos blancos y plateados.

Los signos zodiacales chinos también se asocian con estaciones del año como se muestra en el cuadro que sigue:

Invierno
Cerdo – rata – buey
Noviembre, diciembre y enero
Primavera
Tigre – conejo – dragón
Febrero, marzo y abril
Verano
Serpiente - caballo – cabra
Mayo, junio y julio
Otoño
Mono – gallo – perro
Agosto, septiembre y octubre

A cada estación del año le corresponde un elemento:

Invierno	agua
Primavera	madera
Verano	fuego
Otoño	metal

Como explicamos con anterioridad, cada signo zodiacal tiene un elemento, por lo que si naciste en la estación del año que corresponde al elemento de tu signo (elemento del día de nacimiento), tu naturaleza es firme y decidida.

Si naciste (elemento del día de nacimiento) en la estación del año cuyo elemento reduce al elemento de tu signo (elemento del día de nacimiento), tu naturaleza es débil.

Si naciste en la estación del año cuyo elemento nutre al elemento de tu signo zodiacal, tu naturaleza es fuerte.

Si naciste en la estación del año que es controlada por el elemento de tu signo zodiacal, entonces tu naturaleza es poderosa y fuerte.

En este aspecto es importante conocer bien y familiarizarse con los distintos ciclos de elementos que explicamos con anterioridad.

Por ejemplo:

❖ Una persona cuyo signo zodiacal del día es mono de metal.
- Si nació en primavera (febrero, marzo, abril), su naturaleza es fuerte y poderosa (el metal controla a la madera).
- Si nació en verano (mayo, junio, julio), su naturaleza es débil (el fuego controla al metal).
- Si nació en otoño (agosto, septiembre, octubre), su naturaleza es fuerte y auténtica (el metal se reafirma a sí mismo).
- Si nació en invierno (noviembre, diciembre, enero), su naturaleza es débil (el metal nutre al agua).
- Si naciste en los meses de abril, julio, octubre y enero, naciste en meses de tierra, tu naturaleza es fuerte (la tierra alimenta al metal).

Una forma de fortalecer tu naturaleza cuando esta es débil, es tener una mascota del color del elemento de tu signo zodiacal del día o del elemento de la estación del año en que naciste.

Los signos zodiacales forman trinos que establecen signos compatibles entre sí. Estos se pueden describir como triángulos.

Triángulo de los realizadores (Trino Norte o Trino de Agua). Este triángulo se representa por la rata, el dragón y el mono. Nos describe a personas amantes de la iniciativa y de la realización. Son innovadores y positivos; les gusta tomar el liderazgo y se convierten en personas que se aventuran en grandes empresas sin el menor titubeo. Son decididos y generalmente saben lo que quieren y van en pos de sus metas sin dudar sobre su éxito para obtenerlas. Les es fácil aprender, son respetuosos y valerosos defensores de sus ideas. Son espirituales, prácticos y optimistas. Difícilmente reconocerán sus errores y los disimularán con gracia y creatividad. Son competitivos y siempre destacarán sobre las demás personas en cualquier cosa que realicen.

Triángulo de los pensadores (Trino Oeste o Trino de Metal). Este triángulo lo forman el búfalo, el gallo y la serpiente. Son personas tenaces y reflexivas, intelectuales y didácticas. Están dotados de una inteligencia superior, son calmados, planeadores. Se caracterizan por su paciencia, perseverancia y dedicación. Confían en su capacidad de análisis y sentido común para realizar lo que desean. Son cautelosos y pensadores, analistas y resueltos para lo que planean. A veces parecen rudos e inflexibles, demasiado analíticos pero convencidos y defensores de sus principios. No soportan la inconstancia, la frivolidad y la falta de tenacidad.

Triángulo de los protectores o los independientes (Trino Sur o Trino de Fuego). Corresponde al tigre, el caballo y el perro. Son signos emocionales, subjetivos y apasionados. Se guían por la compasión y sus sentimientos; buscan servir a la humanidad y promover el entendimiento entre los seres humanos. Suelen ser impulsivos, sobre todo si se trata de defender con fuerza la justicia y la moralidad en el mundo. Tienden a ser egoístas y extrovertidos, son poco conservadores en sus ideas y pensamientos. Ante los retos reaccionan de manera agresiva y desafiante. Son leales, sociales y democráticos, emocionales y pasionales al cien por ciento; impulsivos y atractivos.

Triángulo de los catalistas o los diplomáticos (Trino Este o Trino de Madera). Son el conejo, la cabra y el cerdo. Se caracterizan por ser intuitivos, simpáticos y cooperativos, capaces de provocar y promover grandes cambios en los demás a través de la conciencia y el ejemplo. Confiables, sinceros, generosos, sentimentales, tiernos y al mismo tiempo prudentes, fuertes y decididos. Observadores y preservadores del arte, de los principios y la creatividad. Activistas y formadores de grupos, excelentes organizadores y revolucionarios. A veces se muestran inseguros e inconstantes en lo que realizan, necesitan del apoyo y soporte de los demás. Muy sensibles y emotivos.

TU DÍA DE VITALIDAD Y TU DÍA DE OBSTÁCULOS DE ACUERDO CON TU SIGNO ZODIACAL CHINO

Según tu signo zodiacal chino tienes un día considerado de vitalidad y gemas que te son más favorables; de la misma manera, tienes un día considerado de obstáculos, así como gemas que debes evitar. Esto lo puedes aplicar para los cuatro signos que te rigen (por día, hora, mes y año de nacimiento).

Signo	Vitalidad	Gema	Obstáculos	Gema
Rata	martes	coral rojo	sábado	zafiro azul
Buey	miércoles	esmeralda	jueves	piedras amarillas
Tigre	sábado	zafiro azul	viernes	diamantes
Conejo	sábado	zafiro azul	viernes	diamantes
Dragón	miércoles	esmeralda	jueves	piedras amarillas
Serpiente	viernes	diamantes	miércoles	esmeralda
Caballo	viernes	diamantes	miércoles	esmeraldas
Cabra	lunes	perlas naturales	jueves	piedras amarillas
Mono	jueves	piedras amarillas	martes	coral rojo
Gallo	jueves	piedras amarillas	martes	coral rojo
Perro	miércoles	esmeralda	jueves	piedras amarillas
Cerdo	martes	coral rojo	sábado	zafiro azul

Existen combinaciones que debemos tomar en cuenta cuando ya conoces los cuatro signos que te rigen (por día, hora, mes y año de nacimiento) y que se consideran combinaciones especiales. Estas combinaciones presentes en una carta de nacimiento representan aspectos que determinan situaciones en la vida o destino de las personas que las presentan.

Estas combinaciones son:

Presencia de trinos completos en los cuatro pilares. Cuando los tres signos que forman un trino están presentes se forma una buena afinidad y se considera muy favorable para la persona. Cuando solo están presentes dos de los signos que conforman un trino indica que hay aspectos o situaciones constantes que esa persona tendrá que resolver durante su vida. Cuando por signo de un año determinado, mes, día u hora, se presenta el signo o los signos que completarían el trino indica que es un buen momento o periodo para la persona.

❖ Trino de Creatividad: rata, dragón y mono. Cuando estos tres signos se encuentran presentes determinan personas de inventiva genial, destacada, inspiradas, capaces de hacer que sus ideas funcionen, destaquen y se lleven a cabo. La rata aporta la idea, el dragón ve las posibilidades y la desarrolla, el mono la hace funcionar y la lleva a cabo. Si uno de estos falta se refleja en situaciones por resolver, constantes asociadas a lo que aporta ese signo.

❖ Trino del Comercio: buey, serpiente, gallo. Cuando estos tres signos se encuentran presentes determinan personas con muy buen sentido para los negocios, tienen habilidad comercial. Poseen buen potencial de riqueza. El gallo sabe lo que el mercado requiere, el buey aporta la sabiduría y la experiencia, la serpiente lleva la contabilidad y la administración. Si uno de estos falta, se refleja en situaciones por resolver, constantes asociadas a lo que aporta cada signo.

❖ Trino de la Ambición: tigre, caballo y perro. Cuando estos tres signos se encuentran presentes determinan personas conquistadoras, que aman los retos, que son decididas, capaces de sobresalir y destacar a cualquier precio y costo. Los tres aportan reconocimiento, éxito y fama en cualquier campo profesional. Si uno de estos falta, se refleja en conflictos asociados con ello.

❖ Trino del Hogar y la Familia: conejo, cabra, cerdo. Cuando estos tres signos se encuentran presentes determinan personas con una buena, nutrida y productiva carrera profesional, con la satisfacción de tener o vivir una vida cómoda y alegre. El cerdo se ocupa de la comodidad en el hogar, la cabra aporta la calidez y respeto por los demás, el conejo lleva la alegría y los hijos. Si uno de estos falta se refleja en situaciones por resolver, constantes asociadas a lo que aporta cada signo.

Las tres cruces. Se conocen como las cuatro flores de romance, la cruz literaria y los cuatro caballos postales. Cuando en una persona están presentes los cuatro signos que forman una de estas cruces, representa muy buena fortuna y éxito; cuando faltan uno o dos de los signos que conforman cada cruz, representa que habrá problemas y situaciones constantes por resolver para esa persona, sobre todo cuando son signos opuestos o en choque. Cuando por signo de un año determinado, mes, día u hora, se presenta el signo o los signos que completarían alguna de estas cruces, indica que es un buen momento o periodo para la persona.

❖ **Las cuatro flores de romance** (las cuatro direcciones cardinales): rata, conejo, caballo y gallo. Cuando estos cuatro signos se encuentran presentes en una persona la dotan de fama y poder. Representan equilibrio sobre la tensión.

❖ **La cruz literaria o los cuatro tesoros** (los cuatro signos de tierra): buey, dragón, cabra y perro. Cuando estos cuatro signos están presentes determinan una persona con potencial, mérito y don artístico y literario.

❖ **Los cuatro caballos postales** (los cuatro elementos): tigre, serpiente, mono y cerdo. Cuando estos cuatro signos están presentes determinan una persona con tendencia a viajar y emigrar constantemente, ya sea por trabajo o elección personal. Son los viajeros.

En aquellos casos donde se presenta la cruz de las cuatro flores de romance (rata, conejo, caballo y gallo) y falta uno o dos de los signos representa lo siguiente:

❖ Si falta la rata: poca habilidad para respetar jerarquías y tener planeación financiera.
❖ Si falta el conejo: problemas constantes con la salud y los hijos.
❖ Si falta el caballo: debilidad física y dificultades en la vida y las relaciones sociales.
❖ Si falta el gallo: ansiedad constante, personas aprensivas, hiperactivas, poco pacientes.

En aquellos casos donde se presentan la cruz literaria o los cuatro tesoros (buey, dragón, cabra y perro) y falta uno o dos de los signos representa lo siguiente:

❖ Si falta el buey: falta de perseverancia y energía.
❖ Si falta el dragón: miedo a los cambios, dudoso.
❖ Si falta la cabra: falta de lazos familiares, desapego.
❖ Si falta el perro: problemas de inestabilidad.

En aquellos casos donde se presentan los cuatro caballos postales (tigre, serpiente, mono y cerdo) y faltan uno o dos de los signos representa lo siguiente:

❖ Si falta el tigre: falta de asertividad y autoridad.
❖ Si falta la serpiente: dificultades y problemas legales constantes.
❖ Si falta el mono: falta de habilidades manuales y verbales.
❖ Si falta el cerdo: problemas para estabilizarse.

A los signos zodiacales les corresponden direcciones cardinales; de esta manera podemos llevar el zodiaco a nuestra casa y poner algunos objetos para impulsar y mejorar nuestra energía y nuestra suerte. En este punto es en donde se entrelazan la astrología china y la escuela de las ocho direcciones cardinales (Feng Shui).

Esta escuela se rige por los ocho puntos cardinales, otorgándole características energéticas distintas a cada dirección. A diferencia de la escuela BTB (por las siglas en inglés de Black Tantric Buddhism, cuyo líder y fundador es el profesor Thomas Lin Yun), esta escuela puede ubicar la puerta de entrada hacia cualquier punto cardinal determinando así ocho sectores en la casa con energías distintas. La escuela BTB es una escuela de posiciones; la escuela de las Ocho Direcciones es de direcciones cardinales. Consiste en cuatro direcciones cardinales primarias y cuatro secundarias; es decir, las primeras cuatro corresponden al norte, el sur, el este y el oeste; las segundas se refieren al noreste, noroeste, suroeste y sureste. A cada uno de estos sectores cardinales le corresponden 45 grados de la brújula. Cada uno de esos 45 grados se subdividen en tres subsectores de 15 grados.

Para establecer los ocho segmentos es importante medir con una brújula los grados exactos y la dirección precisa hacia la que ve la puerta principal de la casa.

Esto se hace de pie en la puerta principal viendo hacia afuera; la dirección y la inclinación de grados que indique la brújula es lo que va a establecer el dato que necesitamos para trazar los ocho sectores de nuestra casa.

Se indica sobre el plano de la casa el punto al que ve la puerta principal, y a partir del centro de la casa se traza un círculo. En ese círculo se indica el grado al que ve la puerta coincidiendo, obviamente, con la puerta en el plano. Con la ayuda de un transportador, a partir de allí se ubican las cuatro direcciones fijas: el norte a 0 grados, el este a 90 grados, el sur a 180 grados, el oeste a 270 grados. Al establecer los cuatro puntos cardinales se trazan 22.5 grados a cada lado de la dirección exacta. Esto nos establece los 45 grados de cada sector cardinal y los otros cuatro sectores cardinales: sureste, suroeste, noroeste y noreste.

Posteriormente, cada sector de 45 grados se subdivide en 15 grados y esto nos proporciona los 24 subsectores en nuestra casa.

Todo este trazo se hace sobre el plano de nuestra casa y nos sirve para ubicar y establecer el subsector cardinal de cada signo zodiacal.

Los grados que pertenecen a cada signo zodiacal son los siguientes:

Dragón	de 112.5 a 127.5
Serpiente	de 142.5 a 157.5
Caballo	de 172.5 a 187.5
Cabra	de 202.5 a 217.5
Mono	de 232.5 a 247.5
Gallo	de 262.5 a 277.5
Perro	de 292.5 a 307.5
Cerdo	de 322.5 a 337.5
Rata	de 352.5 a 7.5
Buey	de 22.5 a 37.5
Tigre	de 52.5 a 67.5
Conejo	de 82.5 a 97.5

Una forma de aplicar esta información es colocar el signo zodiacal correspondiente en cada subsector de la casa y puede ser del material correspondiente al elemento fijo de cada uno.

Otra opción para promover armonía en el amor y en sociedades es colocar los 12 animales o signos zodiacales en el sector suroeste de la casa o de la oficina.

Con base en tu signo zodiacal y tu signo ascendente (por hora, mes y día de nacimiento) puedes activar determinados sectores y colocar distintas "curas" o soluciones para favorecer o fortalecer tu energía acorde con los cuatro signos que te rigen.

Rata. Su dirección cardinal es el norte y su elemento, por dirección cardinal y por elemento fijo, es el agua. Su dirección abarca entre 352.5 grados y 7.5 grados. Si tu signo zodiacal es rata, este sector cardinal es favorable para ti. Puedes colocar una rata o ratón de metal en este sector de tu casa para reforzar tu propia energía personal. Debajo de esa figura se sugiere colocar 99 monedas chinas con la cara que tiene cuatro pictogramas viendo hacia arriba. Un tazón con agua y cuarzos en este sector también es buena opción.

Otra opción para reforzar tu energía personal a través de la astrología china es trabajar en trinos, es decir, colocar en los sectores del dragón, el mono y la rata un símbolo de poder importante para ti. Puede ser una rata metálica en el sector de la rata, otra en el sector del mono y otra en el sector del dragón. Tus direcciones cardinales desfavorables por signo zodiacal son el sur y el suroeste.

Buey. Su sector cardinal es el noreste y su elemento fijo es la tierra y por sector cardinal. Abarca de 22.5 grados hasta 37.5 grados. Si tu signo zodiacal es buey, este es un sector cardinal ideal para ti. Puedes colocar en este sector de la casa una escultura de un buey o una vaca sobre monedas chinas, conocida como la vaca de los deseos. Se recomienda que la escultura sea de cerámica, barro, porcelana, talavera o pasta. Otra opción sería colocar objetos pertenecientes al elemento tierra en este sector, otro en el de la serpiente y otro en el del gallo. Tus direcciones desfavorables por signo zodiacal son el suroeste y el sur.

Tigre. Su sector cardinal corresponde al noreste, su elemento por dirección cardinal es la tierra y por elemento fijo es la madera. Su dirección cardinal abarca de 52.5 grados a 67.5 grados. Si tu signo zodiacal es tigre, este es el sector ideal para ti. Puedes colocar en el sector un tigre de cristal o de madera. También se puede reforzar colocando otro tigre en el sector del caballo y del perro. Pueden ser objetos de madera también. Tus direcciones desfavorables por signo zodiacal son el suroeste y el sureste.

Conejo. Su sector cardinal es el este, su elemento por dirección cardinal y por elemento fijo es la madera. Su dirección cardinal abarca de 82.5 grados a 97.5 grados. Si tu signo zodiacal es conejo, este es el sector ideal para ti. Puedes colocar en ese sector de la casa una pareja de conejos de cristal o de madera para reforzar tu energía personal. También puedes activar tu energía colocando pares de conejos en los sectores del conejo, la cabra y el cerdo. Pueden ser objetos de madera también. Tus direcciones desfavorables por signo zodiacal son el oeste y el noroeste.

Dragón. Su sector cardinal es el sureste, su elemento por dirección cardinal es madera y por elemento fijo es la tierra. Su dirección cardinal abarca de 112.5 grados a 127.5 grados. Si tu signo zodiacal es dragón, este es el sector ideal para ti. Se puede colocar un dragón de porcelana, barro, talavera o cerámica en este sector. Una pintura de dragón también es útil. Para reforzar tu energía personal se puede colocar un dragón más en el sector del mono y otro en el de la rata. Tus direcciones desfavorables por signo zodiacal son el noroeste y este.

Serpiente. Su dirección cardinal es el sureste. Su elemento por dirección cardinal es la madera y por elemento fijo es el fuego. Su sector cardinal abarca de 142.5 grados a 157.5 grados. Si tu signo zodiacal es serpiente, este es el sector ideal para ti. Se puede colocar la imagen o una escultura de una serpiente de madera y en color rojo. Se puede reforzar colocando otra más en los sectores del gallo y del buey. Tus direcciones desfavorables por signo zodiacal son el noroeste y el noreste.

Caballo. Su dirección cardinal es el sur. Su elemento por dirección cardinal y por elemento fijo es el fuego. Su sector cardinal abarca de 172.5 grados a 187.5 grados. Si tu signo zodiacal es el caballo, este es el sector ideal para ti. Se puede colocar un caballo de madera rojo en el sector del caballo y para reforzar otro más en los sectores del perro y el tigre. Tus direcciones desfavorables por signo zodiacal son el norte y el noreste.

Cabra. Su dirección cardinal es el suroeste. Su elemento por dirección cardinal y por elemento fijo es la tierra. Su sector cardinal abarca de 202.5 grados a 217.5 grados. Si tu signo zodiacal es cabra, este es el sector ideal para ti. Se puede colocar una cabra de cerámica, cuarzo o porcelana en este sector. Se pueden colocar dos cabras más en los sectores del cerdo y el conejo para reforzar tu energía personal. Tus direcciones desfavorables por signo zodiacal son el noreste y el norte.

Mono. Su dirección cardinal es el suroeste. Su elemento por dirección cardinal es la tierra y por elemento fijo es el metal. Su sector cardinal abarca de 232.5 grados a 247.5 grados. Si tu signo zodiacal es el mono, este es el sector ideal para ti. Se puede colocar un mono de metal o porcelana con duraznos en este sector. Para reforzar tu energía personal se puede colocar un mono metálico en los sectores de la rata y el dragón. Tus direcciones desfavorables por signo zodiacal son el noreste y el noroeste.

Gallo. Su dirección cardinal es el oeste, su elemento por dirección cardinal y por elemento fijo corresponde al metal. Su sector cardinal abarca de 262.5 grados a 277.5 grados. Si tu signo zodiacal es el gallo, este es el sector ideal para ti. Puedes colocar un gallo de metal en el sector del gallo y otro en los sectores de la serpiente y el buey para reforzar tu energía personal. Tus direcciones desfavorables por signo zodiacal son el este y el noroeste.

Perro. Su dirección cardinal es el noroeste. Su elemento por dirección cardinal es el metal y por elemento fijo es la tierra. Su sector cardinal abarca de 292.5 grados a 307.5 grados. Si tu signo zodiacal es perro, este es el sector ideal para ti. Puedes colocar un perro de cerámica o porcelana en este sector, uno de metal también es recomendable. Otro en los sectores del caballo y el tigre reforzarán tu energía personal. Tus direcciones desfavorables por signo zodiacal son el sureste y el oeste.

Cerdo. Su dirección cardinal corresponde al noroeste. Su elemento por dirección cardinal es el metal y por elemento fijo es el agua. Su sector cardinal abarca de 322.5 grados a 337.5 grados. Si tu signo zodiacal es el cerdo, este es el sector ideal para ti. Puedes colocar un cerdo de metal o de jade en este sector cardinal y otro en los sectores del conejo y la cabra para reforzar tu energía personal. Tus direcciones desfavorables por signo zodiacal son el sureste y el suroeste.

Es importante que en los sectores favorables para cada signo no se ubiquen baños o cocinas, ya que eso representa mala fortuna y cambios inesperados.

En los sectores desfavorables por signo zodiacal se sugiere colocar bodegas, escaleras, baños o cocina. Es importante pasar el menor tiempo posible en esos sectores.

¿Si en la escuela o teoría Ba Zhai de Feng Shui (la que establece el ming gua o Número Kua) mis direcciones positivas son negativas por mis signos zodiacales chinos, qué pasa?
Esto representa que la energía se equilibra, no son tan negativas para ti.

¿Si en la escuela o teoría Ba Zhai de Feng Shui (la que establece el ming gua o Número Kua) mis direcciones negativas son negativas por mis signos zodiacales chinos, qué pasa?
Esto representa que esos sectores cardinales no te favorecen.

En el capítulo de rituales compartimos la fórmula para obtener tu Número Kua o ming gua, incluso mencionamos, según tu Número Kua o ming gua, cuál es tu dirección o sector cardinal personal de riqueza y prosperidad.

Las direcciones favorables se denominan y describen de la siguiente manera:

Sheng Chi	Dirección de prosperidad y dinero.
Tien Yi	Dirección de salud, riqueza y buenos amigos.
Nien Ken	Dirección de longevidad, armonía y amor.
Fu Wei	Dirección de protección.

A cada Número Kua le corresponden un trigrama y un elemento.

Número Kua	Trigrama	Elemento
1	Kan	Agua
2	Kun	Tierra
3	Chen	Madera
4	Sun	Madera
6	Chien	Metal
7	Tui	Metal
8	Ken	Tierra
9	Li	Fuego

Esta teoría del Feng Shui establece dos grupos de direcciones: el grupo este y el grupo oeste. A cada uno de estos grupos le corresponden cuatro números Kua, cuatro direcciones favorables y cuatro desfavorables.

Grupo Este

Número Kua	Direcciones favorables	Direcciones desfavorables
1	Norte	Oeste
3	Este	Noreste
4	Sureste	Suroeste
9	Sur	Noroeste

Grupo Oeste

Número Kua	Direcciones favorables	Direcciones desfavorables
6	Noroeste	Norte
7	Oeste	Sur
8	Noreste	Este
2	Suroeste	Sureste

Cada Número Kua representa una dirección cardinal.

Número Kua	Dirección cardinal
1	Norte
2	Suroeste
3	Este
4	Sureste
6	Noroeste
7	Oeste
8	Noreste
9	Sur

En la siguiente gráfica, dependiendo de tu Número Kua, presentamos tus cuatro direcciones cardinales favorables.

Kua	Prosperidad Sheng Chi	Salud Tien Yi	Amor Nien Ken	Protección Fu Wei
1	SE	E	S	N
3	S	N	SE	E
4	N	S	E	SE
9	E	SE	N	S
2	NE	O	NO	SO
6	O	NE	SO	NO
7	NO	SO	NE	O
8	SO	NO	O	NE

N= norte, S= sur, E= este, SE= sureste, O= oeste, NO= noroeste, NE= noreste, SO= suroeste.

Las direcciones no favorables se denominan y describen de la siguiente manera:

Ho Hai	Accidentes y pérdidas, separaciones.
Wu Kwei	Incendios, robos y pleitos.
Liu Sha	Problemas legales, discusiones, enfermedades.
Chueh Ming	Pérdida de salud y dinero (pérdida total).

En la siguiente gráfica, según tu Número Kua, presentamos tus cuatro direcciones cardinales desfavorables:

Kua	Ho Hai	Wu Kwei	Liu Sha	Chueh Ming
1	O	NE	NO	SO
3	SO	NO	NE	O
4	NO	SO	O	NE
9	NE	O	SO	NO
2	E	SE	S	N
6	SE	E	N	S
7	N	S	SE	E
8	S	N	E	SE

En este aspecto intervienen dos conceptos importantes. La dirección favorece en posición y dirección. El término posición se refiere a ubicarse en ese sector cardinal, mientras que el término dirección corresponde a sentarse o pararse "viendo a" esa dirección cardinal.

Se sugiere ubicar bodegas, baños, escaleras, jardines en aquellas áreas no favorables para la persona que genera el ingreso económico de la familia y ubicar la puerta principal, la cama, la cabecera de la cama (se mide hacia donde queda dirigida la cabeza al dormir o acostarse) y aquellos espacios donde pasamos más tiempo en los sectores favorables de la misma.

Con respecto a la cocina, se sugiere ubicarla en un sector negativo con la estufa, viendo a una dirección positiva para la señora de la casa. Se establece que la estufa "vea hacia" donde ve la puerta del horno o el frente de la estufa. El punto de asiento de la estufa se refiere a la parte trasera de la misma.

Para impulsar la energía positiva de cada persona, en cada dirección cardinal se pueden ubicar con una brújula en el plano de la casa o la oficina los sectores cardinales correspondientes y colocar lo siguiente:

Ubica en tu habitación tu dirección personal de prosperidad y coloca un tazón de cristal o vidrio con agua y tres velas flotantes para atraer prosperidad (el agua se debe cambiar diariamente).

Ubica tu dirección personal del amor en tu habitación y coloca objetos en pares para fomentar intimidad y comunicación.

Ubica tu dirección personal de protección en tu habitación y coloca una deidad (cuadro o escultura) que vea hacia la entrada de la habitación.

Ubica tu dirección personal de salud en tu habitación y coloca un jarrón que siempre tenga flores frescas.

Para disminuir el efecto negativo de tus direcciones cardinales personales negativas, ubica con una brújula los sectores cardinales en tu casa u oficina y coloca en ellos lo siguiente:

❖ En la dirección que corresponde a Chueh Ming coloca una pequeña fuente de agua, una pecera o algo de color oscuro.

❖ En la dirección cardinal que corresponde a Liu Sha coloca una planta natural sana y de hojas redondeadas.

❖ En la dirección cardinal que corresponde a Ho Hai coloca una vasija con cuarzos de colores.

❖ En la dirección cardinal que corresponde a Wu Kwuei coloca un jarrón de cerámica o talavera con flores amarillas.

5. OTROS ASPECTOS DE ASTROLOGÍA
LAS NUEVE ESTRELLAS

Las Nueve Estrellas están asociadas con aspectos de la astrología.

Corresponden a los ocho trigramas que se emplean en la adivinación china más el punto central que se forma cuando los trigramas se colocan en la forma octagonal tradicional conocida como bagua. Los trigramas representan una imagen de lo que sucede en la tierra y en el cielo. Estas Nueve Estrellas cambian su posición cada Año Nuevo Chino, por lo que cada año tenemos una diferente estrella hasta completar los nueve años y volver a empezar un nuevo ciclo de Nueve Estrellas.

La estrella que brilla sobre ti cada año depende de tu edad al iniciar el Año Nuevo Chino.

Para determinar esto, busca en la tabla inferior tu edad al iniciar el Año Nuevo Chino y encuentra al final de la línea el nombre de la estrella.

Edad											Estrella
0	9	18	27	36	45	54	63	72	81	90	Lo Hou
1	10	19	28	37	46	55	64	73	82	91	T'u Su
2	11	20	29	38	47	56	65	74	83	92	Shui Hsing
3	12	21	30	39	48	57	66	75	84	93	Chin Hsing
4	13	22	31	40	49	58	67	76	85	94	T'ai–yang
5	14	23	32	41	50	59	68	77	86	95	Huo Hsing
6	15	24	33	42	51	60	69	78	87	96	Chi Tu
7	16	25	34	43	52	61	70	79	88	97	T'ai-yin
8	17	26	35	44	53	62	71	80	89	98	Mu Hsing

Ahora, verifica el significado de cada estrella para que puedas interpretar tu energía para este año.

Lo Hou

Esta estrella emite una sombra difícil y debes planear cuidadosamente lo que hagas durante el año para evitar accidentes o conflictos legales. Asegúrate de considerar las circunstancias, la gente con la que negocias antes de viajar o antes de envolverte en algún tipo de negocio o situación.

T'u Su

Esta estrella no es muy auspiciosa; no te preocupes, ya que aunque no sea positiva eso no significa que vaya a presentarse algún problema serio durante el año. Si escuchas consejos y actúas con mente abierta, tu suerte mejorará en los meses de otoño e invierno.

Shui Hsing

Se pueden presentar peligros o retrocesos inesperados durante este año; prepárate para un cambio. Sé honesto con tus tratos y negociaciones, y sensible a las necesidades de tus colegas y amigos, ya que dependerás en mucho de su apoyo.

Chin Hsing

Pon atención a los romances familiares y evita caer en las discusiones y en el hostigamiento durante este año. Si percibes problemas en casa o en el trabajo, se recomienda que actúes de inmediato solucionando la situación y aclarando los malentendidos antes de que las cosas se salgan de control.

T'ai-yang

Este es un año de suerte para ti y todos los planes que hiciste en el pasado fructificarán. La buena fortuna de este año te permitirá adquirir nuevas propiedades, terrenos o bienes. Se puede presentar un nacimiento en la familia.

Huo Hsing

Ten cuidado con las finanzas y el dinero durante este año, evita los riesgos económicos. Pon atención a tu salud y date el tiempo necesario para descansar. Toma en cuenta cualquier síntoma de mala salud y visita al médico para evitar complicaciones.

Chi Tu

Tu fortuna durante primavera y verano es impredecible. No corras riesgos con respecto a la salud, la vida familiar o la profesión. Conforme se acerquen el otoño y el invierno la suerte mejorará y tus preocupaciones se desvanecerán.

T'ai-yin

Esta estrella pronostica aspectos muy positivos durante el año. Habrá signos de alegría y prosperidad. Alguien de buena posición te apoyará cuando necesites ayuda. Este año cosecharás todo lo sembrado y planeado en años anteriores.

Mu Hsing

Esta es una de las estrellas más positivas que atrae prosperidad, buena suerte y alegría. Recibirás buenas noticias y sorpresas. Esta buena suerte beneficiará también a tu familia. No te preocupes por pequeñeces que no te causarán conflicto ni a corto ni a largo plazo.

DIOSES ANUALES

Cada uno de los Dioses Anuales representa un aspecto de astrología, fortuna o aspecto de vida. Estos dioses también son representados como oficiales con la cabeza de un animal (de los zodiacales) y el cuerpo de hombre, usando ropa formal y sosteniendo una tableta con la insignia de su título imperial de oficial.

El dios cambia cada Año Nuevo Chino. Mientras algunos traen suerte mezclada, otros anuncian buena suerte a través de todo el año. Cada año un dios diferente interfiere con tu suerte.

Para establecer qué dios gobierna tu suerte este año, utiliza tu edad en el momento en que inicia el Año Nuevo Chino y súmale un año más. Encuentra tu edad en la tabla inferior y encuentra al final de la línea el nombre del dios correspondiente.

Edad									Dios
0	12	24	36	48	60	72	84		T'ai Sui
1	13	25	37	49	61	73	85		Sol
2	14	26	38	50	62	74	86		Augurio enfermo
3	15	27	39	51	63	75	87		Luna
4	16	28	40	52	64	76	88		Ley
5	17	29	41	53	65	77	89		Salud
6	18	30	42	54	66	78	90		Año roto
7	19	31	43	55	67	79	91		Virtud de dragón
8	20	32	44	56	68	80	92		Tigre blanco
9	21	33	45	57	69	81	93		Virtud de suerte
10	22	34	46	58	70	82	94		Espíritu
11	23	35	47	59	71	83	95		Enfermedad

Ta'i Sui

La cabeza de todos los dioses. Indica que será difícil establecer el equilibrio entre tu vida personal y la profesional durante el año. Sin embargo, puedes superar los obstáculos y conflictos haciendo compromisos reales y manejándote con cuidado.

Sol

Este dios trae buena suerte a través del año. Descubrirás cómo viejas relaciones se reanudan, las existentes se reafirman y se presentará mucho interés en ti por medio de los nuevos contactos que establezcas.

Augurio enfermo

No corras riesgos financieros innecesarios durante el año, confía en tu propio juicio e intuición antes de hacer compromisos y contratos o promesas. Pon mucho cuidado en lo referente a tu dieta y tu salud.

Luna

Este dios trae buena fortuna y suerte a la casa junto con la noticia de un nuevo bebé en la familia. Debes estar alerta ante situaciones personales inesperadas a través del año.

Ley

Este dios revela asuntos relacionados con la ley. Encontrarás que necesitas cancelar un contrato, buscar consejo y apoyo legal, o tal vez tomar un interés personal en cuestiones legales ajenas.

Salud

Cuida tu salud durante todo el año, ya que este dios es indicio de enfermedad. Reduce los hábitos excesivos que pueden afectar tu salud y trata de mantener una dieta balanceada.

Año roto

Sé cauteloso en lo que respecta a negociaciones y ten cuidado al invertir dinero, sobre todo en situaciones donde el riesgo es alto. Existen buenas señales de salud y seguridad para tu familia durante este año.

Virtud de dragón

Este es un año prometedor para planear y realizar viajes. Hay señales de buena suerte financiera, ya que este dios anuncia la llegada de dinero de medios inesperados.

Tigre blanco

Sé precavido en lo que respecta a inversiones que prometan altos dividendos o proyectos que parezcan grandes y maravillosos. Analiza desde todas las perspectivas y busca consejo en expertos antes de tomar cualquier decisión.

Virtud de suerte

Este promete ser un año de eventos alegres y felices. Proyectos e ideas que has estado considerando se realizarán durante este año. Se establecerán relaciones fuertes y prósperas y habrá buenas noticias con nacimientos en la familia.

Espíritu

Ten cuidado con asuntos relacionados con lo legal; cuida y analiza todos los detalles detrás de cualquier compromiso o negociación. Hay fuerte tendencia a pleitos y conflictos, así como malentendidos. Evita hacer juicios superficiales.

Enfermedad

Debes ser paciente y perseverante al principio del año para evitar desacuerdos potenciales en los meses posteriores. Evita ser agresivo y desagradable con respecto a asuntos relacionados con tu familia.

LAS 12 CRIATURAS

Este es un método de adivinación que establece animales que no se asocian con ningún otro aspecto o área de la astrología china. Estos animales se asocian con el arte y la literatura chinos y tienen un significado especial en la tradición china.

Para encontrar cuál es la criatura que te representa, necesitamos conocer el mes lunar en el que naciste y el signo zodiacal del año en que naciste. Busca el signo zodiacal del año en que naciste en la parte superior de la columna y baja hasta encontrar el número del mes lunar de tu nacimiento, y al lado derecho encuentra la criatura que te representa.

Febrero es el mes lunar 1, marzo el 2, abril el 3, mayo el 4, junio el 5, julio el 6, agosto el 7, septiembre el 8, octubre el 9, noviembre el 10, diciembre el 11 y enero el 12.

Rata	Buey	Tigre	Conejo	Dragón	Serpiente	Caballo	Cabra	Mono	Gallo	Perro	Cerdo	Criatura
1	2	3	4	5	6	7	8	9	10	11	12	Fénix
2	3	4	5	6	7	8	9	10	11	12	1	León
3	4	5	6	7	8	9	10	11	12	1	2	Faisán dorado
4	5	6	7	8	9	10	11	12	1	2	3	Pato mandarín
5	6	7	8	9	10	11	12	1	2	3	4	Golondrina
6	7	8	9	10	11	12	1	2	3	4	5	Garza
7	8	9	10	11	12	1	2	3	4	5	6	Venado
8	9	10	11	12	1	2	3	4	5	6	7	Pavorreal
9	10	11	12	1	2	3	4	5	6	7	8	Pichón
10	11	12	1	2	3	4	5	6	7	8	9	Gorrión
11	12	1	2	3	4	5	6	7	8	9	1	Águila
12	1	2	3	4	5	6	7	8	9	10	11	Grulla blanca

Fénix

Tienes un punto de vista y apariencia amable y pensativa, y el apoyo que brindas a los demás es valorado. Puedes funcionar en cualquier tipo de profesión asociada con leyes, debido a la manera en que analizas cuidadosamente la información antes de tomar decisiones.

León

Tu manera sencilla y adaptable de ser te permite establecer amistades con facilidad; y a través de estas obtienes contactos importantes. Tienes buena suerte para salir bien librado de situaciones difíciles.

Faisán dorado

Tienes una naturaleza y talento especial para las artes y la expresión. Te comunicas con claridad. Desarrolla tus cualidades creativas, ya que te pueden generar ingresos económicos y reconocimiento.

Pato mandarín

Tienes un temperamento creativo y te verás muy beneficiado si desarrollas una carrera en las artes. Aun así tendrás mucho éxito trabajando para una compañía grande o una organización gubernamental.

Golondrina

Eres inteligente y un agudo observador; sin embargo, tu manera tan cuadrada de ver el mundo puede complicarte las cosas. Evita tratar de resolverle los problemas a todo el mundo y darle consejos a quien no te los pide. Permite que los demás resuelvan su vida y tú observa silenciosamente.

Garza

Te caracterizas por tu alegría de vivir y el entusiasmo que le pones a tu aspecto de trabajo. Las decisiones que tomes en lo profesional te pueden generar problemas y desacuerdos con tu familia, que con el tiempo se resolverán adecuadamente.

Venado

Aunque tienes una vida estable sientes la necesidad de mejorar tus ingresos económicos y tu posición social. Trata de enfocar tu energía en beneficio de tu familia y mejorar tus relaciones sociales. El crecimiento se va a dar a través de ello y no de tu trabajo.

Pavorreal

Tienes una actitud complaciente y sensible con respecto al trabajo que te generará recompensas. Te caracterizas por tu capacidad para afrontar la responsabilidad y establecer límites, así como por ser el líder y quien establece las reglas.

Pichón

Durante la etapa de la juventud se te escaparán muy buenas oportunidades económicas a pesar de todos los esfuerzos que hagas. Sin embargo, la paciencia te traerá mejores oportunidades en la edad adulta.

Gorrión

Disfrutas viajar y las experiencias que puedes obtener de ello. Tu capacidad para adaptarte te ayuda a relajarte y a disfrutar de cualquier lugar. Sin embargo, eres una persona muy apegada a tu familia y es lo que siempre te hace regresar.

Águila

Tu vida se caracteriza por la presencia de amor combinado con una naturaleza extravagante, exuberante y llamativa. Aunque eres una persona profesional y trabajadora tienes la característica de gastarte rápidamente el dinero. La prosperidad te llega en la vejez.

Grulla blanca

Eres observador y creativo y tienes el potencial para desarrollar una carrera exitosa en el arte. Sin embargo, para realizar tus planes y tus ideas es recomendable dejar tu casa o la ciudad donde vives.

6. KI DE LAS NUEVE ESTRELLAS

El conocimiento chino está pleno de sabiduría basada en el estudio de la naturaleza y su comportamiento acorde con los astros y los cambios manifestados por ellos, observaciones que los llevaron a desarrollar diversas pero efectivas escuelas o sistemas aplicados a obtener un óptimo desarrollo de vida para el hombre en la tierra.

Este sistema de astrología se desarrolló en China, donde se conocía como Chiu Kung Ming Li, y es probablemente una de las más antiguas formas de predecir el futuro a través de los astros. En los últimos años ha crecido su popularidad y su aplicación, sobre todo en Japón y actualmente en Occidente.

Este sistema se originó de la creencia en que la astrología surge de lo más profundo del cosmos por medio de nueve estrellas, denominadas Ki de las Nueve Estrellas. Los límites de este origen cósmico eran las estrellas Vega y Polaris. Vega representaba el final del espectro: frío, invierno y la energía pasiva de la Luna, mientras que Polaris se asoció con el Sol y la energía activa del fuego, relacionadas así con las energías yin y yang del universo, respectivamente.

Entre estas dos estrellas se encontraban las siete estrellas de la constelación de la Osa Mayor. Estas, al girar entre Polaris y Vega actuaban como un compás señalando una distinta estación durante el año. Este concepto es el punto de partida para la astrología del

Ki de las Nueve Estrellas, al basar su estudio en el movimiento de estas nueve estrellas y su influencia sobre cada ser humano con base en su año de nacimiento y el año que estaba transcurriendo.

Del yin y el yang surgen las cuatro estaciones del año y de ellas y los cinco elementos, en interacción con el yin y el yang, surgen los ocho trigramas. Estos ocho trigramas son la base del *I Ching*. El *I Ching* es el libro más antiguo y es el punto de partida de la sabiduría y el conocimiento chino. También se le denomina el *Libro de los cambios*. Está formado por 64 hexagramas que surgen de la combinación de los ocho trigramas iniciales, que se enumeran a continuación, multiplicados por sí mismos.

Como dato curioso, los Diez Tallos Celestiales o Diez Elementos Madres dan vida a 12 hijos, que son los 12 animales del zodiaco chino o 12 Ramas Celestiales que, a su vez, también se relacionan con las cuatro estaciones del año, el yin y el yang, las direcciones y los elementos.

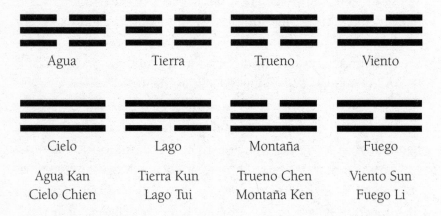

| Agua | Tierra | Trueno | Viento |

| Cielo | Lago | Montaña | Fuego |

| Agua Kan | Tierra Kun | Trueno Chen | Viento Sun |
| Cielo Chien | Lago Tui | Montaña Ken | Fuego Li |

Cada trigrama se refiere a un distinto miembro de la familia: el cielo es el padre, la tierra es la madre, el trueno es el hijo mayor, el viento es la hija mayor, el lago es la hija menor, la montaña es el hijo menor, el agua es el hijo de en medio y el fuego es la hija de en medio. Se presume que en el año 1800 a. C. surgió la teoría de los cinco elementos, que en su origen eran cuatro, y el quinto surgió como un mediador entre las cuatro estaciones y es el elemento tierra.

Estos ocho trigramas se multiplican por sí mismos formando 64 hexagramas, contenido base del *I Ching*.

Un trigrama se representa con tres líneas que simbolizan, de arriba hacia abajo, el cielo, el hombre y la tierra, cada una.

La línea continua es yang y la discontinua es yin. Las líneas que forman un trigrama se llaman yaos.

LA INTERACCIÓN DE LOS CINCO ELEMENTOS

Los cinco elementos se manifiestan en ciclos. Existen el ciclo generativo, el ciclo de control y conquista, el ciclo destructivo y el ciclo reductivo.

El ciclo generativo se refiere al ciclo de vida y se explica de la siguiente forma:

El agua da vida a la madera, es decir, el agua provee de nutrientes a los árboles y las plantas para su crecimiento y desarrollo. La madera genera el fuego: un incendio florece a través de la quema de madera y da vida a la tierra reduciendo a polvo todo lo que se quema. La tierra es la madre que forma, protege y produce los minerales y el metal. Este, al fundirse se convierte en líquido, al diluirse da lugar al agua, y así sucesivamente, siguiendo el ciclo continuamente, como se explicó al hablar de las cinco etapas que atraviesan todos los objetos y seres en su recorrido por la vida con anterioridad.

El ciclo de control y conquista se representa como la interacción entre los elementos para contenerse y controlarse uno a otro para no llegar a los excesos y desbordarse. Se explica a continuación: el agua controla la expansión del fuego, que a su vez moldea los metales; el metal nos ayuda a tallar la madera, la cual evita el exceso de tierra volátil en un espacio determinado, así como la tierra delimita el perímetro del agua al contener el líquido y formar ríos y lagos.

El ciclo de destrucción es el ciclo de control llevado al exceso cayendo en la desaparición del otro elemento. Por ejemplo, el exceso de agua apaga el fuego, mientras que el exceso de fuego funde el metal; este a su vez puede cortar totalmente a la madera, la cual, si abusa de la tierra acaba con sus nutrientes erosionándola. El abuso de tierra seca un lago o un río.

El ciclo reductivo se refiere al desgaste que el hijo ejerce sobre la madre provocándole agotamiento o reducción de fuerza, limitando su potencial. El agua reduce al metal, este reduce a la tierra, la tierra reduce al fuego, que a su vez reduce a la madera y esta al agua.

Cada elemento tiene características propias que se describen a continuación.

Estas características se aplican también a rasgos de personalidad y comportamiento en los seres humanos.

❖ **Agua.** Este elemento rige el aspecto interior, los sentimientos del ser humano. Es la Luna, la profundidad, la calma, la quietud, la meditación y la reflexión. Promueve el desarrollo interior, la espiritualidad, la actividad sexual, el sueño, el descanso, la independencia, el pensamiento objetivo y la concepción de ideas, así como el conocimiento interno y profundo del ser humano.

❖ **Madera.** Favorece la benevolencia, el descubrimiento, la investigación, el ímpetu para desarrollar nuevos proyectos y nuevas empresas. Es actividad, inquietud, ocupación, ambición. Es la concentración, la confianza, la paciencia, la iniciativa y la hiperactividad.

❖ **Fuego.** Representa el raciocinio y el comportamiento, la pasión, la expresividad, la fama, la fiesta, la comunicación, las relaciones públicas, la estimulación y la agilidad mental; la creatividad, la espontaneidad, la generación de nuevas ideas, la alegría y la sociabilidad.

❖ **Tierra.** Es la estabilidad, el estancamiento, la honestidad, la seguridad, el cuidado y la precaución, la armonía familiar, la maternidad, el cuidado del hogar, el pensamiento metódico.

❖ **Metal.** Es la planeación, la rectitud, la organización, la rigidez, el manejo de las finanzas, el liderazgo, el manejo de los negocios, la madurez, el respeto, el respaldo y la objetividad.

EL CUADRADO MÁGICO LO SHU

Se le llama cuadrado mágico debido a que, por el acomodo de los números, si los sumamos hacia todos los lados el resultado es quince.

Se dice que este diseño se obtuvo de las inscripciones que aparecieron en el caparazón de una tortuga que emergió del río Lo y el filósofo que lo interpretó fue Fu Hsi, alrededor del año 2700 a. C.

Estos números se asocian con los trigramas del *I Ching* y con los elementos, y son parte fundamental para la aplicación del Ki de las Nueve Estrellas, que poco a poco iremos integrando y desarrollando.

Si sumamos 4 + 9 + 2 = 15; 3 + 5 + 7 = 15; 8 + 1 + 6 = 15; 4 + 3 + 8 = 15; 9 + 5 + 1 = 15; 2 + 7 + 6 = 15; 4 + 5 + 6 = 15.

Ahora integremos los números con los elementos y los trigramas:

4 sun madera yin	9 li fuego	2 kun tierra yin
3 chen madera yang	5 tao tierra	7 tui metal yin
8 ken tierra yang	1 kan agua	6 chien metal yang

El sistema del cuadrado mágico es empleado y desarrollado en la práctica espiritual y la adivinación, y si ustedes realizan una comparación entre esta información y el bagua o pakua que se emplea como mapa en la práctica del Feng Shui, descubrirán la relación de los cinco elementos, los trigramas y las áreas de la casa aplicando el mapa.

Este cuadrado mágico coincide con el acomodo de los ocho trigramas en el Bagua del Segundo Cielo o Bagua de Wen Wang.

El secreto de este cuadrado es que descubre la dimensión y el manejo del tiempo en Feng Shui permitiéndole al hombre precisar el mejor momento para tomar decisiones y hacer cambios en su vida según su fecha de nacimiento.

La astrología china divide el tiempo en Eras Sexagenarias, es decir, de 60 años, formadas por tres ciclos de 20 años que parten de multiplicar los 12 signos zodiacales, o mejor llamados las

Doce Ramas Terrestres, por los cinco elementos. Cada ciclo de 60 años corresponde a una era y se consideran tres eras distintas con su propio patrón de energía. Estas eras se clasifican como alta, media y baja. De esta combinación tenemos como resultado nueve ciclos de 20 años, o segmentos contenidos en tres eras de diferente patrón energético. Los nueve segmentos se refieren a las nueve casas del Ki de las Nueve Estrellas, es decir, a los nueve números del Cuadrado Lo Shu, en el cual, como ya se mencionó con anterioridad, cada número corresponde a un distinto elemento, ya sea en su fase yin o en su fase yang.

LA PRIMERA ESTRELLA O NÚMERO PRINCIPAL

Según este sistema, todos los años los vamos a calcular empezando el 4 de febrero de cada año, por lo que si naciste entre el 1 de enero y el 4 de febrero, tomaremos como tu año de nacimiento el anterior.

Esta primera estrella se refiere a quién eres tú, describe tu naturaleza y tu esencia como ser humano; también se refiere al año actual y a la energía que está rigiendo durante el año.

Existen dos métodos para calcular y obtener este número.

Método 1

Se toma el año de nacimiento, se suman los dos últimos dígitos del año; cuando esta suma es menor al número 10 entonces ese número se resta a 10. Si el número de la suma de los últimos dos dígitos es mayor a 10, sumamos ambos números para reducirlos a un dígito y se lo restamos a 10. De esta forma obtenemos el número del año para todos aquellos nacidos en el siglo XX.

Ejemplo:

Si naciste en junio de 1932, los dos últimos dígitos son 3 + 2 = 5.

Lo restamos del número 10 - 5 = 5.

Por consiguiente, tu número principal o número del año es 5.

Si naciste en marzo de 1968 los dos últimos dígitos son 6 + 8 = 14.

Sumamos 1 + 4 = 5.

Lo restamos del número 10 − 5 = 5.

Por consiguiente, tu número principal o número del año es 5.

Método 2

Este método aplica para aquellas personas nacidas en el año 2000 o en cualquier siglo. Se suman todos los dígitos del año y se reducen al número 10 o menor a 10. Restar de 11.

Ejemplo: Emplearemos las mismas fechas que en los ejemplos anteriores.

Si naciste en junio de 1932, sumamos todos los dígitos: 1 + 9 + 3 + 2 = 15.

Lo reducimos a un solo dígito: 1 + 5 = 6.

Lo restamos de 11 − 6 = 5.

Como observas, ambos métodos dan como resultado el mismo número del año.

Anteriormente se estableció la relación de cada elemento con un ciclo de nueve números que se vincula con el cuadrado mágico, por lo que enumeraremos a continuación cada número con su respectivo elemento, característica yin o yang y el trigrama con el que se asocia.

1	Agua	Yin	Trigrama Kan
2	Tierra	Yin	Trigrama Kun
3	Madera	Yang	Trigrama Chen
4	Madera	Yin	Trigrama Sun
5	Tierra	Centro	
6	Metal	Yang	Trigrama Chien
7	Metal	Yin	Trigrama Tui
8	Tierra	Yang	Trigrama Ken
9	Fuego	Yang	Trigrama Li

Con base en la representación anterior obtenemos que si tu número del año es 1, tú eres 1 Agua; si es 2 eres 2 Tierra; si eres 3 es 3 Madera, y así sucesivamente. De la misma manera, si un año da por resultado 1, la energía que rige durante ese año es 1 Agua, y así sucesivamente.

DESCRIPCIÓN DE LOS NÚMEROS KI

1 Agua

Su trigrama es kan y significa agua. Representa al hijo de en medio y su origen es yin.

Este tipo de personas, al representarlas en el *I Ching,* el hijo de en medio, se convierten en aquellos capaces de resolver y mediar en los problemas y las discusiones. Su naturaleza es diplomática y tranquila. Son personas de gran profundidad de pensamientos y acción. Tienen una fortaleza escondida y son sentimentales, buscan la esencia de todo y el aspecto profundo de las cosas y las circunstancias. Por su elemento agua pueden ser tranquilos, pacíficos y relajados, y al mismo tiempo vivaces, ágiles y turbulentos como las grandes olas del mar o las cascadas. Son aventureros y exploradores. Su espíritu tiende a ser libre, incontrolable, por lo que debe haber un contenedor o controlador para evitar que se conviertan en un caos y en personas indisciplinadas: sin embargo, si se les controla en exceso su reacción es volverse demasiado rígidos y disciplinados, sobre todo cuando su naturaleza es tranquila.

Son sensibles, artísticos y filosóficos. Valoran mucho su espacio y les molesta sentirse invadidos. Son excelentes árbitros y mediadores, artistas y abogados. Escritores, poetas, compositores, músicos, filósofos e incluso terapeutas. Tienen la cualidad interna de buscar el equilibrio constante en las discusiones y las situaciones. Todo tipo de actividad que involucre el manejo de líquidos va a ser una actividad favorable para estas personas. Por su profunda cualidad y capacidad de análisis y pensamiento tienden a ser personas calladas y a veces aisladas, sus mentalidades trascienden el tiempo, son relajadas y receptivas. Son personas espirituales, creativas y universales. Su salud está ligada a todo lo que se refiere a líquidos en el cuerpo humano: riñones, órganos sexuales, vejiga, huesos y sistema nervioso.

Son personas flexibles, sencillas, adaptables, receptivas, enigmáticas, poco románticas pero con mucha fuerza sexual y apasionadas.

La sexualidad es un aspecto muy importante para ellos, ya que es un medio de aprendizaje de sí mismos y su pasión puede llegar a ser muy fuerte. Buscan conjuntar varias formas de placer sexual, por lo que suelen ser en extremo posesivos. Generalmente tienen mirada profunda y soñadora; tienden a tener ojeras, a veces oscuras, y deben cuidarse mucho de los resfríos. Deben dormir y descansar mucho y mantener su estómago caliente, cuidar mucho sus órganos sexuales, así como la vejiga y los riñones.

2 Tierra

Su trigrama es Kun y su energía es yin. El trigrama Kun representa a la madre, es receptivo y maternal. Suave como la arena con un fuerte deseo de servicio y cuidado. No tienden a ser líderes, pero son excelentes como soporte de cualquier persona. Son tranquilos, pacientes, compasivos y amorosos, tienen una gran actitud de servicio y cooperación. Extremadamente sociables, buscan formar parte de grupos o personas que los guíen para no sentirse solos y perdidos. Su tendencia es buscar la estabilidad y el realismo y son muy detallistas, al punto de desesperar a los que los rodean. Son hogareños y sobreprotectores. Maestros de la diplomacia y las buenas relaciones, son excelentes servidores de la humanidad y el trabajo social. También necesitan tiempo para nutrirse a sí mismos por esa gran capacidad de dar a los demás que los puede llegar a desgastar. Su naturaleza es convencional, conservadora, amable y placentera, son un poco indecisos y obsesivos con los detalles. Excelentes doctores, trabajadores sociales, enfermeros, maestros, agricultores, arquitectos, jardineros y tienen habilidad para realizar actividades que requieran ser detallistas. Son caracterizados por el orden, por lo que son recomendables como asistentes. Maravillosos anfitriones, se esfuerzan por el bienestar de sus invitados y las personas que los rodean. En la salud deben tener cuidado con las afecciones de la piel, la sangre, la lengua, la garganta, el estómago o el sistema digestivo. Son personas de apariencia abrazable, apapachable y suave. Buscan la seguridad y la estabilidad, por lo que se apegan demasiado a los objetos y personas que los rodean. En su aspecto sentimental se esmeran por satisfacer a su pareja y proveerle comodidad y seguridad. Se preocupan demasiado y pueden llegar a ser obsesivos en el cuidado de su pareja. Son entregados, fieles y amorosos, por lo que llenan de atenciones a aquellas personas que gozan de su amor. Su aspecto negativo es que pueden llegar a ser muy dependientes en el aspecto sentimental de los demás, y con el sentido obsesivo que manifiestan pueden llegar a perder a sus parejas fomentando separaciones inesperadas y dolorosas para ellos. Son muy adecuados para actividades y labores de equipo, son organizados y conductores de eventos y reuniones por la atención y cuidado que ponen en los demás y los detalles.

Contagian su alegría y compañerismo. Generalmente son coleccionistas y acumuladores de objetos. Disfrutan de la buena comida.

3 Madera

Su trigrama es Chen y significa trueno, representa al hermano mayor y su energía es yang. Este trigrama es crecimiento y acción. Así es el trueno, fuerte, decidido, rápido, con movimientos drásticos. Son espontáneos y actúan antes de pensar. Son personas impulsivas, enérgicas, decididas, ruidosas, inquietas, constantemente comenten errores por su impulsividad. Tienen mucha vitalidad y energía, son optimistas y positivos, no terminan lo que comienzan, dejan la responsabilidad en otros, son cambiantes e inestables, abiertos y honestos, directos al hablar, vigorosos físicamente, impositivos al hablar y demasiado francos con sus familiares y amigos. Generalmente son atléticos y de cuerpos fuertes y altos. Son muy creativos y soñadores, precoces y consentidos, caprichosos, viriles y simpáticos. Se aburren con facilidad. Son innovadores e inventores, no se caracterizan por ser muy maduros y objetivos. Son excelentes creativos, inventores, deportistas, constructores, ingenieros, músicos, cirujanos, oradores.

En la salud deben tener cuidado con las úlceras, tumores, el hígado, la digestión, las fobias, el exceso de estrés, los problemas visuales y el cuello.

En el aspecto sentimental son muy vanidosos y se preocupan excesivamente por su aspecto físico. Les gusta que los toquen, son amantes muy versátiles e intensos; son juguetones y no saben reprimir sus emociones. Son generosos e independientes, joviales y parlanchines.

4 Madera

Su trigrama es Sun y significa viento, su energía es yin y representa a la hermana mayor. Su aspecto yin, a diferencia del 3 Madera, le da un aspecto estable, tranquilo, suave. Su naturaleza es tan suave que necesita el soporte de sus raíces de madera. Su aspecto negativo es el exceso de aire, un elemento muy sensible y susceptible que se puede convertir en un huracán destructivo e incontrolable cuando se altera. Es un elemento muy sensible y susceptible, son personas confiables, seguras y prácticas. Su sentido común es característico, así como su sensatez y sensibilidad hacia los demás. Son excelentes consejeros pero muy influenciables por su naturaleza volátil. Son crédulos y confiados. Manipuladores y confidentes. Excelentes oradores, políticos, líderes, planeadores, artistas, inventores y consejeros.

Son personas decididas, individualistas, claras y muy estructuradas. Favorables en cuestiones de transportación, comunicación, dirección, guía, publicidad, agencias de viajes, fabricantes.

Dejan las cosas para el último momento y confían en su sensatez, buena suerte y buen juicio.

En el amor son idealistas, soñadores e ingenuos. Tienden a ser muy atractivos para el sexo opuesto. Son idealistas con sus parejas. Cooperativos y luchan por sacar a flote una relación.

En la salud deben tener cuidado de no caer en exceso de actividad, deben cuidar sus intestinos, la vesícula, el tejido conjuntivo y el hígado.

Son excelentes publirrelacionistas, obedientes y muy atractivos. Se caracterizan por su mirada atractiva.

5 Tierra

Es el centro, es la conjunción de los ocho trigramas, por lo que toma su naturaleza de ellos y puede tener características de todos y principalmente del 2 Tierra y del 8 Tierra. Es el centro de la familia, de la atención, por lo que tiende a ser egoísta y egocéntrico. Es independiente y separado de la familia. Son el punto de atención en el aspecto social y son extremadamente sociables, son amistosos, amigueros, simpáticos y se relacionan con todo tipo de personas. A la vez son extremistas y constantemente cometen los mismos errores. Extremadamente atractivos y ambiciosos, son los mejores para salir adelante de situaciones problemáticas. Siempre están en el centro de lo que sucede a su alrededor. Son excelentes para controlar las situaciones, toman el liderazgo y la guía. Constantemente tienen altas y bajas, son resistentes y perseverantes. Son capaces de generar grandes cambios en cualquier parte. Son glamorosos y atractivos. Son francos y tenaces, no soportan la crítica y creen tener siempre la razón. Son excelentes en relaciones públicas, su enorme carisma les permite controlar grandes empresas y convertirse en líderes. La comunicación es otro aspecto favorable para ellos, por lo cual son buenos vendedores y comerciantes.

En su aspecto sentimental son polifacéticos y cambiantes, lo que los hace muy atractivos, son simpáticos y divertidos, al igual que amoldables a las circunstancias por lo que no tienen un patrón definido de pareja ideal y pueden verse en las relaciones sentimentales más extrañas y opuestas.

En su salud deben tener cuidado con los excesos, las infecciones, el estómago, la circulación, los tumores, la fiebre, el corazón y la vesícula biliar.

Por su tendencia a ser el centro de todo tienden a aburrirse con facilidad y a desgastar muy rápidamente su energía, por lo que deben tomar y dedicar tiempo para ellos con el fin de evitar crisis de tipo sentimental y nervioso, ya que son muy emotivos y se deprimen con facilidad. También llegan a sentirse utilizados por quienes los rodean.

Son personas creativas y brillantes. Los mejores líderes y organizadores, capaces de controlar cualquier situación y sobreponerse a la misma.

6 Metal

Su trigrama es Chien que significa cielo, su energía es yang y representa al padre. Es extremadamente fuerte, tiene la fuerza del cielo y toda su energía yang, lo que le da cualidades de liderazgo. Dominan y conquista.

Tienen grandes ideales, son ambiciosos y ególatras. Muy activos, odian perder, son muy críticos consigo mismos y materialistas. El exceso los puede llevar a la necedad. Muy detallistas y organizados, se desesperan con facilidad cuando las situaciones no salen como ellos esperan. Son autoritarios, duros, inflexibles, moralistas, directos, buscan la nobleza, la simplicidad y el glamur. Son racionales, cuidadosos, dedicados, rígidos y perfeccionistas. No soportan las críticas. Resaltan los valores familiares y admiran y profesan la lealtad. Son muy trabajadores y tenaces. Siempre buscan el liderazgo, incluso en sus relaciones sentimentales; en ellas buscan la durabilidad y la profundidad. Son muy exigentes consigo mismos en sus sentimientos y llevados al exceso pueden ser machistas o excesivamente dominantes y duros. Son precisos y exactos, poco expresivos pero muy leales y sinceros.

Son excelentes administradores, políticos, militares, economistas, modistas, industriales, abogados, joyeros, vendedores, sacerdotes, maestros, asesores y psiquiatras.

En la salud deben tener cuidado con los pulmones, las inflamaciones, los dolores de cabeza, los problemas de la piel, los huesos y el corazón.

7 Metal

Su trigrama es Tui que significa lago y representa a la hija menor. Su fuerza energética es yin, lo que las convierte en personas calmadas, tranquilas, con el potencial del agua estática, quieta y profunda. Son personas reflexivas, suaves, sensibles, encuentran su seguridad en la profundidad de sus sentimientos, lo que les da una apariencia exterior de calma y tranquilidad.

Simbolizan la alegría, son cariñosos, independientes, divertidos, irresponsables, excelentes para escuchar a los demás. Tienen el sentido del buen gusto y tacto, excelentes diseñadores, creativos, estilizados, elegantes, reflexivos, excelentes para contabilizar y socializar. Son expresivos y coloridos. Son buscadores de comodidad y placer. Disfrutan del buen gusto y la armonía, del comer y se convierten en buenos anfitriones. Se ven más jóvenes respecto a su edad. Son carismáticos, glamorosos y graciosos, buenos consejeros. Son libres e independientes. Son excelentes exponentes, oradores, decoradores, modistas, contadores, consejeros, políticos, coordinadores de eventos sociales y fiestas. Odian ser ignorados.

Son buenos evaluadores, lo que los convierte en conciliadores. También son dentistas, banqueros y distribuidores.

En la salud deben cuidarse el pecho, la pelvis, la cabeza, la piel y los intestinos.

En sus relaciones sentimentales son nostálgicos y sensuales.

Son extremadamente exquisitos. Enfatizan su propia belleza y buscan la calidad. Actúan con el corazón y les es difícil, casi imposible, decir que no.

8 Tierra

Su trigrama es Ken, significa montaña y representa al hijo menor. Su energía es yang, lo que le da la fortaleza y explosividad de la montaña. Ambos conceptos escondidos dentro de esa apacible tranquilidad y quietud de la montaña. Se describe como la contemplación, la etapa de transición hacia un resurgimiento. Son personas con gran facilidad para acumular abundancia, son lentos pero su perseverancia los lleva a aprender a través de sus experiencias.

La apariencia de estas personas es de fortaleza y estabilidad; sin embargo, su aspecto negativo es la explosividad y la violencia, que pueden manifestar cuando algo los irrita. Son personas con fuertes reservas de energía que se muestran reservados y fríos hacia la sociedad. Son excelentes argumentadores y es difícil hacerlos cambiar de posición. Son claros y decididos, tienen un gran sentido de la justicia y son generadores de cambio y revolucionarios. Son proveedores, metódicos y bien fundamentados. Son leales, equilibrados y fieles. Ocultan sus sentimientos y emociones. Son confiables, se preocupan por los demás y no se adaptan fácilmente a los cambios. Son muy conservadores. En su vida sentimental tienen impulsos sexuales fuertes y resistentes aunque les cuesta trabajo expresarlo. Son muy sensibles pero poco expresivos. Son estables y forman familias sólidas. Luchan por lo que aman y se esfuerzan por obtener lo que desean, son tenaces y decididos. Delimitan su espacio, son autosuficientes, muy inteligentes y a veces son rencorosos.

Son excelentes policías, abogados, activistas, defensores de la ley, la justicia y los derechos humanos, contadores, editores, monjes, clérigos, escultores y maestros.

En lo referente a su salud, deben ser cuidadosos con la artritis, la fatiga, problemas respiratorios, estreñimiento, problemas en los músculos y depresiones.

Son personas muy disciplinadas y organizadas. No soportan que les alteren sus esquemas y les asusta la inestabilidad y el desequilibrio. Gustan de dar pasos firmes y disfrutan sus logros y conquistas obtenidos a través de su esfuerzo constante y continuo.

9 Fuego

Su trigrama es Li, significa fuego y su fuerza energética es yang. Esta energía yang es lo que los hace muy atractivos para los demás. Gustan de los lujos y son idealistas y soñadores. Parecen castañuelas por el exceso de actividad que manifiestan. Tienen agilidad mental, son vivaces y alegres, aunque muy variables emocionalmente. Sensibles, sentimentales, impulsivos, depresivos, se apagan y extenúan con facilidad. Se manifiestan a través de sus emociones. Son excitables y emocionables. Tienen poca confianza y son vanidosos. Son inspirados, brillantes, cálidos como el sol. Se comunican con facilidad y son líderes, apasionados, excelentes actores, intérpretes, liberales, variables, suaves, orgullosos, banales, sofisticados y criticones. Juzgan por las apariencias; críticos y observadores de pequeños detalles superfluos. No son rencorosos. Son cariñosos y explosivos. Pueden caer en la hiperactividad.

Es un elemento expansivo, por lo que pueden tener toda clase de contactos; se distinguen por derecho propio, impresionan e irradian magnetismo. Son personas francas, comunicativas, incapaces de mantener secretos. Cariñosas y brillantes, carismáticas y poco leales.

Aman la libertad y son románticos, soñadores, idealistas, creen en los cuentos de hadas y expresan sus sentimientos y emociones con mucha facilidad, aunque por su vivacidad pueden caer en contradicciones.

Siempre están acompañados y a veces dan la apariencia de ser personas veleidosas y engreídas. Se cansan con facilidad, sobre todo cuando se aburren o no encuentran motivación para su vanidad y ego. Fantasean mucho con sus sentimientos, son fieles mientras la relación dura.

Son excelentes en ventas, relaciones públicas, modelaje, modas, publicidad, comunicación, locutores, periodistas, mercadotecnia, solución de conflictos, artistas, cantantes, artesanos, esteticistas, optometristas, editores, diplomáticos, jueces y fiscales.

En la salud deben tener cuidado con los tumores cerebrales, enfermedades mentales, estrés, agotamiento, hiperactividad, el corazón, problemas de la sangre, glándulas y ojos.

Necesitan del apoyo de los demás elementos para no extinguirse. Son extremadamente orgullosos.

En el Cuadrado Mágico Lo Shu, el número central puede variar progresivamente nueve veces. Este patrón de cambio es el que nos ayudará para predecir nuestra posición anual y los cambios por los que atravesamos constantemente.

PREDICCIÓN ANUAL

Aprenderemos a calcular el paso de nuestro número Ki por las diferentes casas en cada periodo de nueve años. Como ya lo explicamos con anterioridad, el Ki de las Nueve Estrellas se basa en ciclos de nueve años, por lo que es muy posible descubrir que cada nueve años atravesamos situaciones muy similares o encontramos una estrecha relación con personas nacidas nueve años antes o después de nosotros.

Para aprender la aplicación de este método seguiremos empleando como base el Cuadrado Mágico Lo Shu original y el movimiento de los nueve números por las nueve casas del mismo. En este cuadrado mágico cada número se denomina una casa; así, el número 1 se refiere a la casa del agua, el 2 a la de la tierra yin, el tres a la madera yang, el 4 a la madera yin, el 5 a la tierra central, el 6 al metal yang, el 7 al metal yin, el 8 a la tierra yang y el 9 a la casa del fuego.

El ciclo de nueve años se explica como el tiempo que le toma a una estrella girar en una órbita elíptica alrededor del Sol, por lo que habrá épocas en las que esté más cerca o más lejos del mismo.

Este cálculo te puede servir de guía para tomar decisiones, programar cambios e interpretar el tipo de situaciones por las que vas a atravesar en un periodo determinado.

El número que vamos a emplear es el número personal o primera estrella. A continuación presentamos nueve versiones distintas del cuadrado mágico en las que se representa el paso de cada número por cada casa y eso es todo lo que necesitamos para determinar el paso de nuestra vida por ese ciclo de nueve años.

1	6	8
9	2	4
5	7	3

9	5	7
8	1	3
4	6	2

8	4	6
7	9	2
3	5	1

7	3	5
6	8	1
2	4	9

6	2	4
5	7	9
1	3	8

5	1	3
4	6	8
9	2	7

4	9	2
3	5	7
8	1	6

3	8	1
2	4	6
7	9	5

2	7	9
1	3	5
6	8	4

El número central indica el tipo de año que está rigiendo o el tipo de energía que domina en ese año.

Empleando el cuadrado mágico original se establece la posición de las casas y la energía que rige en cada una y que va a determinar las situaciones por vivir al visitar cada una.

Estableciendo y ubicando el número del año central y apoyados en el siguiente cuadro que informa el número de cada año, buscamos nuestro número personal en el cuadrado de ese año. Comparándolo con el cuadrado original definiremos en qué casa estamos en ese momento.

9	8	7	6	5	4	3	2	1
1901	1902	1903	1904	1905	1906	1907	1908	1909
1910	1911	1912	1913	1914	1915	1916	1917	1918
1919	1920	1921	1922	1923	1924	1925	1926	1927
1928	1929	1930	1931	1932	1933	1934	1935	1936
1937	1938	1939	1940	1941	1942	1943	1944	1945
1946	1947	1948	1949	1950	1951	1952	1953	1954
1955	1956	1957	1958	1959	1960	1961	1962	1963
1964	1965	1966	1967	1968	1969	1970	1971	1972
1973	1974	1975	1976	1977	1978	1979	1980	1981
1982	1983	1984	1985	1986	1987	1988	1989	1990
1991	1992	1993	1994	1995	1996	1997	1998	1999
2000	2001	2002	2003	2004	2005	2006	2007	2008
2009	2010	2011	2012	2013	2014	2015	2016	2017
2018	2019	2020	2021	2022	2023	2024	2025	2026
2027	2028	2029	2030	2031	2032	2033	2034	2035
2036	2037	2038	2039	2040	2041	2042	2043	2044

Tabla para obtener el número principal del año. Busca el año y el número superior se refiere al número principal del año, y es el que se ubicará al centro del Cuadrado Mágico Lo Shu para realizar predicciones anuales.

De esta manera, sucesivamente cada año visita cada casa y continúa haciéndolo en forma cíclica.

Ejemplo: una persona nacida el 4 de junio de l968 nace en un año en el que la casa central es el 5, su número personal es 5. Si queremos interpretar su situación en 1999, tenemos que el año 1999 fue un año de energía 1 Agua, buscamos en las versiones del cuadrado mágico aquella donde el número 1 esté al centro y ubicamos el número 5 en la casa 9 Fuego del Lo Shu original; por consiguiente, en 1999 esa persona estuvo visitando la casa del fuego.

4	9	2
3	5	7
8	1	6

9	5	7
8	1	3
4	6	2

Comparando la posición del número 5 en el cuadrado mágico del año 2018, que tiene el 9 al centro, ya que es un año de energía 9 Fuego, con el cuadrado mágico original, es como descubrimos que el 5 está en la posición del 1, por consiguiente, esta persona visita la casa 1 Agua en el año 2018.

DESCRIPCIÓN DE LAS NUEVE CASAS

La descripción de las características de las nueve casas está ligada a la descripción hecha con anterioridad de los nueve números Ki, junto con el *I Ching*, las estaciones del año y el recorrido elíptico de cada estrella alrededor del Sol.

Casa 1 Agua

En esta casa la energía es potencial, por lo que es el momento de planear, de profundizar y analizar nuestras decisiones. Es el tiempo de diseñar cambios y estructurar nuevos negocios. Se relaciona con el norte y el invierno, por lo que es la posición más alejada del Sol. Es el momento ideal para planear el futuro.

En esta casa te sentirás reflexivo, excluido o ignorado por los demás ya que estás en una etapa de introversión. Debes aprovechar esta energía para autoexplorarte y cultivar tu espíritu. Debes evitar desgastar tu propia energía, ya que, recuerda, estás en una época potencial, de reposo y preparación, no de acción. Debes ser paciente y controlar tus impulsos. Se sugiere tener cuidado con los riñones y los fluidos, con los resfríos y las bajas temperaturas.

Casa 2 Tierra

En esta casa la energía es de germinación, es el momento ideal para aterrizar tus planes y poner los pies sobre la tierra. Es una energía quieta que da lugar al inicio de la realización, por lo que es recomendable esquematizar y comenzar a implementar las reflexiones hechas en la casa del agua. Te puedes sentir inactivo y estancado, por lo cual debes aprovechar este tiempo para darle forma a tus planes y a tus nuevos proyectos. Estás en el punto de poder imprimir todo tu amor maternal a ese proyecto o esos planes a los que quieres darles vida. En el aspecto social y económico es una etapa de poco provecho. Debes tener cuidado con el estómago, el páncreas y el bazo, al igual que con los sistemas circulatorio y linfático. Trata de mantenerte activo y hacer ejercicio.

Casa 3 Madera

Es la casa que representa el surgimiento y la primavera, es el momento de darle vida a todo lo planeado. Debes tener cuidado de no ser muy impulsivo para no perder el control de las situaciones. Es la etapa creativa y del crecimiento. Es la llegada de nuevas oportunidades y la acción. El progreso se dará rápidamente en esta casa; habrá entusiasmo y confianza. En la salud debes tener cuidado con el hígado y la vesícula; evita comer en exceso.

Casa 4 Madera

Esta casa es la continuación del crecimiento anterior, estarás optimista y contento. Prevé evitar los excesos para no estresarte y no despegar los pies de la tierra y volar como el viento. Es una época de gran progreso, llena de oportunidades y comunicación. Enfoca tu energía en desarrollar todo lo que planeaste en la casa 1 y 2. En la salud debes cuidar tu sistema nervioso, el corazón y el hígado.

Casa 5 Tierra

Estás entrando a la casa en la que naciste, lo que le da una energía de cambios imprevistos, ya que te conviertes en el centro de todo y te presenta todo tipo de opciones y oportunidades. Trata de mantenerte centrado para tomar decisiones y poder concluir lo que comenzaste. Te sentirás joven, como vuelto a nacer. Es la casa de los extremos y los excesos; debes cuidar tu ego, ya que estarás rodeado de muchas personas que soliciten tu consejo, apoyo y presencia en todo momento. En la salud debes tener cuidado con los intestinos y evitar desgastar en exceso tu energía.

Casa 6 Metal

Estás en el momento de cosechar frutos, todo tu esfuerzo de los años anteriores será recompensado en esta casa, por lo que debes conservar la moderación y no exagerar en la ostentación. Es el otoño y representa al cielo. Serás admirado y valorado por los demás, por lo que es una etapa ideal para buscar un nuevo empleo o un aumento de sueldo o una promoción de puesto. Es un buen año para viajar, te sentirás con confianza y cubrirás todas tus expectativas. Serás un líder en este año. En la salud debes descansar y cuidar tus huesos, evitar los excesos y alimentarte bien.

Casa 7 Metal

Es la casa de la alegría y de la celebración. Te sentirás relajado, listo para descansar y disfrutar todos tus logros. Es la etapa de la diversión y la fiesta, todo es suave y el dinero llega con facilidad. Es buena época para juegos de azar o lotería. Reflexiona y cultiva tu mente y tu espíritu, la energía te permite hacerlo y te prepara para la meditación. En la salud cuida tus pulmones y el intestino delgado. Es una época de amores fugaces.

Casa 8 Tierra

Regresa la quietud y la calma. Es una etapa de transición para entrar a la casa del fuego. Estarás muy receptivo y puedes adoptar una actitud de rigidez, trata de ser flexible. Evita ser necio y antagónico, al igual que debes tener cuidado con discusiones y problemas legales. Evita las peleas. En la salud debes cuidar tus sistemas circulatorio y linfático, y tratar de realizar alguna actividad deportiva que traiga movimiento a este periodo estático de tu vida.

Casa 9 Fuego

Es la casa de la fama, la claridad, el brillo, el aspecto social. Serás reconocido y tu vida social se volverá activa. Todo lo que has hecho saldrá a la luz. Es la etapa de la comunicación, de obtener metas y cumplir tus ambiciones. Conocerás nuevos amigos y nuevas relaciones. Debes evitar los excesos y buscar cambios de imagen. Es la casa del reconocimiento. En la salud debes tener cuidado con el corazón y el agotamiento, trata de relajarte y no abusar de tu propia energía y del exceso de alimentos condimentados que pueden dañar tu intestino delgado y el colon.

Con esta información puedes predecir y organizar tus actividades para cada año de acuerdo con la energía que está rigiendo.

Con base en tu número Ki, o número personal, podemos hacer las siguientes recomendaciones:

❖ **1. Agua.** Es un año controvertido, los demás te verán como líder y te imitarán. Todo lo que digas será tomado muy en cuenta y te sentirás con mucha responsabilidad. Buen año para poner en orden tus finanzas. Cuidado con caer en el exceso de materialismo, ya que puede generar la sensación de frialdad y provocarte problemas de comunicación causando que puedes lastimar y ser hiriente con tus palabras hacia los demás. Te sentirás poderoso. Cuidado, el exceso de poder conduce al ego, y el ego puede convertirse en tu peor enemigo. Se presentarán excelentes benefactores en tu vida. Es el momento de desarrollar buenos proyectos. En la salud, cuida la cabeza y los pulmones. Bebe líquidos para favorecer tu salud. Tus colores este año: tonos térreos, dorados, plateados, blancos y oscuros.

❖ **2. Tierra.** Es un año para echarle ganas al aspecto espiritual. Trata de mantener los pies en la tierra. Recibirás constantes halagos y serás muy atractivo para los demás. Desarrolla las relaciones públicas. Es buen año para ganar juegos de azar y lotería. Será un año de diversión y alegría para ti. Todo te saldrá fácilmente. Ahorra y piensa en el futuro ya que no todos los años son igual de favorables. Tus colores para este año son: tonos térreos, dorados, plateados, blancos, tonos pastel y tonos oscuros. Emplea accesorios de metal y elegantes. Bebe líquidos, descansa, practica yoga o meditación.

❖ **3. Madera.** Es un año muy favorable para ti. Tendrás el control sobre todas las situaciones; año de buenas ganancias económicas. Las cosas saldrán con facilidad. Estarás contento. Cuidado con el exceso de poder, evita actitudes de soberbia, prepotencia y egoísmo. Disfruta tu hogar y tu familia. Cuida tu dinero y ahorra, no siempre hay años tan buenos como este. Te sentirás atraído hacia el estudio y la preparación, actualízate y eso te servirá para fortalecer tu magnetismo. Te darás a conocer por tu sabiduría. Año de éxito. Cuida tu estómago, el bazo y el páncreas. Tu sistema digestivo estará susceptible este año. Consume alimentos blancos para favorecer tu salud. Tus colores este año son: rojo, naranja, amarillo, dorado, tonos térreos, plateado y blanco. Rodéate de fibras naturales de origen natural animal, como piel, seda y lana.

❖ **4. Madera.** Es un año en el que te sentirás glamoroso, brillante y llamativo. Cuidado con el ego y la frivolidad. Evita emocionarte demasiado y desgastar tu salud, ya que puedes enfermarte. Ponle atención a la cabeza, el corazón y el intestino. Serás el centro de atención y tu vida social será activa durante este año. Tus colores para este año son: verde, rojo y amarillo. Rodéate de fibras de origen natural, ya sea vegetal o animal, puedes vestir de lino, algodón, seda o piel. Puedes usar plumas de aves o colocar nueve plumas de pavorreal en el sur para reforzar tu energía personal. Los zapatos de puntas marcadas son los ideales para ti este año.

❖ **5. Tierra.** Es un año en el que te sentirás reflexivo, analítico, buscarás la esencia en todo a tu alrededor. Te sentirás atraído por la lectura, el arte y la introspección. Debes tener cuidado de evitar las depresiones y la sensación de soledad. Trata de activar tu vida social y practicar algún deporte. Tus colores este año son: blancos, tonos oscuros y verdes. Rodéate de texturas suaves y fibras textiles de origen natural vegetal, como el algodón y el lino. Coloca cuatro plantas naturales en el norte para atraer éxito y prosperidad, también las puedes colocar en el sureste. Los accesorios metálicos son ideales para ti este año.

❖ **6. Metal.** Es un año en el que puedes vivir etapas de ternura y amor. Te sentirás con un gran interés en ayudar a otros y formar parte de grupos de ayuda social. Estás en el momento preciso para iniciar proyectos que fructificarán muy pronto. Te sentirás activo y tomado en cuenta. Serás un gran apoyo para quienes trabajan y conviven contigo. Tu energía estará brillante y llamativa este año. Tus colores este año son: rojos, naranjas, amarillos, dorados, tonos térreos y blancos. Rodéate de texturas brillantes y llamativas, fibras de origen natural animal, como seda, lana y piel. Los zapatos de punta y tacón cuadrado son ideales para ti en este año.

❖ **7. Metal.** Es un año especial para ti. Tendrás el control sobre tus decisiones. Te sentirás creativo y querrás experimentar todo tipo de situaciones extremas. Debes evitar los enojos y los corajes o se reflejarán en tu hígado y vesícula. Evita correr riesgos innecesarios para prevenir los accidentes inesperados. El éxito se presenta por medio de la originalidad y lo inesperado, planea todo de manera vanguardista y confía en tu originalidad. Tus colores este año son: tonos oscuros, verdes y rojos. Las fibras textiles de origen natural vegetal como lino y algodón. Accesorios y adornos de madera, paisajes boscosos o naturales serán excelentes para inspirarte durante este año. Consume alimentos rojos para controlar el exceso de impulsos. La mejor terapia para ti este año es reírte.

❖ **8 Tierra.** Es un año de éxito para ti, el dinero llegará fácilmente. Estarás alegre y sociable, las cosas saldrán bien, como las planeas. Estarás inquieto y productivo. Es un año de mucha productividad y éxito con respecto a relaciones públicas. Estarás magnético y habrá bastante romance para ti. Aprovecha esta buena etapa. Tus colores este año son: tonos oscuros, verdes, rojos y tonos brillantes. La clave para ti este año es tu mirada. Evita caer en chismes y situaciones malintencionadas para que no te sientas confundido. Rodéate de plantas y paisajes naturales, el agua es clave para que sientas que todo fluye a tu alrededor.

❖ **9 Fuego.** Es un año de éxito, la carga del año anterior se vuelve más ligera y hay un gran impulso en todo lo que realices. Este año cosecharás y disfrutarás de tus logros, y tus metas serán cumplidas con facilidad. Trata de descansar y controlar tus gastos e impulsos, el dinero llegará fácilmente. Es un año muy favorable para disfrutar y divertirte. La energía está a tu favor. Es un año de muchas emociones y situaciones de todo tipo. Puede ser un excelente año para ti si lo sabes aprovechar. Rodéate de elemento fuego, es decir, fiestas, alegría. Viste con fibras de origen natural animal, como piel y seda. Tus colores este año: rojo, naranja, amarillo, dorado, tonos térreos y blancos. Cuida tu estómago, el bazo y el páncreas. Consume alimentos blancos para fortalecer tu salud.

PREDICCIÓN MENSUAL

Esta predicción se aplica de la misma forma que la anterior, recorriendo de la casa 1 a la 9, comenzando nuevamente por la 1, y afecta o se relaciona directamente con las emociones y el estado de ánimo.

Para determinar la casa que se visita por mes, busca en la parte superior de la gráfica que se presenta a continuación el número del año y en el lado izquierdo el mes. En el punto donde se cruzan encontrarás el número de estrella que está rigiendo en ese mes en la casa central.

AÑO 2018

	1, 4, 7	5, 2, 8	3, 6, 9
Febrero 4-marzo 5	8	2	5
Marzo 6-abril 5	7	1	4
Abril 6-mayo 5	6	9	3
Mayo 6-junio 5	5	8	2
Junio 6-julio 7	4	7	1
Julio 8-agosto 7	3	6	9
Agosto 8-septiembre 7	2	5	8
Septiembre 8-octubre 8	1	4	7
Octubre 9-noviembre 7	9	3	6
Noviembre 8-diciembre 7	8	2	5
Diciembre 8-enero 5	7	1	4
Enero 5-febrero 3	6	9	3

Este año la energía reinante es 9 Fuego. Para determinar las características de las casas mensuales recurrimos a la descripción de las casas que se hizo en el punto anterior.

De esta forma podrás establecer las mejores actividades a realizar por mes en un año determinado relacionándolas con el tipo de año por el que se está atravesando. Se convierte en un excelente recurso para establecer una alianza con las estrellas y obtener los mejores beneficios fluyendo con ellas. Por todos estos conceptos este antiquísimo sistema de astrología sigue siendo una útil herramienta para determinar nuestra personalidad, comportamiento, reacciones, aspectos y experiencias de un año determinado y un mes específico.

A nivel personal, durante el año se pueden determinar direcciones cardinales favorables y desfavorables hacia las cuales viajar.

VIAJES Y CAMBIOS

Para determinar los mejores meses o años para viajes o cambios seguiremos empleando el cuadrado mágico y los números personales. Traza y calcula el cuadrado del año o del mes que deseas investigar. Ubica la casa que estás visitando y localiza la ubicación del número 5. De esta forma presentaremos las seis direcciones no favorables para hacer cambios; si alguna de estas no se presenta en tus cálculos, entonces estás en el mejor momento para realizarlos.

2018

S

1	6	8			9	5	7			8	4	6
9	2	4		E	8	1	3	O		7	9	2
5	7	3			4	6	2			3	5	1

N

7	3	5		6	2	4		5	1	3
6	8	1		5	7	9		4	6	8
2	4	9		1	3	8		9	2	7

4	9	2		3	8	1		2	7	9
3	5	7		2	4	6		1	3	5
8	1	6		7	9	5		6	8	4

❖ Evita viajar o moverte hacia la dirección en que se ubica la casa que estás visitando.
❖ Evita viajar al extremo o dirección opuesta en que se ubica la casa que estás visitando.
❖ Evita moverte hacia donde se ubica el número 5 en el cuadrado mágico del año o mes que estás calculando. El

numero 5 se considera de extremo peligro para viajes o cambios.

❖ Evita cambios o viajes hacia el extremo o dirección opuesta en que se encuentre el 5.

❖ Evita viajar cuando tu número esté al centro.

❖ Evita viajar cuando el 5 esté al centro.

Estas son las seis direcciones o movimientos no recomendables. Esperamos que esta información te sea de utilidad para planear tus cambios de casa y trabajo, y establecer direcciones hacia donde viajar y moverte con mayor tranquilidad, seguridad, equilibrio y éxito.

Cada dirección hacia la que nos movamos tiene una determinada energía favorable para determinadas situaciones que afecta nuestro Chi o Ki personal. Esto es variable cada año, ya que, independientemente de influir en nosotros con la energía de la dirección, también recibimos energía referente o característica del número que está visitando esa dirección en ese momento.

DIRECCIONES, VIAJES Y CAMBIOS

1 Norte

Viajar o moverse hacia el norte te hará sentir más independiente, más libre, pacífico y objetivo. Es la dirección ideal si estás buscando privacidad, alejarte un rato del mundo, sentir romanticismo, escribir un libro, reestructurar tu vida, hacer planes futuros. Muy adecuada para trabajar en cuestiones artísticas y para recuperar tu salud, convalecencia, descanso.

2 Suroeste

Viajar y moverse hacia esta dirección es adecuado cuando buscamos volver más práctico nuestro punto de vista, atraer a nuestra vida el compañerismo, la labor de equipo, la maternidad, desarrollar amistades, proyectos. También es adecuada para promover la estabilidad en nuestra vida y mejorar la comunicación y nuestra relación sentimental. El acercamiento a nuestra pareja, consolidar la relación matrimonial, afianzar la relación materno-pareja.

Cambiar nuestro estilo de vida y mejorar nuestra calidad de vida.

3 Este

Esta energía despierta la ambición, promueve el crecimiento, la confianza y el entusiasmo. Te hace sentir más activo, creativo y ayuda a reconstruir y rediseñar tu vida. Es ideal para iniciar un negocio, una expansión de la compañía o empezar un nuevo empleo.

4 Sureste

Un movimiento hacia esta dirección despertará la creatividad, revolucionará tu energía. Te sentirás fresco, libre, artístico. Ideal para desarrollar las ideas y los proyectos más locos y originales. Despertará la tenacidad y la perseverancia, tendrás ganas de hacer ejercicio y estar activo. Muy recomendable para iniciar una relación que llegue al matrimonio.

6 Noroeste

Es una dirección recomendada cuando quieres controlar tu vida, tus proyectos. Si sientes que necesitas establecer reglas y parámetros, el noroeste favorecerá el establecerte, el analizar con lógica y frialdad las situaciones. Es una energía de consolidación, honorabilidad y respeto.

7 Oeste

Es la energía que te permite disfrutar de la vida, el glamur, el romance, el matrimonio, la elegancia, la distinción y la tranquilidad económica. Es muy recomendable cuando deseas componer o arreglar tu situación financiera.

8 Noreste

Es una dirección de motivación, estructuración, consolidación, planeación, aclarar las ideas. Sirve para darle giros y cambios a nuestra vida, ideal para los romances pasajeros.

9 Sur

Esta dirección atraerá fiesta, alegría, reconocimiento, pasión, emoción y diversión a nuestra vida. Es ideal para recibir reconocimientos, premios, expresarte y brillar socialmente. Muy adecuada para la actuación. Sirve para reforzar el aspecto social.

Durante el año 2018 es importante evitar viajar durante los meses de febrero y noviembre, ya que la estrella 5 se encuentra al centro. Evitar viajar durante todo el año hacia el norte y hacia el sur.

7. ASTROLOGÍA CHINA Y FENG SHUI
Pronósticos

Este año que inicia corresponde al año del perro, este es un signo de elemento fijo tierra, y por elemento variable le corresponde la tierra, ya que este año 2018 termina en 8. Es la undécima de las Doce Ramas Terrestres. En chino se llama *Xu* y simboliza protección, lealtad, servicio, valentía y hospitalidad. Se caracteriza por ser un signo fuerte y protector hacia aquellos que considera su responsabilidad; es celoso y dedicado, ágil, inteligente, servicial, siempre está alerta, es extremista: blanco o negro: amigo o enemigo, es generoso, paciente, organizado, familiar y hogareño. La naturaleza del perro es honesta y valiente, siempre está listo para luchar por una causa o apoyar a sus amigos que estén en problemas. Es sensible y empático hacia los demás, sobre todo si han sido víctimas de injusticias o atropellos, sus reacciones son rápidas y solidarias. Se sostiene en sus promesas y compromisos, y mantiene el control en situaciones de crisis. Es poco común que se retraiga de un compromiso ya adquirido. Es detallista y analiza a profundidad, descubre y encuentra las debilidades y errores así como los aspectos imperceptibles para los demás. Esto lo convierte en un ser muy crítico y exigente. Considera la honestidad como el principal valor. No se preocupa ni guía por la superficialidad, ama la esencia, la confianza y el entusiasmo. Le gusta la estabilidad y se manifiesta pesimista y desgastado en situaciones que salen de su control, le asusta el cambio. Tiende a alejarse y aislarse en situaciones de tristeza o pesar. Le gusta que todo se realice de la mejor manera y le provoca ansiedad la presencia de problemas y conflictos suyos y de sus amigos. Se preocupa demasiado, así que se adelanta a situaciones que aún no suceden, tiene un fuerte problema con el tema del control de lo que le rodea y se presenta. Su sentido de responsabilidad, tenacidad y compromiso es fuerte, sin embargo, necesita relajarse de vez en cuando y enfrentarse a que no es responsable de todo lo que sucede en su entorno. Es respetuoso y respeta a las personas que respetan a los demás. Tiene un buen sentido del humor. Su debilidad es la tendencia a confiar ciegamente en otros y caer en engaños y traiciones fácilmente. Son incapaces de mantener secretos, por lo que constantemente tienen que estar arreglando malentendidos. Su temperamento es fuerte y pierde el control rápidamente. Cínicos e idealistas, con altos niveles de moralidad pero dudosos y ansiosos.

El perro de tierra que rige en 2018 se caracteriza por ser estable y seguro, nada superficial ni volátil. Optimista, recibe las situaciones como se presentan, es sensato, humano y balanceado, y no sufre por lo que no puede obtener. Práctico y demasiado realista, idealista a su manera, siempre estará disponible para apoyar a quien sea. Busca altos niveles de calidad y sus exigencias son altas, por lo cual es fácil desilusionarlo o defraudarlo. No es rencoroso y no le gusta exagerar los problemas ni victimizarse.

Por consiguiente, es un año que se perfila como estable, profundo, solidario. Un año de tenacidad y perseverancia, de defender las creencias y apoyos mutuos. Año en búsqueda de justicia y de constante cuestionamiento y enfrentamiento por situaciones deshonestas y poco claras.

Movimientos fuertes a favor de lo humano, de lo justo, de lo establecido. Mucho alegato y reclamo, no será fácil convencer con argumentos superficiales y banales. Año de conocimiento y estudio, de perfeccionar y sustentar lo que se realiza de manera clara y objetiva. Constantes reclamos y manifestaciones sociales durante el año.

Año optimista, alegre. El éxito o fracaso del perro radican en que exista alguien que le enseñe y lo guíe por un buen camino; es importante para él ser guiado, no sale adelante solo con su talento y habilidades, por lo que es un año para apoyarnos con personas sabias, responsables, que nos puedan guiar y ayudar a tomar decisiones adecuadas. Cuidado con creer de manera inocente en promesas de líderes o personas que pueden abusar y aprovecharse de la ignorancia y desesperación.

Habrá alegatos y discusiones constantes entre grupos y personas que buscan imponer su creencia o razón.

Se percibirá un año lento, a ratos demasiado quieto y detenido. Se puede caer en la apatía y la falta de interés. Se percibirá necedad e imposición en el ambiente, por lo que es recomendable ejercitarse, ser paciente, tolerante pero hábil e individualista, tomar decisiones propias y no dejarse llevar por situaciones cómodas y promesas idealistas.

Año de engaños y manipulación, es importante poner en orden las ideas, los planes y las emociones para evitar ser víctima de ese tipo de situaciones.

En lo profesional es un año con tendencia a cambios, situaciones inesperadas y variables. Es adecuado capacitarse e invertir el tiempo en aprender y desarrollar nuevas actividades para salir adelante. Año para poner todo el talento y la creatividad a trabajar. La iniciativa, el reinventarse y el arriesgarse es la clave, desarrollar proyectos y conceptos nuevos y diferentes a lo que creemos seguro y estable. Tener muy claras las metas en lo profesional, ser flexible y adaptable, explorar todo tipo de posibilidades y evitar encapricharse en una sola actividad y proyecto. Es un año con llegada de ingresos económicos inesperados, por lo que no se recomienda subestimar esquemas nuevos y diferentes de trabajo que se presenten. ¿Cómo reducir los riesgos de cambios drásticos en el trabajo? Con orden y disciplina. No es adecuado confiarse en exceso ni sentirse muy seguro de lo que se tiene; hay que poner todo el empeño y esfuerzo al 100%, ser competitivo y enfocarse en excelencia, cuidar los más mínimos detalles y esmerarse en la comunicación, exposición y presentación de lo que se realiza. La competencia profesional será fuerte y crítica.

La clave de este año: tenacidad y perseverancia, no darte por vencido, mantenerte firme y decidido, proteger y cuidar lo tuyo y enfocarte en la familia y el hogar.

Evita comprometerte y prometer cosas difíciles o imposibles de cumplir. No es un año para guiarse por el ego y la soberbia, hay que ser honesto, claro y directo con lo que se puede ofrecer y cumplir ahorrará malos entendidos, problemas y presiones excesivas.

Año con tendencia a pleitos, discusiones y problemas fuertes relacionados con hombres jóvenes reclamando derechos y defendiendo creencias. Rebeldía y necedad, inflexibilidad e incapacidad de negociar serán características de los hombres jóvenes.

Se pueden presentar divisiones, separaciones y traiciones fuertes a nivel familiar, y entre organismos y relaciones establecidas tradicionales o de mucho tiempo atrás. Se puede presentar la disolución de sociedades y convenios importantes entre empresas y países.

Se percibirá un buen año en lo económico, habrá fluidez y movimiento de dinero el año será favorable para invertir en bienes raíces y negocios nuevos. Las actividades más favorecidas se relacionarán con el hogar, construcción, insumos, limpieza, maternidad, decoración, diseño interior, distribución y venta de alimentos, ganadería, seguros, seguridad y todo lo asociado con estabilidad y solidez.

Este es un año muy favorecido para las mujeres jóvenes en lo profesional y económico, destacarán y obtendrán reconocimiento y éxito.

Compite y destaca con argumentos, no con caprichos ni necedad; este año gana quien convence con sabiduría y honestidad.

Será un año de reconocimiento, tanto de lo bien hecho como de lo mal hecho. Cuidado con la corrupción y el abuso, la tendencia será fuerte. Evitar caer en sobornos y situaciones que te pueden perjudicar demasiado fácil. Recomendable reflexionar sobre el futuro durante este año, ¿qué quieres en tu vida y qué no?

Año donde la vida social, el glamour, la moda y la banalidad se sentirán reprimidas. La creatividad, la innovación, las ideas locas y espontáneas reinarán; lo inesperado e inverosímil será bien recibido. Lo más valorado: el orden, la claridad, la disciplina. Cuidado con la crueldad y la frialdad. La comunicación profunda, lo artístico, la expresión de las emociones se sentirán reprimidas, por lo que se sugiere tener cuidado con las depresiones.

Buen año en el amor, habrá honestidad y sinceridad. Establecer metas y planes en pareja será de mucha ayuda para lograr los proyectos juntos. Año de compromisos y matrimonios. Durante este año se pueden establecer relaciones largas, duraderas, leales y profundas. Se percibirá confianza en el ambiente.

Es importante poner atención a la salud de los niños, sobre todo en el sistema respiratorio, digestivo, los nervios y huesos.

Evita caer en gastos excesivos y superficiales o puedes involucrarte en deudas y situaciones enfermizas en lo económico, es un año para invertir, no para despilfarrar.

Buen año para planear y estructurar proyectos a futuro con proveedores y clientes. Se percibirán apoyos, y buenos apoyos si se trabaja en equipo, no es año para pelear por liderazgos, el éxito del año se encuentra en trabajar y proyectar en conjunto.

Año de sindicatos y movimientos sociales y populares.

El poder y control de la tendencia del año estarán en la innovación y la reinvención. No busques imponer, ¡convence!

Equilibra la sensación de lentitud y estancamiento del año conectando a la libertad y la claridad, es decir, organízate, planea, estructura, mantente realista, muévete y no improvises. Es un año que requiere disciplina y firmeza. Enfócate en trabajarla a través de la motivación, la autoconfianza y el reto.

Se percibirá aburrimiento, conformismo y tedio en el entorno y el ambiente; año con sensación de pocas opciones de elección o cambio. La manera de crearlo y generarlo radicará en la creatividad, el movimiento, el dinamismo, la iniciativa, el ejercitarse, es decir, realizando actividades diferentes a las que acostumbramos, entrando en contacto con la naturaleza y el aire fresco, cuidando nuestra alimentación y cambiando hábitos pasivos.

Este año será favorable para concretar y aterrizar proyectos, para ahorrar y retener oportunidades.

Etapa de convivencia alegre y agradable con familiares y amigos, el año estará lleno de eventos y reuniones. Los apoyos y opciones se presentarán por medio de amigos y conocidos, es buen momento para practicar las relaciones públicas. Las puertas se abrirán a través de la buena convivencia y los eventos sociales. Es un año de relaciones humanas.

La frase de este año es: **confío en mi capacidad, experiencia y sabiduría, yo puedo.**

Es un año de argumentaciones y necedades, ¡Corre de la apatía y el tedio! Fluye, negocia y muévete.

En la salud se recomienda poner atención a vejiga, riñones, órganos sexuales, sangre, estómago, bazo, páncreas, hígado, vesícula, músculos, corazón e intestino delgado. Recomendable meditar, practicar deporte, yoga, consumir alimentos blancos y oscuros.

Las mujeres jóvenes destacarán en el ámbito de la creatividad, las becas y los estudios.

Durante el año se presentarán etapas de llegada inesperada de dinero, es importante ahorrarlo e invertir a futuro. Es un año para trabajar en equipo y buscar ser equitativos.

Los hombres jóvenes de casa y de la familia (hijos mayores) deben tener cuidado, se presentará tendencia constante a tener accidentes.

Las epidemias y problemas graves de salud se presentarán hacia el oeste de las ciudades, países y continentes. Habrá tendencia a tumoraciones.

Año de turbulencia política, de enfrentamientos y cuestionamientos constantes, contradicciones, alianzas desesperadas e incongruencias.

Año de obsesiones, ¡relájate!

Situaciones fuertes asociadas con madera, tierra y agua, es decir: inundaciones, tsunamis, temblores, erupciones volcánicas, deslaves, tornados y huracanes. Principalmente en el centro, norte y oeste de las ciudades, países y continentes. Explosiones, incendios, guerras en el noreste y sureste de las ciudades, países y continentes. Accidentes fuertes asociados con autos, trenes, aviones o vehículos hacia el este de las ciudades, países y continentes.

Los robos, fraudes, pérdidas y situaciones accidentadas se presentarán con mayor tendencia en el este de las ciudades, países y continentes. Cuidado con accidentes que involucren a familias o grupos de personas.

Pleitos, guerras, reclamos, discusiones y malentendidos fuertes entre países, políticos y líderes religiosos, y personajes de poder se presentarán en el noreste de las ciudades, países y continentes.

Situaciones drásticas, inesperadas, cambiantes y sorpresivas en el norte de las ciudades, países y continentes. Se presentará inestabilidad a nivel empresarial y político.

La planeación y el crecimiento económico se presentarán en el sureste, centro, noroeste y suroeste de las ciudades, los países y los continentes.

Es un año de elemento tierra: estable, quieta, paciente, fértil, observadora. Esto favorece las actividades relacionadas con bienes raíces, cuestiones asociadas al hogar, ganadería, siembra, arquitectura, construcción, abarrotes, contabilidad, remodelaciones, decoración. Se percibirán controladas y lentas las actividades relacionadas con la comunicación rápida, la moda, el entretenimiento, los restaurantes, relaciones públicas, belleza, salones de fiestas, eventos, oculistas, actuación, danza, baile, mercadotecnia, yoga, aparatos eléctricos, tecnología, spa, escuelas de meditación, líquidos, laboratorios, farmacéuticas, albercas, arte, mancias, comunicación.

Serán favorecidas las actividades relacionadas con administración, ingeniería, coches, medios de transporte, bancos, inversiones, metalurgia, abogacía, notarios, galerías de arte, apuestas, especulación.

Lo relacionado a creatividad, la infancia, el deporte, la productividad, la agricultura, las plantas, las flores, editoriales, publicidad, diseño, escuelas, se verán impulsadas y fluyendo con facilidad.

La etapa de tedio del año será en abril, julio, octubre y enero 2019. La etapa más compleja del año será invierno (noviembre y diciembre). La etapa que se sentirá fluida del año será otoño (agosto y septiembre), la de guerras de poder y fortaleza la primavera (febrero y marzo). La etapa lenta del año será verano (mayo y junio).

El elemento clave por integrar durante este año en la decoración de casa es el metal: blanco, rosa, plateado, tonos pastel, metálicos, formas redondas, ovaladas, adornos metálicos, cuarzos, piedras. Esto pondrá la energía del año en equilibrio y crecimiento. Todo ello te ayudará a mantener el crecimiento constante durante este año y concretar tus planes y proyectos, reduciendo la tendencia a la apatía, conformismo, tedio y pesadez que puede llegar a regir.

Coloca un objeto de metal o un tazón de cerámica o porcelana con cuarzos, piedras o monedas en el sector noroeste 1 (entre 292.5 y 307.5 grados), al centro o en el sureste 1 (entre 112.5 y 127.5 grados) de tu casa u oficina durante todo el año.

Los colores para este año: plateado, gris, blanco y tonos pastel.

El elemento variable del año es la tierra, que se encuentra en similitud y sinergia con el elemento fijo: tierra del perro, por lo que se presentará fuerte con tendencia al exceso, por lo que es recomendable apoyarnos en el elemento que reduce a la tierra: el metal, para equilibrar la carga energética del año. De esta observación se deduce que agosto y septiembre pueden presentarse con sensación de movimiento, equilibrio, fluidez y libertad. Por otro lado, los meses asociados con el elemento tierra: abril, julio, octubre y enero de 2019 se percibirán estables con tendencia a aburrimiento, sensación de pesadez y apatía, lo mismo puede suceder en verano (mayo y junio).

Por lo mismo se considera que para los signos del mono y el gallo puede ser un año de crecimiento constante en lo que se refiere a la toma de decisiones con tendencia a abundancia y buenos negocios pero rodeados de competencia y guerras de poder, ya que su relación con el signo perro no es muy buena. Para los signos de dragón, cabra, perro y buey puede ser un año estable y cómodo pero pueden sentirse aburridos y apáticos. A estos signos se les recomienda emplear el elemento metal durante este año: colores blanco, gris, plateado, tonos pastel. Alimentos de esos colores. Realizar actividades que involucren el orden, la disciplina y la claridad mental: limpiar clósets, ordenar documentos, ajedrez, lectura.

El elemento fuego durante el año del perro, se encontrará reducido, debido a ello es que se mencionó que el verano se manifestará tedioso y lento (mayo y junio), por lo mismo, para los signos de serpiente y caballo puede ser un año donde se sientan ignorados, detenidos, estancados, con poco crecimiento, de aburrimiento y pesadez. A estos signos se les recomienda emplear el elemento madera durante este año: colores verde, turquesa, plantas, flores. Alimentos de esos colores. Realizar actividades asociadas a creatividad, ejercicio, movimiento.

El elemento en desequilibrio o debilitamiento este año es agua. Acorde con ello es que se prevé que el invierno (noviembre y diciembre) será la etapa más complicada del año.

Aquellas personas cuyo signo es cerdo y rata se pueden sentir abrumadas, presionadas, detenidas y controladas, se les recomienda emplear el elemento metal durante este año: colores blanco, gris, plateado, tonos pastel. Alimentos de esos colores. Realizar actividades que involucren el orden, la disciplina y la claridad mental: limpiar clósets, ordenar documentos, ajedrez, lectura.

El elemento madera se encontrará en posición de poder, así como de abuso y fortaleza durante el año, por ello la primavera (febrero y marzo) se espera como un periodo de crecimiento, pero de desacuerdos y guerras por poder.

Aquellas personas cuyo signo zodiacal es tigre y conejo se pueden manifestar mandones, rígidos e inflexibles, así como poco tolerantes y muy sensibles, se les recomienda emplear el elemento fuego durante este año: colores rojos, naranjas, rosa brillante, alimentos rojos. Realizar actividades que expresen y fomenten la pasión, como la feria, la montaña rusa o la rueda de la fortuna.

El elemento sugerido para los signos anteriores se puede colocar en los sectores cardinales que corresponden al signo y que se mencionaron con anterioridad en este libro.

Aquello que debemos enfatizar durante el año en nuestro entorno pertenece al elemento metal. Esto nos ayudará a impulsar la energía reinante durante el año y nutrir nuestros planes y proyectos, así como favorecer el crecimiento y el desarrollo.

De acuerdo con esta información, puedes elegir dentro del elemento metal aquello que se asocia con él para utilizar en casa durante el año perro de tierra.

Si deseas aplicar en el vestir el uso de los elementos para equilibrar la energía durante el año del perro de tierra, a continuación presentamos las opciones para metal, elemento recomendado para el año que está por comenzar.

El elemento metal se asocia con los colores platas, metálicos, grises, blanco, tonos pastel. Los dibujos ideales en telas y mascadas son los círculos y los óvalos. Las fibras o telas brillantes. Los zapatos y tacones de forma circular y curva. Accesorios y collares, pulseras, aretes de forma redonda, cuarzos, gemas y piedras preciosas de colores blanco, gris y plateado.

Otra forma para fortalecer la energía del año del perro de tierra es colocar un perro pequeño de metal, piedra, cerámica, pasta o cualquier otro material en la construcción, se puede colocar en el este y noroeste de la casa o traer un amuleto de perro de cuarzo, de plata, de madera, de cerámica (de cualquier material) durante el año que está por comenzar. Otra opción sería poner un conejo de cualquier material en el noroeste de la construcción o traerlo con uno, ya que este signo es el mejor amigo del perro. También es adecuado colocar una escultura de perro a un lado de la puerta de entrada y, si lo deseas, una de un conejo.

El perro se considera un símbolo de lealtad, valentía, fidelidad y protección en China, si lo colocas a un lado de tu puerta de entrada viendo hacia fuera, alejará las malas intenciones hacia la casa y sus habitantes.

Perro en el año del perro

Es un año mezclado para el perro. Se encontrará presionado y se comportará perfeccionista, un poco obsesivo y peleando consigo mismo, digamos que intolerante. Es un periodo donde debe darse la oportunidad de planear y soñar, relajarse y fluir. Se sentirá poderoso y fuerte, por lo que se puede manifestar mandón y rígido. Para evitar desastres es importante ser muy cuidadoso en todos los aspectos de su vida y en lo que realice, escuchar opiniones y controlar sus palabras y evitar ser explosivo. Por ello se puede ver envuelto en discusiones, malestares y achaques. Tener sus espacios, cosas y documentos en orden, ya que va a sentir su entorno fuera de control. Sus principales malestares se asociarán con el sistema digestivo, fluidos del cuerpo, vejiga y órganos sexuales. Si controla su temperamento puede ser un buen año en lo económico y el amor; si no, puede verse rodeado de discusiones y malentendidos provocados por su poca tolerancia. Lo que inicie durante este año puede tener y generar muy buenos resultados durante los próximos nueve años, es un año de buenos inicios y planes para el perro. Debe evitar abusar del poder y la fuerza que tendrá durante el año. Etapa para enfocarse en disfrutar su casa, su familia y su pareja, buen año para ahorrar e invertir. Apoyarse en su nobleza y sentido común.

Su amuleto: tres monedas chinas amarradas con hilo o listón rojo, un pi yao.

Rata en el año del perro

Para la rata, este es un año no muy favorable, debido a que sentirá su espíritu aventurero limitado y controlado. Sin embargo, se presentarán oportunidades de cambio y promoción en el trabajo con posibilidades de mejorar los ingresos económicos. Debe mantenerse alerta, ya que estará rodeada de situaciones imprevistas e inestables durante todo el año. Se puede sentir agotada de estar resolviendo esto todo el tiempo, se sugiere que apoye su energía para lograr destacar en lo profesional actualizándose con cursos. En lo referente al amor se presentará un año de mucho magnetismo, muchas citas y encuentros, le costará trabajo distinguir el verdadero amor de las aventuras. Si tiene pareja debe tener cuidado, ya que puede terminar su relación por coquetería excesiva e infidelidades. Poner orden en sus emociones y sentimientos, establecer metas e ir detrás de ellas es clave para tener un año con resultados positivos de crecimiento y desarrollo para ella. ¡Claridad! En la salud se sentirá cansada y exhausta, debe cuidar su sistema digestivo, el bazo, el páncreas, la vejiga, los fluidos del cuerpo y los órganos sexuales. Nada grave, solamente achaques. Enfocarse en explotar su audacia y habilidad.

Su amuleto: tres monedas chinas amarradas con hilo o listón rojo, una tortuga con cabeza de dragón o un chi lin (caballo con cabeza de dragón).

Buey en el año del perro

Este es un año lento para el buey, lo sentirá atorado y detenido, mejorará los últimos tres meses del año. En lo profesional se sentirá poco útil o apoyado, estancado. No percibirá que su potencial es valorado y eso lo desesperará constantemente. Debe evitar ser antagónico y obcecado, así como reaccionar agresivo y violento. Se verá envuelto y rodeado de pleitos todo el año. Se sugiere que controle su impulsividad y terquedad, no enfrascarse en alegatos constantes ni argumentaciones, puede perder más de lo que gane. Es un año para ser paciente y realista. Tener cuidado con documentos, se pueden presentar demandas y conflictos legales. Debe ser analítico, sensato y observador durante el año. En el amor es recomendable el control, ya que puede estar envuelto en discusiones y desencuentros todo el año. Importante apoyarse en optimismo y orden, disciplinarse y tomar el control de sus emociones y temperamento. Practicar meditación y relajación. En la salud: cuidado con el estrés y el sistema digestivo, el corazón y el intestino delgado. Practicar natación para descargar el exceso de energía que tendrá y sentirá bloqueada.

Su amuleto: tres monedas chinas amarradas con hilo o listón rojo, una tortuga con cabeza de dragón o un chi lin (caballo con cabeza de dragón).

Tigre en el año del perro

Es un año muy favorable para el tigre. Es un buen amigo del signo perro, por lo que gozará de buena fortuna durante todo el año. Debe tener cuidado de no abusar de su buena suerte y no ser peleonero o agresivo. Controlar el ego. En lo profesional se presentarán buenos aspectos y oportunidades tanto para ascensos en el puesto de trabajo como para iniciar negocios de manera independiente. Se recomienda que ponga atención a documentos y lo que firma, pues se pueden presentar malentendidos y demandas, así como problemas legales. En el amor debe ser prudente y evitar idealizar a cuanta persona conoce, es un año para disfrutar y gozar en lo emocional. Si tiene pareja, será un año equilibrado y divertido. En la salud es importante cuidar su impulsividad y amor por la aventura, ya que puede sufrir lastimaduras de cabeza, piernas y espalda. Le favorecen las relaciones públicas, las fiestas y reuniones, encontrará y conocerá personas que le apoyarán y propondrán negocios positivos.

Su amuleto: tres monedas chinas amarradas con hilo o listón rojo, un pavorreal.

Conejo en el año del perro

Año de buenos aspectos para el conejo, es el mejor amigo del signo perro. Crecimiento y proyectos importantes en lo profesional, cuida tus ideas y propuestas, puede haber personas que te las copien o roben. Si tienes un negocio propio, necesitarás apoyo y ayuda de más personas debido a que te sentirás saturado. En otoño será la mejor etapa para mejoras y crecimiento profesional.

Es muy posible que tengas la sensación de desfase con respecto al año, es decir, que el año va a otro tiempo del que van tu mente y tus planes. Cuidarse de traiciones. En el amor es muy posible que se presente matrimonio; si ya estás casado es un muy buen año en el amor: entendimiento, comprensión y apoyo. Meses más favorables para casarse: septiembre y octubre. En salud es un año accidentado: tropezones, torceduras, lastimaduras. Te favorece meditar, practicar yoga, natación, las fiestas, las relaciones públicas y reuniones.

Su amuleto: un rinoceronte, un pavorreal, una pagoda o un pez.

Dragón en el año del perro

Año de retos y obstáculos para el dragón, ser enemigo del signo perro tendrá su cuota. Tendrá que poner un esfuerzo extra en todo lo que realice y la retribución será poca. Se le consideraría un año de supervivencia para el dragón. Se presentarán buenas ganancias económicas, pero habrá dificultad para retenerlas. Evita cambiar de trabajo o iniciar negocios y proyectos nuevos, el riesgo es alto. La clave para este año: tolerancia. Sentirá el año lleno de obstáculos que sortear, dudas, temores. Mantenerse claro, honesto, directo, firme y decidido. Ser administrado y evitar gastos superfluos e innecesarios. En el amor es recomendable poner atención a la pareja o puede haber engaños y separaciones. En la salud no se presentarán situaciones fuertes, solo algunos malestares estomacales y pulmonares.

Su amuleto: peces dobles, un pi yao, un caballo.

Serpiente en el año del perro

Año prometedor para la serpiente, los aspectos profesionales y económicos serán favorecidos principalmente en primavera y verano. La abundancia, el crecimiento profesional y la buena fortuna estarán de su lado. Se sentirá segura, estable y decidida. Es recomendable invertir, buscar proyectos y planes nuevos; año favorable para ahorrar. Se sugiere sea discreta y creativa, que explore actividades nuevas y diferentes: innovar. En el amor se perfila un buen año, con algunos tropiezos al principio, después del otoño será más armonioso. Noviembre es un mes favorable si planea casarse. La salud no presentará aspectos complicados, malestares relacionados con insomnio, cansancio y cuestiones digestivas. Le favorecerá realizar ejercicio, practicar respiraciones, jardinería, diseño floral.

Su amuleto: peces dobles, un ruyi.

Caballo en el año del perro

Año muy positivo para el caballo, habrá armonía, éxito, reconocimiento, abundancia y alegría. Será un año de buenas noticias y constantes proyectos. Habrá prosperidad y oportunidades, por lo que se recomienda estar alerta y atento, meditar y tomar buenas decisiones, controlar los impulsos para obtener el mejor beneficio. Es una etapa de romance, viajes y crecimiento profesional. Ser amigo del signo del perro traerá su recompensa. Recurre a las relaciones públicas con todos tus colegas y amigos, puede haber apoyos para recomendaciones y promociones laborales. Una muy buena oportunidad se presentará en otoño. Muy buenos aspectos en el amor y el romance, un buen año para la vida familiar en armonía y vida social activa. En la salud es recomendable poner atención a problemas circulatorios y del corazón. Cuidar la dieta, consumir vegetales, practicar deporte.

Su amuleto: un globo terráqueo.

Cabra en el año del perro

Año de buena energía y fortuna para la cabra. Se recomienda sea cuidadosa y ponga atención a su alrededor para reducir riesgos de pérdidas y agresiones. Es adecuado que ponga orden en sus ideas y proyectos, establecer metas claras y no improvisar. Tener un buen control de sus finanzas. Evitar ser demasiado rígida durante el año, ya que se puede manifestar dura, fría y tajante. Obtendrá buenas ganancias económicas, reconocimiento y aspectos favorables en lo profesional. Se sentirá estable y encontrará apoyos inesperados con buenas propuestas para su crecimiento y desarrollo profesional. En el amor es un buen año, se sentirá contenta. Buenas relaciones de pareja, armonía, equilibrio y buena comunicación y si es soltera se puede casar. Los meses más favorables para casarse son septiembre y octubre. En cuestión de salud solo se presentarán malestares respiratorios menores.

Su amuleto: tres monedas chinas amarradas con hilo o listón rojo, peces dobles.

Mono en el año del perro

Se presenta un año de obstáculos para el mono. Se recomienda manifestarse conservador, prudente, alerta y observador, principalmente durante primavera. Ser muy cuidadoso para lidiar con ellos y resolverlos. Analizar muy bien las situaciones, asesorarse de manera adecuada para tomar las mejores decisiones. Evitar involucrarse en asuntos y situaciones que no le conciernen de manera directa para evitar problemas y pérdidas. Se sugiere meditar, practicar yoga o natación para relajarse. Evitar caer en el extremo y manifestarse tajante, cruel, injusto y duro. Se debe ser precavido y cuidarse de accidentes en automóviles en primavera. En la salud es importante que ponga atención y cuidado al sistema digestivo y respiratorio. Evitar ir a funerales o visitar enfermos. Relajarse para evitar el estrés y planear y estructurar a futuro. Evitar gastos innecesarios, debe cuidar sus finanzas.

Su amuleto: un pez, un rinoceronte, un cangrejo y un elefante.

Gallo en el año del perro

Se pronostica un año de tropiezos y conflictos para el gallo, puede presentarse un retroceso en el aspecto profesional. Será un año de estar resolviendo y solucionando imprevistos, generando una sensación de falta de apoyo. Situaciones enfermizas lo rodearán todo el año. Es recomendable solucionarlas en el momento y evitar que crezcan y se conviertan en grandes problemas. Se recomienda gastar el dinero de manera inteligente y no caer en gastos de ego y superficialidad ni apostar arriesgando el dinero. Puede tener fuertes pérdidas. En el amor se perfila un año estable y sencillo, tendrá apoyo, comunicación y comprensión por parte de su pareja, solo debe cuidar su temperamento para no herir con su excesiva franqueza. En la salud se pueden presentar situaciones asociadas con los ojos, la circulación y el corazón. Se recomienda que medite, se relaje, se apoye practicando natación y escuchando música.

Su amuleto: tres monedas chinas amarradas con hilo rojo, un wulu o guaje, un cangrejo.

Cerdo en el año del perro

Año sencillo, fácil, exitoso y próspero para el cerdo. Durante primavera y otoño se presentará todo fácil y rápido. Los aspectos profesionales y económicos fluirán de manera muy favorable, crecimiento profesional, promoción y facilidad para obtener ingresos. Buen año para sociedades e inicio de negocios, si se firma un buen contrato con todo detallado es buen momento de iniciar un negocio con familiares o amigos. Año de buenas ganancias económicas. No se debe abusar de la actividad y el movimiento, ya que la salud se puede ver afectada, principalmente por la neurosis, estrés y enfermedades crónicas. En el amor es un buen periodo, estable y tranquilo. Buen año para casarse y viajar. Se recomienda sea ordenado y disciplinado para tener bajo control todo el movimiento y actividad del año.

Su amuleto: tres monedas chinas amarradas con hilo rojo.

El elemento personal del signo con base en el año de nacimiento puede mejorar o reafirmar el pronóstico para el signo con respecto al año. Si tu elemento personal es madera o metal, es un año favorable, de oportunidades y éxito. Recuerda que este elemento se determina por el último dígito del año en que naciste.

Si tu elemento personal es fuego, el año puede ser difícil, se encontrará algo controlado, desgastado y reducido en esta época, además de involucrado en guerras por poder. Apóyate con el elemento madera.

Si tu elemento personal es agua, el año puede ser complejo, te sentirás saturado y estresado. Bastante confuso. Se recomienda apoyarte con elemento metal para nivelar tu energía personal.

Si tu elemento personal es tierra, es un año productivo, porque sentirás que participas en todo y tus planes se desarrollan con facilidad. Apóyate con elementos fuego y metal.

La información anterior se puede aplicar también para el signo del día de nacimiento, de la hora de nacimiento y del mes de nacimiento, pues ya conoces tu signo y su elemento variable, así como con qué aspectos se asocia cada uno de tus cuatro signos.

Apóyate con lo sugerido para cada signo según su elemento fijo, y agrégale lo que corresponde al elemento variable este año.

Con base en la compatibilidad de los signos, vamos a establecer las mejores horas del día durante el año, así como los mejores meses para tomar decisiones en el año. Asimismo, vamos a determinar las horas no propicias del día y en las que debemos tener cuidado, así como los meses.

Las mejores horas del año van a ser:

- ❖ Entre las 7:00 p. m. y las 9:00 p. m.
- ❖ Entre las 3:00 a. m. y las 5:00 a. m.
- ❖ Entre las 11:00 a. m. y la 1:00 p. m.
- ❖ Entre las 5:00 a. m. y las 7:00 a. m.

Estas horas aplican a todos los días.

Los mejores meses van a ser febrero, marzo, junio y octubre.

Las horas de cuidado durante el año van a ser:

- ❖ Entre las 7:00 a. m. y las 9:00 a. m.
- ❖ Entre las 5:00 p. m. y las 7:00 p. m.

Los meses menos favorables del año van a ser: abril y septiembre.

AMULETO

Para los signos del zodiaco se puede recurrir al signo amigo del perro para favorecer la situación el próximo año, este amigo es el conejo. Tener cerca un conejo de piedra, metal, cerámica, madera o cualquier material puede ser muy favorable. Este recurso no es adecuado para aquellos signos que no son compatibles con el conejo: el dragón y el gallo. En estos casos pueden usar algún signo compatible con el perro: caballo y tigre. Evita el caballo si eres rata o buey, evita el tigre si eres mono y serpiente.

Piedra de cada signo zodiacal para el año del perro

- ❖ Dragón y serpiente: citrino amarillo o ámbar
- ❖ Cabra y mono: cuarzo ahumado

❖ Perro y cerdo: topacio azul, turquesa

❖ Gallo: cuarzo blanco

❖ Buey y tigre: amatista, pirita

❖ Conejo: fluorita verde o morada

❖ Todos: aventurina verde, esmeralda o peridot

❖ Caballo: amatista, pirita, magnetita, aventurina verde o peridot

❖ Rata: cuarzo blanco

Aromas de cada signo zodiacal para el año del perro

❖ Dragón y serpiente: ylang ylang, limón, eucalipto

❖ Cabra y mono: limón, eucalipto, rosa

❖ Perro y cerdo: abeto blanco, sándalo, manzanilla

❖ Gallo: eucalipto, ciprés, menta

❖ Buey y tigre: romero, ylang ylang, melaleuca

❖ Conejo: sándalo, rosa, jazmín

❖ Todos: lavanda, romero, incienso

❖ Caballo: sándalo, toronja, romero

❖ Rata: ciprés, menta, sándalo

Aplicando las direcciones cardinales y los signos compatibles y no compatibles con el perro, podemos determinar direcciones cardinales de cuidado para este año y direcciones cardinales más favorecidas para este año.

Las direcciones cardinales más favorecidas este año son: este 2, sur 2 y noreste 3.

Las direcciones cardinales de cuidado en el año del perro son: sureste 1 y oeste 2. En ambos casos lo que nos puede ayudar para mejorar esta situación, es colocar una deidad en estos sectores viendo hacia el oeste 2 y sureste 1, los tres sabios chinos: Fuk, Luk y Sau también son de ayuda en este caso, puedes recurrir a un chi lin como herramienta para protegerte de traiciones por la espalda.

En el tema de la astrología china existen otros dos conceptos importantes por considerar: el Gran Duque y los Tres Asesinos.

El Gran Duque corresponde a Júpiter y está determinado por la dirección cardinal en la que se asocia el signo zodiacal reinante durante un año determinado, es decir, el Gran Duque se ubica en el año 2018 en el noroeste 1.

El Gran Duque no se debe enfrentar, quiero decir que uno no se debe sentar viendo a esa dirección cardinal durante todo el año, pero sí se le puede dar la espalda. Tampoco es adecuado remodelar o hacer cambios importantes en el sector de la casa correspondiente a la dirección cardinal del Gran Duque. Es importante no hacer cambios drásticos en casa si tiene el frente hacia el Gran Duque, pon mucha atención si el frente de tu estufa se orienta hacia la dirección del Gran Duque del año, al igual que si la puerta de tu habitación se orienta a esa dirección cardinal.

Algunas sugerencias para evitar los efectos dañinos del Gran Duque son el colocar un ru yi de cuarzo o color metálico, o un pi yao o un chi lin, así como una deidad metálica o dorada viendo a la dirección cardinal del Gran Duque, o colocar el signo zodiacal correspondiente a la dirección cardinal del Gran Duque en el sector cardinal. Una lámpara que emita luz brillante también es favorable.

Los Tres Asesinos corresponden a los tres signos zodiacales que quedan detrás de la base del trino que se forma acorde con el signo zodiacal reinante en un año, en este caso, es recomendable no dar la espalda a estas direcciones cardinales o tener la cabecera dirigida a esa dirección cardinal, sin embargo sí se puede ver hacia esa dirección. Es importante evitar hacer cambios drásticos o fuertes en casa si la parte trasera de la casa se ubica hacia alguna de las tres direcciones de los Tres Asesinos del año, así como poner atención si el respaldo de la estufa queda hacia los Tres Asesinos.

Algunas sugerencias para evitar el efecto dañino de los Tres Asesinos son colocar una tortuga dragón en el sector cardinal correspondiente a ese año, otra opción es colocar un par de chi lin (caballo dragón) en ese sector cardinal viendo a esa dirección.

No es recomendable hacer remodelaciones en ese sector cardinal de la construcción. Este año que inicia los Tres Asesinos se ubican en noreste 1, norte 2 y noroeste 3 (buey, rata y cerdo).

Si necesitas hacer remodelaciones o arreglos importantes en estos sectores, existe una fórmula llamada Gran Sol y Gran Luna, así como métodos de selección de fechas.

> **Amuleto: Si eres signo perro utiliza un pi yao. Si eres buey, rata o cerdo utiliza un chi lin o una tortuga dragón como amuleto.**

DEIDADES CHINAS QUE SIRVEN DE APOYO

Los Cuatro Dioses Celestiales

Se les asocia como guardianes del cielo y protectores del Dharma. Estos cuatro dioses representan cada una de las cuatro direcciones cardinales fijas y protegen de cualquier situación negativa o problema que se derive de cualquiera de ellas. Se les coloca en las casas y negocios viendo a cada una de sus direcciones cardinales correspondientes.

Kuan Yin

Se le considera la representación femenina de Buda, es el Buda de la compasión y el amor. Protege el amor, el cariño y las buenas relaciones. Limpia y purifica el espíritu y el alma. Se le coloca en la casa, en la sala o comedor viendo hacia la puerta principal. Se le conoce como la Diosa del Amor.

Kuang Kung

Tiene la cara roja y una actitud agresiva. Se le considera un fuerte protector que aleja a los espíritus negativos y a las personas malintencionadas. Se coloca en la entrada de las casas o negocios, en una posición alta, viendo hacia la entrada.

8. TENDENCIAS 2018
PERRO DE TIERRA

Astrología china y Feng Shui

❖ **Colores:** rojo, naranja, amarillo, rosa brillante, fucsia, magenta, morado brillante, fresa, dorado, ocre, mostaza, blanco, plateado, gris, tonos pastel.

❖ **Aromas:** jengibre, salvia esclarea, pachuli, romero, ylang ylang, melaleuca, limón, mejorana, naranja, incienso, nerolí, mirra, palmarosa, eucalipto, abeto blanco, ciprés, menta.

❖ **Alimentos:** aquellos de colores rojo, amarillo, naranja, café o blanco.

❖ **Cuarzos y piedras:** rojas, naranjas, amarillas, cafés, blancas, plateadas.

❖ **Símbolos:** perro, conejo, caballo, tigre, ruyi, murciélago, nudo místico, pavorreal, ave fénix, elefante.

❖ **Flores:** rojas, naranjas, magentas, fucsias, amarillas, blancas, rosas, tonos pastel, pétalos triangulares, pétalos redondos, forma de arbustos, bajitas, redondas.

❖ **Plantas:** triangulares, suculentas, cactáceas (sin espinas agresivas), bonsáis, redondas.

❖ **Accesorios:** piel, seda, lana, triángulos, cuadrados, círculos, óvalos, plata, oro.

❖ **Cabello:** triangular, cuadrado, redondo, rojo, castaño, rubio.

- ❖ **Zapatos:** *flats*, cuadrados, plataformas, triangulares, redondos, botines.
- ❖ **Texturas:** seda, lana, piel, gruesas, firmes, brillantes, patrones triangulares, cuadrados, rayas horizontales, círculos, mascota, óvalos.
- ❖ **Velas:** rojas, naranjas, magentas, doradas, amarillas, plateadas, blancas, rosas, grises, tonos pastel.
- ❖ **Sabores:** agrio, dulce, amargo.
- ❖ **Virtudes:** justicia, cortesía, confiabilidad.

PRIMAVERA

- ❖ **Colores:** rojo, naranja, magenta, morado brillante, vino.
- ❖ **Aromas:** jengibre, salvia esclarea, pachuli, romero, ylang ylang, melaleuca.
- ❖ **Alimentos:** rojos y naranjas.
- ❖ **Cuarzos y piedras:** rojizas, naranjas.
- ❖ **Símbolos:** libélula, ruyi, arowana, elefante, murciélago, gatito del dinero, chile.
- ❖ **Flores:** rojas, naranjas, vino.
- ❖ **Plantas:** triangulares, picuditas.
- ❖ **Accesorios:** plumas, piel, seda.
- ❖ **Cabello:** rojizo, triangular.
- ❖ **Zapatos:** altos, puntiagudos, tacón de aguja.
- ❖ **Texturas:** lana, seda, triángulos, piel.
- ❖ **Velas:** rojas, naranjas, vino.
- ❖ **Sabor:** agrio.
- ❖ **Virtud:** cortesía.

VERANO

- ❖ **Colores:** verde, turquesa, limón, acqua.
- ❖ **Aromas:** cedro, vetiver, toronja, manzanilla romana, lavanda.
- ❖ **Alimentos:** vegetales.
- ❖ **Cuarzos y piedras:** verdes y turquesas.
- ❖ **Símbolos:** wulu, monedas, cigarra, peces, dorje, abanico, rueda de oración tibetana, rueda del karma, nudo místico, donita de protección.
- ❖ **Flores:** follaje verde, turquesas.
- ❖ **Plantas:** tallos altos, hojas alargadas.
- ❖ **Accesorios:** madera, rectangulares, alargados.
- ❖ **Cabello:** castaño, largo, lacio.
- ❖ **Zapatos:** tacón rectangular, botas largas, altas.
- ❖ **Texturas:** lino, algodón, bambú, patrones rectangulares, alargados, rayas verticales.
- ❖ **Velas:** verde, turquesas.
- ❖ **Sabor:** ácido.
- ❖ **Virtud:** benevolencia.

OTOÑO

- ❖ **Colores:** Colores: azul marino, negro, morado oscuro, gris Oxford, vino, azul rey.
- ❖ **Aromas:** nerolí, sándalo, rosa, jazmín.
- ❖ **Alimentos:** líquidos, oscuros.
- ❖ **Cuarzos y piedras:** negras, azules, oscuras.
- ❖ **Símbolos:** wulu, cigarra, peces, tres monedas chinas amarradas con hilo rojo, nudo místico, dorje, rueda del karma, rueda de oración tibetana, llaves, tortuga, cangrejo.

- ❖ **Flores:** azules, moradas, onduladas, asimétricas.
- ❖ **Plantas:** de forma irregular, onduladas.
- ❖ **Accesorios:** cristal, formas onduladas, asimétricas.
- ❖ **Cabello:** oscuro, ondulado.
- ❖ **Zapatos:** suaves, cómodos e irregulares.
- ❖ **Texturas:** gasas, caídas suaves, patrones ondulados, asimétricos.
- ❖ **Velas:** azules, moradas.
- ❖ **Sabor:** salado.
- ❖ **Virtud:** sabiduría.

INVIERNO

- ❖ **Colores:** gris, plata, blanco, rosa, tonos pastel.
- ❖ **Aromas:** eucalipto, ciprés, abeto blanco, menta, nerolí, mirra, palmarosa.
- ❖ **Alimentos:** blancos.
- ❖ **Cuarzos y piedras:** blancas, ahumadas, plata, grises.
- ❖ **Símbolos:** ruyi, monedas, dorje, lingotes, mariposas, campanas.
- ❖ **Flores:** blancas, rosas, tonos pastel, redondas.
- ❖ **Plantas:** redondas, circulares, grises y blancas.
- ❖ **Accesorios:** metal, plata, redondos, ovalados, curvos. Sombreros, cinturones.
- ❖ **Cabello:** rubio, curvo.
- ❖ **Zapatos:** redondeados, curvos.
- ❖ **Texturas:** círculos, rígidas, elegantes.
- ❖ **Velas:** blancas, rosas, platas, tonos pastel.
- ❖ **Sabor:** amargo.
- ❖ **Virtud:** justicia.

TENDENCIA EN DECORACIÓN 2018

❖ **Colores:** rojo, naranja, amarillo, magenta, fucsia, rosa brillante, morado brillante, fresa, vino, café, neutros, ocre, dorado, terracota, cobre, amarillo, blanco, tonos pastel, plateado, gris.

❖ **Plantas:** picuditas, triangulares, angulosas, palmas, bajitas, bonsáis, arbustos, redondas, curvas, ovaladas, huertos.

❖ **Texturas:** brillantes, glamorosas, seda, lana, artesanales, rústicas, metálicas, tapetes peludos, gruesos.

❖ **Patrones:** triangulares, angulosos, rombos, cuadrados, simétricos, circulares y ovalados.

❖ **Lámparas:** triangulares ascendentes, luz hacia arriba, quinqués, faroles, linternas, en esquinas, de mesa, cuadradas, bajitas, redondas, ovaladas y circulares.

❖ **Formas:** triangulares, cuadradas, planas, sólidas, estables, pesadas, redondas y ovaladas.

❖ **Accesorios:** velas, luz, fotografías, animales, personas, esculturas, luminiscencias, plumas de aves, aves, mariposas, libélulas, pavorreales, pirámides, candelabros, quinqués, cerámica, artesanías, porcelana, barro, materiales de la tierra, jardines zen, terrarios, metales, relojes, globos terráqueos, piedras, cuarzos, drusas, esferas y espejos.

❖ **Flores:** rojas, triangulares, naranjas, fucsias, magentas, moradas brillantes, rosas brillantes, naranjas, amarillas, blancas, lilas, tonos pastel, redondas, orquídeas, ave del paraíso, loto, lilis, cuna de Moisés, alcatraz, anturio, rosa, gardenia, agapando, begonia, hortensia, crisantemo, *allium*, dalia, margarita, girasol, gerbera, clavel, pensamiento, violeta africana, geranio, malvón, peonía.

❖ **Floreros:** triangulares, cuadrados, redondos y ovalados.

- ❖ **Jarrones:** porcelana, cerámica, barro, metal.
- ❖ **Cuarzos y piedras:** rojas, naranjas, amarillas, rosas brillantes, magenta, amarillas, cafés, térreas, blancas, plateadas, gris, rosas, lilas y amatistas.

POR SECTOR CARDINAL

Este

- ❖ **Colores:** azul, oscuro, marino, negro, Oxford, morado, verde, turquesa, menta, lavanda.
- ❖ **Plantas:** asimétricas, irregulares, onduladas, helechos, cuerno de alce, balazo, esqueleto, alargadas, altas, tallos altos, bambú, palmas, palo del brasil, maicera, dracenas.
- ❖ **Texturas:** suaves, gasas, algodón, lino, yute, fibras vegetales, bambú.
- ❖ **Patrones:** ondulados, asimétricos, irregulares, alargados, líneas verticales, flores, plantas, hojas, rectángulos.
- ❖ **Lámparas:** asimétricas, onduladas, irregulares, rectangulares, alargadas.
- ❖ **Formas:** onduladas, rectangulares, alargadas.
- ❖ **Accesorios:** cristal, vidrio, agua quieta, paisajes de ríos, lagos, mares, peceras, estanques, vinos, licores, plantas, madera, muebles, pedestales, paisajes de bosques, flores, frutas, vegetales, huertos, hierbas medicinales, hierbas para cocinar, bambú.
- ❖ **Flores:** azules, moradas, oscuras, pensamiento, lirio, orquídea, jacinto, follaje verde, bambú, clavel, gladiola, flor de cerezo, tulipán, aretillo, lila, *delphinium*, lavanda, salvia de ornato, astromelia, manzanilla y toronjil.
- ❖ **Floreros:** ondulados, asimétricos, irregulares, alargados y rectangulares.
- ❖ **Jarrones:** vidrio, cristal, madera y bambú.

- ❖ **Aromas:** jazmín, sándalo, nerolí, rosa, cedro, vetiver, toronja, manzanilla y lavanda.
- ❖ **Cuarzos y piedras:** oscuros, azules, verdes, turquesas.

Norte

- ❖ **Colores:** blanco, gris, tonos pastel y plateado.
- ❖ **Plantas:** redondas, ovaladas, circulares, eucalipto, dólar y teléfono.
- ❖ **Texturas:** metálicas, duras, firmes y brillantes.
- ❖ **Patrones:** circulares, ovalados y redondos.
- ❖ **Lámparas:** redondas, ovaladas y circulares.
- ❖ **Formas:** redondas, circulares y ovaladas.
- ❖ **Accesorios:** metales, relojes, globos terráqueos, piedras, cuarzos, drusas, esferas y espejos.
- ❖ **Flores:** blancas, lilas, tonos pastel, redondas, orquídeas, agapando, begonia, hortensia, crisantemo, *allium*, dalia, margarita, girasol, gerbera, clavel, pensamiento, violeta africana, geranio, malvón y peonía.
- ❖ **Floreros:** redondos y ovalados.
- ❖ **Jarrones:** metal, piedra y espejo.
- ❖ **Aromas:** eucalipto, abeto blanco, ciprés, menta, mirra y palmarrosa.
- ❖ **Cuarzos y piedras:** blancos, ahumados, plateados y grises.

Centro

- ❖ **Colores:** azul, oscuro, morado, Oxford, marino, negro, verde, turquesa, menta, lavanda, rojo, naranja, magenta, fucsia, rosa brillante, morado brillante, fresa y vino.
- ❖ **Plantas:** asimétricas, irregulares, onduladas, helecho, cuerno de alce, balazo, esqueleto, alargadas, altas, tallos

altos, bambú, palma, palo del Brasil, maicera, dracena, picuditas, triangulares, angulosas, palma.

- ❖ **Texturas:** suaves, gasas, algodón, lino, yute, fibras vegetales, bambú, brillantes, glamorosas, seda, lana, tapetes peludos.
- ❖ **Patrones:** ondulados, asimétricos, irregulares, alargados, líneas verticales, flores, plantas, hojas, rectángulos, triangulares, angulosos y rombos.
- ❖ **Lámparas:** asimétricas, onduladas, irregulares, rectangulares, alargadas, triangulares ascendentes, luz hacia arriba, quinqués, faroles.
- ❖ **Formas:** onduladas, rectangulares, alargadas, triangulares, rombos.
- ❖ **Accesorios:** cristal, vidrio, agua quieta, paisajes de ríos, lagos, mares, peceras, estanques, vinos, licores, plantas, madera, muebles, pedestales, paisajes de bosques, flores, frutas, vegetales, huertos, hierbas medicinales, hierbas para cocinar, bambú, velas, luz, fotografías, animales, personas, esculturas, luminiscencias, plumas de aves, aves, mariposas, libélulas, pavorreales, pirámides, candelabros, quinqués.
- ❖ **Flores:** azules, moradas, oscuras, pensamientos, lirios, orquídeas, jacintos, follaje verde, bambú, claveles, gladiolas, flor de cerezo, tulipanes, aretillo, lilas, *delphinium*, lavanda, salvia de ornato, astromelias, manzanilla, toronjil, rojas, triangulares, naranjas, fiushas, magentas, moradas brillantes, rosas brillantes, orquídeas, ave del paraíso, loto, lilis, cuna de Moisés, alcatraces, anturios.
- ❖ **Floreros:** ondulados, asimétricos, irregulares, alargados, rectangulares, triangulares.
- ❖ **Jarrones:** vidrio, cristal, madera, bambú.
- ❖ **Aromas:** jazmín, sándalo, nerolí, rosa, cedro, vetiver, toronja, manzanilla, lavanda, romero, ylang ylang, melaleuca, jengibre, salvia, pachuli.

❖ **Cuarzos y piedras:** azules, oscuros, negro, verdes, turquesas, rojos, rosas brillantes, magentas.

Noroeste

❖ **Colores:** azul, oscuro, marino, negro, Oxford, morado, blanco, gris, tonos pastel, plateado.

❖ **Plantas:** asimétricas, irregulares, onduladas, helecho, cuerno de alce, balazo, esqueleto, redondas, ovaladas, circulares, eucalipto, dólar, teléfono.

❖ **Texturas:** suaves, gasas, metálicas, duras, firmes, brillantes.

❖ **Patrones:** ondulados, asimétricos, irregulares, circulares, ovalados, redondos.

❖ **Lámparas:** asimétricas, onduladas, irregulares, redondas, ovaladas, circulares.

❖ **Formas:** onduladas, redondas, circulares, ovaladas.

❖ **Accesorios:** cristal, vidrio, agua quieta, paisajes de ríos, lagos, mares, peceras, estanques, vinos, licores, metales, relojes, globos terráqueos, piedras, cuarzos, drusas, esferas, espejos.

❖ **Flores:** azules, moradas, oscuras, pensamiento, lirio, orquídea, blanca, lila, tonos pastel, redondas, orquídea, agapando, begonia, hortensia, crisantemo, *allium*, dalias, margarita, girasol, gerbera, clavel, violeta africana, geranio, malvón, peonía.

❖ **Floreros:** ondulados, asimétricos, irregulares, redondos, ovalados.

❖ **Jarrones:** vidrio, cristal, metal, piedra, espejo.

❖ **Aromas:** jazmín, sándalo, nerolí, rosa, eucalipto, abeto blanco, ciprés, menta, mirra, palmarrosa.

❖ **Cuarzos y piedras:** oscuros, azul, blanco, ahumado, plateado, gris.

Suroeste

- ❖ **Colores:** café, neutros, ocre, dorado, terracota, cobre, amarillo, blanco, tonos pastel, plateado, gris.
- ❖ **Plantas:** cuadradas, bajitas, arbustos, bonsáis.
- ❖ **Texturas:** lana, artesanales, rústicas.
- ❖ **Patrones:** cuadrados.
- ❖ **Lámparas:** cuadradas, bajitas.
- ❖ **Formas:** cuadradas, planas, sólidas, estables, pesadas.
- ❖ **Accesorios:** cerámica, artesanías, porcelana, barro, materiales de la tierra, jardines zen, terrarios.
- ❖ **Flores:** amarillas, arena, naranjas.
- ❖ **Floreros:** cuadrados, bajitos, planos.
- ❖ **Jarrones:** cerámica, porcelana, barro, talavera.
- ❖ **Aromas:** incienso, limón, mejorana, naranja.
- ❖ **Cuarzos y piedras:** cafés, naranjas, dorados.

Sureste:

- ❖ **Colores:** rojo, naranja, amarillo, magenta, fucsia, rosa brillante, morado brillante, fresa, vino, café, neutros, ocre, dorado, terracota, cobre, amarillo.
- ❖ **Plantas:** picuditas, triangulares, angulosas, palmas, bajitas, bonsáis, arbustos, huertos.
- ❖ **Texturas:** brillantes, glamorosas, seda, lana, artesanales, rústicas, tapetes peludos, gruesos.
- ❖ **Patrones:** triangulares, angulosos, rombos, cuadrados, simétricos.
- ❖ **Lámparas:** triangulares ascendentes, luz hacia arriba, quinqués, faroles, linternas, en esquinas, de mesa, cuadradas, bajitas.
- ❖ **Formas:** triangulares, cuadradas, planas, estables, pesadas.
- ❖ **Accesorios:** velas, luz, fotografías, personas, esculturas, luminiscencias, plumas de aves, aves, mariposas, libélulas, pavorreales,

pirámides, candelabros, quinqués, cerámica, porcelana, barro, materiales de la tierra, jardines zen, terrarios.

- ❖ **Flores:** rojas, triangulares, naranjas, fucsias, magentas, moradas brillantes, rosas brillantes, naranjas, amarillas, ave del paraíso, loto, lilis, cuna de Moisés, alcatraz, anturio, rosa, gardenia.
- ❖ **Floreros:** triangulares, cuadrados.
- ❖ **Jarrones:** porcelana, cerámica, barro.
- ❖ **Aromas:** jengibre, salvia, pachuli, romero, ylang ylang, melaleuca, limón, mejorana, naranja, incienso.
- ❖ **Cuarzos y piedras:** rojas, naranjas, amarillas, rosa brillante, magenta, amarillas, cafés, térreas.

Sur

- ❖ **Colores:** verde, turquesa, menta, lavanda, rojo, naranja, amarillo, magenta, fucsia, rosa brillante, morado brillante, fresa, vino, café, neutros, ocre, dorado, terracota, cobre, amarillo.
- ❖ **Plantas:** alargadas, altas, tallos altos, bambú, palmas, palo del Brasil, maicera, dracena, picuditas, triangulares, angulosas, bajitas, bonsáis, arbustos, huertos.
- ❖ **Texturas:** algodón, lino, yute, fibras vegetales, bambú, brillantes, glamorosas, seda, lana, artesanales, rústicas, tapetes peludos, gruesos.
- ❖ **Patrones:** alargados, líneas verticales, flores, plantas, hojas, rectángulos, triangulares, angulosos, rombos, cuadrados, simétricos.
- ❖ **Lámparas:** alargadas, rectangulares, triangulares ascendentes, luz hacia arriba, quinqués, faroles, linternas, en esquinas, de mesa, cuadradas, bajitas.
- ❖ **Formas:** rectangulares, alargadas, verticales, triangulares, cuadradas, planas, sólidas, estables, pesadas.

- **Accesorios:** plantas, madera, muebles, pedestales, paisajes de bosques, flores, frutas, vegetales, huertos, hierbas medicinales, hierbas para cocinar, bambú, velas, luz, fotografías, animales, personas, esculturas, luminiscencias, plumas de aves, aves, mariposas, libélulas, pavorreales, pirámides, candelabros, quinqués, cerámica, artesanías, porcelana, barro, materiales de la tierra, jardines zen, terrarios.
- **Flores:** follaje verde, bambú, claveles, gladiolas, flor de cerezo, tulipán, rojas, triangulares, naranjas, fucsias, magentas, moradas brillantes, rosas brillantes, amarillas, blancas, lilas, tonos pastel, redondas, orquídeas, ave del paraíso, loto, lilis, cuna de Moisés, alcatraz, anturio, rosa, gardenia.
- **Floreros:** alargados, rectangulares, triangulares, cuadrados.
- **Jarrones:** madera, bambú, porcelana, cerámica, barro.
- **Aromas:** cedro, vetiver, toronja, manzanilla, lavanda, jengibre, salvia, pachuli, romero, ylang ylang, melaleuca, limón, mejorana, naranja, incienso.
- **Cuarzos y piedras:** verdes, turquesas, jade, rojas, naranjas, amarillas, rosa brillante, magenta, amarillas, cafés, térreas.

Noreste

- **Colores:** rojos, naranjas, magentas, vino, rosa brillante, cafés, neutros, ocres, dorados, terracotas, cobres, amarillos, blancos, grises, tonos pastel, plateados.
- **Plantas:** picuditas, triangulares, angulosas, palmas, bajitas, bonsáis, arbustos, redondas, curvas, ovaladas, huertos.
- **Texturas:** brillantes, glamorosas, seda, lana, artesanales, rústicas, metálicas, tapetes peludos, gruesos.
- **Patrones:** triangulares, angulosos, rombos, cuadrados, simétricos, circulares, ovalados.

- ❖ **Lámparas:** triangulares ascendentes, luz hacia arriba, quinqués, faroles, linternas, en esquinas, de mesa, cuadradas, bajitas, redondas, ovaladas, circulares.
- ❖ **Formas:** triangulares, cuadradas, planas, sólidas, estables, pesadas, redondas, ovaladas.
- ❖ **Accesorios:** velas, luz, fotografías, animales, personas, esculturas, luminiscencias, plumas, aves, mariposas, libélulas, pavorreales, pirámides, candelabros, quinqués, cerámica, artesanías, porcelana, barro, materiales de la tierra, jardines zen, terrarios, metales, relojes, globos terráqueos, piedras, cuarzos, drusas, esferas, espejos.
- ❖ **Flores:** rojas, triangulares, naranjas, fucsias, magentas, moradas brillantes, rosas brillantes, naranjas, amarillas, blancas, lilas, tonos pastel, redondas, orquídeas, ave del paraíso, loto, lilis, cuna de Moisés, alcatraz, anturio, rosa, gardenia, agapando, begonia, hortensia, crisantemo, *allium*, dalia, margarita, girasol, gerbera, clavel, pensamiento, violeta africana, geranio, malvón, peonía.
- ❖ **Floreros:** triangulares, cuadrados, redondos, ovalados.
- ❖ **Jarrones:** porcelana, cerámica, barro, metal.
- ❖ **Aromas:** jengibre, salvia, pachuli, romero, ylang ylang, melaleuca, incienso, limón, mejorana, naranja, nerolí, mirra, palmarrosa, eucalipto, abeto blanco, ciprés, menta.
- ❖ **Cuarzos y piedras**: rojas, naranjas, amarillas, rosas brillantes, magentas, amarillas, cafés, térreas, blancas, plateadas, grises, rosas, lilas, amatistas.

Oeste

- ❖ **Colores:** blanco, gris, tonos pastel, plateado.
- ❖ **Plantas:** redondas, ovaladas, circulares, eucalipto, dólar, teléfono.

- ❖ **Texturas:** metálicas, duras, firmes, brillantes.
- ❖ **Patrones:** circulares, ovalados, redondos.
- ❖ **Lámparas:** redondas, ovaladas, circulares.
- ❖ **Formas:** redondas, circulares, ovaladas.
- ❖ **Accesorios:** metales, relojes, globos terráqueos, piedras, cuarzos, drusas, esferas, espejos.
- ❖ **Flores:** blancas, lilas, tonos pastel, redondas, orquídea, agapando, begonia, hortensia, crisantemo, *allium*, dalia, margarita, girasol, gerbera, clavel, pensamiento, violeta africana, geranio, malvón, peonía.
- ❖ **Floreros:** redondos, ovalados.
- ❖ **Jarrones:** metal, piedra, espejo.
- ❖ **Aromas:** eucalipto, abeto blanco, ciprés, menta, mirra, palmarrosa.
- ❖ **Cuarzos y piedras:** blancos, ahumados, plateados, grises.

9. GUÍA PARA EL AÑO DEL PERRO

¿Qué puedo colocar para mejorar y favorecer la energía del año del perro?
Aquello que se sugiere para cada sector cardinal es, aplicando la escuela de la Estrella Voladora y la escuela Ba Zhai u Ocho Portentos, símbolos de la tradición china y la astrología. Si tienes las curas y objetos que colocaste el año pasado solo es cuestión de lavarlos y volverlos a colocar en el sector que les corresponde este año. No es necesario desecharlos ni tirarlos, y lo mismo aplica para las soluciones o curas mensuales.

¿Sabías que…?
La astrología y metafísica chinas consideran el tiempo en ciclos, no en forma lineal sino en forma de espiral, lo que determina ciclos temporales que se repiten constantemente.

Para fortalecer la energía del año se recomienda colocar a partir del 4 de febrero lo siguiente:

❖ En el **sector centro** de las construcciones se recomienda colocar una fuente y plantas naturales durante todo el año para promover los aspectos laborales y el desarrollo de proyectos económicos. Acomoda objetos y adornos en número tres y de madera para promover energía de prosperidad y éxito. Puedes colocar una fuente con nueve velas para promover la energía del amor y el romance. Colocar cuatro plantas promoverá la energía de salud. Una pagoda de nueve niveles promoverá fama y reconocimiento, colocar un ave fénix ayudará a las mujeres a obtener reconocimiento laboral y profesional.

❖ En el **este** es muy importante colocar un tazón de agua quieta con tres velas flotantes o flores de loto flotantes para evitar accidentes y lastimaduras, así como robos y asaltos. Se pueden colocar seis esferas de cuarzo azul o de obsidiana para promover la energía de éxito y prosperidad. Puedes colocar un cuadro de un lago con una montaña para promover protección. Colocar dos jarrones de cerámica oscura o azul favorecerá la salud. Un par de quimeras o rinocerontes apoyarán en este sector. También puedes colocar ocho tazones o jarrones con semillas para promover energía de amor. Colocar una escultura o imagen de perro o conejo en el este será de gran apoyo en el año del perro.

❖ En el **noreste** se recomienda colocar plantas con matices de rojos en bloques de tres para fortalecer protección. Un tazón con agua o algo negro favorecerá la salud. Cuatro plantas de hojas redondas favorecerán el amor. Nueve velas promoverán la prosperidad. Es importante colocar una lámpara de poste alto o una pirámide de cuarzo para evitar pleitos, chismes, demandas legales y fraudes económicos. Colocar los tres sabios chinos Fuk, Luk y Sau promoverá protección y reducirá los riesgos de conflictos laborales, también los dioses de las cuatro direcciones cardinales.

Un Kuang Kong al noreste de la casa ayudará a alejar los conflictos, chismes y demandas legales. Evita dirigir tu cabecera hacia el noreste en el año del perro, si este es el caso, es decir, si ya la tienes ubicada así, colocar una tortuga dragón o un chi lin ayudará a reducir la tendencia a traiciones y malas jugadas por la espalda.

❖ En el **sur**, colocar cuatro plantas de hojas y tallos ascendentes promoverá durante todo el año prosperidad, seguridad y llegada de romance, así como fortalecerá los estudios y ayudará a obtener apoyos externos, sobre todo en lo relacionado con becas. Una fuente o tazón con agua promoverá prosperidad, si a ese tazón se le colocan nueve velas flotantes o una flor de loto, se enfatizará la energía de salud, y si se colocan tres objetos de madera, se promoverá la energía de amor. Un par de peces dobles o una escultura de dragón y ave fénix promoverá la consolidación sentimental y atraerá matrimonio.

❖ En el **sureste** colocar una lámpara de poste alto, un cuadro o escultura de una montaña fortalecerá la llegada de dinero. Colocar un cuadro de un lago, o un tazón con agua y una flor flotante, o una planta de agua, promoverá la energía de amor. Un jardín zen promoverá éxito económico y seis esferas de cuarzo promoverán salud. Un ruyi y una alcancía contribuirán a obtener éxito económico. Una drusa o geoda de cuarzo apoyará la energía de protección. Para reducir el riesgo de no concretar planes y proyectos se puede colocar una cigarra. El este tendrá este año del perro lo que se denomina como año roto, ya que en el sureste se ubica el dragón y es el signo que está en choque con el perro. Para aminorar este efecto de choque se recomienda colocar un pi yao o un talismán del Gran Duque.

❖ En el **oeste** colocar un jardín zen con cuarzos fortalecerá la energía de protección y seguridad. Una campana de viento de seis tubos o seis objetos metálicos iguales favorecerá la unión de pareja. Un cuadro de montaña o una escultura de montaña promoverá energía de prosperidad y una foto de un lago o un tazón con agua quieta y cuarzos fortalecerá la energía de salud. Es importante colocar 12 monedas chinas anudadas con hilo rojo en el oeste para reducir el riesgo de enfermedades. Colocar un wu lu dorado, de piedra, cuarzo o cristal.

❖ En el **suroeste** colocar una campana de viento de 12 tubos o 12 esferas metálicas o de espejo fortalecerá la energía de seguridad y protección, así como la llegada de ayuda del exterior, de buenos clientes y apoyo de amigos. Colocar un jardín zen promoverá energía de amor. Una escultura de montaña fortalecerá la salud. Un tazón con agua quieta y cuarzos promoverán éxito y prosperidad. Una escultura de pez o arowana apoyarán el orden y la disciplina en lo económico.

❖ En el **noroeste** colocar una campana de viento de 12 tubos o 12 esferas plateadas o de espejo promoverá el desarrollo económico, al igual que colocar cuatro plantas naturales. Nueve velas o pirámides de cuarzo rojo promoverán energía de amor y romance. Tres plantas naturales fortalecerán la energía de salud. Una manzana, piña o flor de loto promoverán paz y energía de organización para desarrollar proyectos. Un tazón con agua o un pez apoyará en protección. Evita dirigir tu cabecera hacia el noroeste en el año del perro; si ya la tienes ubicada así, colocar una tortuga dragón o un chi lin ayudará a reducir la tendencia a traiciones y malas jugadas por la espalda.

❖ En el **norte** colocar seis esferas de cuarzo, un par de chi lin o pi yao así como una campana de viento de seis o doce tubos reducirá la energía de cambios drásticos e inesperados con respecto a situaciones económicas. Colocar lingotes simulados de oro en múltiplos de tres ayudará a reducir la energía de conflictos de esa estrella. Evita dirigir tu cabecera hacia el norte en el año del perro, si este es el caso, es decir, si ya la tienes ubicada así, colocar una tortuga dragón o un chi lin para reducir la tendencia a traiciones y malas jugadas por la espalda.

En México, es un año que se puede presentar similar a los siguientes años: 1982, 1991, 2000 y 2009.

Para armonizar nuestra energía y protegernos de los aspectos negativos de las estrellas en los sectores cardinales, podemos trabajar en nuestro espacio personal colocando determinados objetos en cada sector cardinal de nuestra casa, habitación u oficina.

Una estrella a la que hay que poner mucha atención es la estrella 5, ya que es la estrella más negativa y la que más cambios drásticos genera, y por lo tanto, la casa que visita cada año o cada mes se puede ver seriamente afectada. Al determinar el sector cardinal donde se ubica esta estrella cada año o mes es importante no realizar cambios ni movimientos drásticos en esa parte de la casa, oficina o recámara. Si la puerta principal queda viendo a esa dirección es recomendable utilizar otra puerta. La manera de controlar el efecto negativo de esta estrella es colocar una campana de viento de 5, 6, 8 o 12 tubos en ese sector, o 3, 5, 6 o 12 monedas chinas amarradas con hilo rojo. Este año, la estrella cinco visita la casa 1, es decir, el norte. De manera mensual también estará visitando distintos sectores, por lo que se debe poner atención a ella mes con mes.

Es importante poner atención en la casa que visita mensualmente la estrella 5, para ello se sugiere colocar en ese sector de la casa y en las habitaciones una campana de viento de 5, 6, 8 o 12 tubos, o 5, 6 o 12 monedas chinas amarradas con hilo rojo cuando esté de visita esa estrella.

Este año la estrella 5 visitará el centro de la construcción durante el mes de febrero y noviembre, el noroeste en el mes de marzo y diciembre, el oeste en abril y en enero de 2019, el noreste en mayo, el sur en junio, el norte en julio, el suroeste en agosto, el este en septiembre, el sureste en octubre.

Es importante mencionar que a nivel ciudad, país, estado, continente y planeta durante estos meses estas direcciones cardinales son de cuidado. Es posible que sean los sectores donde se presenten situaciones drásticas durante los distintos meses. Asimismo, describe o anuncia los aspectos de nuestra vida en los que puede haber conflictos.

Otras estrellas de cuidado son la 2 y la 3. La 2 es considerada la madre de las enfermedades, y la 3 como la generadora de peleas y conflictos.

Durante el año 2018 hay que tener cuidado en lo que se refiere a enfermedades de huesos, pulmones, intestino grueso, dientes, cabeza. En estos casos se recomienda colocar una campana de viento de seis, ocho o doce tubos, o tres, seis o doce monedas chinas amarradas con hilo rojo en el sector oeste de la casa o habitación y otro en el sector centro (la estrella 9 al combinar con la estrella 2 promueve enfermedades) de la casa, recámara, oficina o negocio. También se puede poner una deidad metálica, como un Kuang Kong, los tres sabios: Fuk, Luk y Sau. Coloca un wu lu en el oeste para reducir el riesgo de enfermedades.

Este año la estrella 2 (enfermedades) visitará el suroeste de la construcción durante el mes de febrero y noviembre, el este en el mes de marzo y diciembre, el sureste en abril y en enero de 2019, el centro en mayo, el noroeste en junio, el oeste en julio, el noreste en agosto, el sur en septiembre, el norte en octubre.

Durante el año 2018 hay que tener cuidado en lo que se refiere a pleitos, problemas, discusiones y problemas legales relacionados con hombres jóvenes y empresas o instituciones muy establecidas. En estos casos se recomienda colocar tres, seis o 12 monedas chinas amarradas con hilo rojo en el sector noreste de la casa o habitación, oficina o negocio para reducir la tendencia a este tipo de situaciones.

Este año la estrella 3 (pleitos) visitará el este de la construcción durante el mes de febrero y noviembre, el sureste en el mes de marzo y diciembre, el centro en abril y en enero de 2019, el noroeste en mayo, el oeste en junio, el noreste en julio, el sur en agosto, el norte en septiembre, el suroeste en octubre.

Así como existen estrellas de cuidado, también existen estrellas positivas, las cuales podemos activar de manera anual y mensual para obtener el mayor beneficio de ellas. Estas estrellas son la 1 (ambición y llegada rápida de dinero), la 8 (prosperidad) y la 9 (prosperidad inmediata).

Para activar la estrella 1 durante este año se recomienda colocar un reloj (funcionando) o adornos metálicos, si es posible una fuente de metal o deidades de metal o color dorado, en el noroeste de la casa y oficina. Este mismo objeto se puede colocar cada mes en los siguientes sectores: sureste en mayo, centro en junio, noroeste en julio, oeste en agosto, noreste en septiembre, sur en octubre, norte en febrero y noviembre, suroeste en marzo y diciembre, este en abril y en enero de 2019.

Para activar la estrella 8 durante este año se recomienda colocar una lámpara de poste alto y luz brillante en el sector sureste de la casa. Para activarla de forma mensual, se sugiere colocar una lámpara en los siguientes sectores: noreste en febrero y noviembre, sur en marzo y diciembre, norte en abril y en enero de 2019, suroeste en mayo, este en junio, sureste en julio, centro en agosto, noroeste en septiembre y oeste en octubre.

Para activar la estrella 9 se sugiere colocar una planta natural sana y frondosa durante este año en el sector centro de la construcción. Para activarla mensualmente, se sugiere colocar la planta en los siguientes sectores: sur en febrero y noviembre, norte en marzo y diciembre, suroeste en abril y en enero de 2019, este en mayo, sureste en junio, centro en julio, noroeste en agosto, oeste en septiembre y noreste en octubre.

En febrero, junio, agosto, octubre y noviembre, los aspectos sentimentales, amorosos y asociaciones serán conflictivos e inesperados.

En febrero, marzo, julio, septiembre, noviembre y diciembre, se pueden presentar problemas y discusiones familiares.

En marzo, abril, agosto, octubre, diciembre y en enero de 2019, cambios drásticos en cuestiones económicas.

Durante febrero y noviembre hay que cuidar la salud y evitar realizar viajes, se pueden presentar contratiempos y conflictos. Evitar los cambios, incluso de domicilio durante este mes.

Amuleto para todos: un pavorreal, una pagoda, aves.

MES POR MES EN EL AÑO DEL PERRO

Tigre (febrero de 2018)

Periodo y etapa favorable con lo asociado a cuentas, finanzas y cuestiones legales. Este mes se presenta complejo en cuestión de cambios drásticos e inesperados, no te fíes ni des por seguro nada, persigue tus metas y pon atención a tu salud. Es un mes complicado donde puedes sentir que las situaciones se detienen. Cuidado con platicar tus planes y proyectos, puede haber robo de ideas. Los clientes y proveedores se manifestarán demandantes y exigentes. En el amor se pueden presentar situaciones enfermizas y reclamos hirientes. Tendencia fuerte a pleitos familiares. Recurre a tu conocimiento para obtener dinero. También es momento para explotar el reconocimiento que has obtenido en el pasado para obtener llegada de proyectos inesperados y abundancia. Cuidado con los gastos, este mes compra lo necesario y ejercítate para fortalecer tu salud.

Se presentarán problemas con personas asociadas con autoridad, gobierno o instituciones gubernamentales.

Cuidado con la salud, se pueden presentar epidemias y enfermedades del estómago, bazo y páncreas, así como tumoraciones.

Los amigos del tigre son el cerdo, el caballo y el perro. Sus enemigos son el mono y la serpiente. Este trino se presenta rodeado de situaciones cambiantes, rígidas y problemáticas durante el mes, por lo que su amuleto es un tigre o un caballo. Para el mono su amuleto es un perro y para la serpiente un caballo.

El Gran Duque del mes se ubica en el noreste y los Tres Asesinos en el noroeste, norte y noreste. Coloca un pi yao viendo hacia el noreste y tres tortugas dragón, una viendo al noroeste, otra al norte y otra al noreste.

Si eres tigre, utiliza un pi yao como amuleto, y si eres cerdo, rata o buey usa una tortuga dragón o un chi lin.

Durante este mes la energía reinante es la estrella cinco al centro. Eso genera que la energía sea bastante fuerte este mes. Es un mes ágil y drástico. Cada una de las distintas manifestaciones energéticas será fuerte y extremosa. Cada uno de los signos estará en su esencia y con bastante fuerza. Se presentarán situaciones drásticas e inesperadas en el centro de las ciudades, países y continentes, incluso puede haber cambios positivos. Accidentes, violencia y agresión así como guerras hacia el oeste de las ciudades, países y continentes, epidemias fuertes y situaciones enfermizas, afectación y agresión hacia mujeres maduras en el suroeste de los países, ciudades y continentes. Temblores y erupciones volcánicas, movimientos de agua muy fuertes. Se manifestarán líderes dictatoriales en el noroeste de los países, ciudades y continentes. Se recomienda colocar una campana de viento de seis o doce tubos al centro. En el sector norte de las construcciones se recomienda colocar una fuente para promover los aspectos laborales y el desarrollo de proyectos económicos, así como la energía de protección. Acomoda objetos y adornos en número cuatro y de madera para promover energía de prosperidad y éxito en el norte. Puedes colocar nueve velas para promover la energía del amor y el romance en el norte. Colocar tres plantas promoverá la energía de salud en el norte.

❖ En el noreste es muy favorable colocar una lámpara de poste alto o una pirámide de vidrio en color rojo, o una pirámide de cuarzo rojo. Es el sector ideal para colocar velas y aparatos eléctricos durante este mes para promover prosperidad económica. Se pueden colocar objetos y adornos de cerámica o porcelana en pares para promover la energía de éxito y prosperidad. Puedes colocar un cuadro de un lago con una montaña para promover amor. Colocar seis esferas metálicas favorecerá la salud. Colocar un cuadro o escultura de una montaña fortalecerá la seguridad y la protección.

❖ En el este se recomienda colocar plantas en bloques de tres para fortalecer el estudio y las relaciones familiares. Un tazón con agua en el este favorecerá la salud. Cuatro plantas favorecerán el amor. Nueve velas promoverán prosperidad.

❖ En el sureste colocar cuatro plantas de hojas y tallos ascendentes promoverá prosperidad, seguridad y llegada de dinero. Una fuente o tazón con agua promoverá prosperidad, si a ese tazón se le colocan nueve velas flotantes se enfatizará la energía de salud y si se colocan tres objetos de madera se promoverá la energía de amor.

❖ En el sur colocar una planta natural para activar prosperidad inmediata y fortalecer la energía de fama, prestigio y reputación. Si colocas un tazón con agua y una flor flotante o planta de agua promoverás la energía de amor. Colocar tres plantas naturales activará la energía de éxito y prosperidad. Cuatro plantas favorecerán la salud y una vela fortalecerá la energía de seguridad y protección.

❖ En el suroeste colocar dos esferas metálicas fortalecerá la energía de amor y unión de pareja. Colocar un jardín zen fortalecerá la energía de protección y seguridad. Una campana de viento de seis tubos favorecerá la unión de pareja. Un cuadro de montaña o una escultura de montaña promoverá energía de prosperidad y una foto de un lago o un tazón con agua quieta y cuarzos fortalecerá la energía de salud.

❖ En el oeste colocar un tazón con agua quieta y cuarzos promoverá energía de protección y seguridad al igual que creatividad. Colocar una campana de viento de seis tubos o seis esferas metálicas promoverá energía de éxito y prosperidad. Una escultura de una montaña favorecerá la energía del romance, el glamour y el amor. Un jardín zen fortalecerá la energía de salud.

❖ En el noroeste colocar una campana de viento de 12 tubos fortalecerá la energía de seguridad y protección, así como la llegada de ayuda del exterior, de buenos clientes y apoyo de amigos. Colocar un jardín zen promoverá energía de amor. Una escultura de montaña fortalecerá la salud. Un tazón con agua quieta y cuarzos promoverá éxito y prosperidad.

❖ En el centro lo ideal es colocar elemento metal.

❖ No es recomendable viajar o cambiarse de domicilio durante este mes.

Los signos zodiacales que deben tener cuidado este mes son:

✿ Conejo: mes de líos, discusiones, malentendidos y pleitos. Vestirse de rojo y consumir alimentos de ese color. Colocar velas o una lámpara o una pirámide en color rojo en el este para contrarrestar ese aspecto.

❀ Cabra y mono: enfermedades. Es recomendable vestir de blanco y consumir alimentos de ese color. Colocar una campana de viento de seis o doce tubos en el suroeste.

❀ Gallo: cuidado con asaltos y conflictos sobre todo en cuestiones laborales. Se pueden presentar situaciones violentas. Se recomienda vestir de colores oscuros y beber bastantes líquidos. Colocar elemento agua quieta en el oeste de las construcciones.

Las horas de cuidado durante este mes son:

❀ Entre la 5:00 p. m. y las 7:00 p. m., cuidado con asaltos y accidentes.

❀ Entre la 1:00 p. m. y las 5:00 p. m., cuidado con indigestiones.

❀ Entre las 5:00 a. m. y las 7:00 a. m., cuidado con pleitos y discusiones.

Los signos zodiacales más favorecidos este mes son:

❀ Caballo: bastante favorecido en cuestiones de ingresos inesperados; se le recomienda vestir de verde, consumir alimentos de ese color; practicar deporte y colocar una planta natural en el sur fortalecerá este aspecto.

❀ Buey y tigre: excelente momento económico. Colocar luz y pirámides rojas (2) en el noreste. Vestirse de color rojo y consumir alimentos de ese color.

❀ Rata: bastante favorecida en cuestiones de negocios. Vestir de blanco, emplear accesorios metálicos, consumir alimentos de color blanco y colocar una campana de viento de cuatro tubos en el norte fortalecerá este aspecto y promoverá éxito.

✿ Perro y cerdo: mes ideal para iniciar proyectos y poner en orden las finanzas y las ideas. Vestir de amarillo y consumir alimentos amarillos. Colocar una escultura de barro, porcelana o talavera en el noroeste promoverá este aspecto. Se puede colocar una montaña de cuarzos o una drusa, así como una escultura metálica.

✿ Dragón y serpiente: mes de romance, colocar agua en el norte promoverá este aspecto puede ser una fuente, un tazón con agua, cuarzos y una flor de loto flotante o una pecera si eres soltera o soltero; si eres casado coloca una planta natural para reforzar el romance en la relación. Vestir de colores oscuros y consumir también alimentos oscuros.

Las mejores horas del día durante este mes son:

✿ Entre las 11:00 p. m. y la 1:00 a. m. para planear y estructurar a futuro.

✿ Entre las 11:00 a. m. y la 1:00 p. m. para negocios.

✿ Entre la 1:00 a. m. y las 5:00 a. m. para negocios.

✿ Entre las 7:00 p. m. y las 11:00 p. m. para poner orden y disciplina en nuestros planes y proyectos.

Conejo (marzo de 2018)

Cuidado con algún colega que te jugará mal durante este mes. Todo esto será por celos y resentimiento, sin embargo, sus malas intenciones no generarán daño duradero. Mes de romance, fuerte, de poder. Se percibirá creatividad, iniciativa, movimiento y ganas de generar cambios y romper rutinas. Se pueden presentar situaciones enfermizas en lo familiar, así como pleitos, demandas y chismes por dinero. Pon atención en lo que firmes y los contratos que realices, ya que pueden acabar en conflicto. El dinero y la abundancia este mes llegarán por medio del reconocimiento generado en el pasado. Este mes se percibirá libertad económica y movimiento de dinero. En el amor habrá comunicación y es buen momento para platicar las diferencias y solucionar sentimientos guardados del pasado. Cuida a tus proveedores y clientes, ya que se pueden presentar situaciones extremas así como cambios drásticos e inesperados.

Etapa de hacer planes. Sentirás confianza durante el mes y te mostrarás ambicioso. Hay buenas expectativas para recibir dinero y realizar viajes. Cuidado con corazón, intestino, vejiga, riñones y órganos sexuales, así como con el estómago, el bazo y el páncreas.

Los amigos del conejo son el perro, la cabra y el cerdo. Sus enemigos son el gallo y el dragón. Este trino se presenta afectado por enfermedades, situaciones enfermizas y traiciones o robos de dinero durante el mes, por lo que el amuleto es para los tres signos.

El Gran Duque del mes se ubica en el este, y los Tres Asesinos en el suroeste, oeste y noroeste. Coloca un pi yao viendo hacia el este y tres tortugas dragón, una viendo al suroeste, otra al oeste y otra al noroeste.

Si eres conejo, utiliza un pi yao como amuleto y si eres mono, gallo o perro una tortuga dragón o un chi lin.

Durante este mes la energía regente es la estrella 4 al centro. Esto le imprime energía de romance a todo el mes. Se presentarán situaciones drásticas e inesperadas con respecto a gobiernos y sistemas gubernamentales en el noroeste de las ciudades, países y continentes. Pleitos y guerras fuertes asociados con cuestiones e intereses económicos entre países. Epidemias fuertes hacia el este, al igual que temblores y movimientos de tierra. Guerras, violencia y agresiones en el noreste de las ciudades, países y continentes. Cuidado con los romances fugaces. Coloca una planta natural en el centro para proteger tu matrimonio. Es un mes relativamente tranquilo con matices positivos. El trabajo está beneficiado, se puede colocar una planta natural en el norte para buscar un aumento de sueldo o algún premio o promoción. Con respecto al conocimiento y la consolidación de proyectos es recomendable colocar un tazón con agua quieta en el noreste para evitar huelgas, movimientos sociales agresivos o situaciones desagradables. Se recomienda colocar una campana de viento de ocho tubos en el este para evitar enfermedades, sobre todo las relacionadas con el hígado y la vesícula.

Coloca una lámpara en el sureste para evitar pleitos y discusiones relacionadas con dinero. Una lámpara en el sur promoverá la llegada de dinero. Colocar metal en el suroeste, una escultura metálica, fortalecerá la comunicación entre la pareja durante este mes. Cuidado con traiciones y malas jugadas de clientes y proveedores, coloca una campana de viento de seis o doce tubos en el sector noroeste para reducir este aspecto negativo. Para promover orden y disciplina con los hijos, favorecer la creatividad y reducir el exceso de rigidez o rebeldía en los hijos coloca un tazón con agua y dos cuarzos en el oeste.

Los signos zodiacales que deben tener cuidado durante este mes son:

❀ Buey y tigre: cuidado con asaltos y conflictos, sobre todo en cuestiones laborales. Se pueden presentar situaciones violentas. Se recomienda vestir de colores oscuros y beber bastantes líquidos. Colocar elemento agua quieta en el noreste de las construcciones.

❀ Conejo: cuidado con enfermedades. Es recomendable vestir de blanco y consumir alimentos blancos. Colocar una campana de viento de seis o doce tubos en el este.

❀ Dragón y serpiente: mes de líos, discusiones, malentendidos y pleitos. Vestirse de rojo y consumir alimentos de ese color. Colocar velas o una lámpara o una pirámide en color rojo en el sureste para contrarrestar ese aspecto.

❀ Perro y cerdo: cuidado con las situaciones imprevistas y los cambios drásticos e inesperados. Cuidar la salud. Se recomienda vestir de blanco y consumir alimentos de color blanco. Colocar en el noroeste de las construcciones una campana de viento de seis tubos o una deidad de metal o seis esferas metálicas o de cuarzo.

Las horas de cuidado durante este mes son:

✿ Entre la 1:00 a. m. y las 5:00 a. m. cuidado con asaltos y accidentes.
✿ Entre las 5:00 a. m. y las 7:00 a. m. cuidado con indigestiones.
✿ Entre las 7:00 a. m. y las 11:00 a. m. cuidado con pleitos y discusiones.
✿ Entre las 7:00 p. m. y las 11:00 p. m. cuidado con situaciones inesperadas.

Los signos que se verán beneficiados durante este mes son:

✿ Rata: bastante favorecido en cuestiones de ingresos inesperados, vestir de verde, consumir alimentos de ese mismo color, practicar deporte y colocar una planta natural en el norte fortalecerá este aspecto.
✿ Caballo: excelente momento económico. Colocar luz y pirámides rojas (2) en el sur. Vestirse de rojo y consumir alimentos de ese mismo color.
✿ Cabra y mono: bastante favorecidos en cuestiones de negocios. Vestir de blanco, emplear accesorios metálicos, consumir alimentos de color blanco y colocar una campana de viento de cuatro tubos en el suroeste fortalecerá este aspecto y promoverá el éxito.
✿ Gallo: mes ideal para iniciar proyectos y poner en orden las finanzas y las ideas. Vestir de amarillo y consumir alimentos de ese mismo color. Colocar una escultura de barro, porcelana o talavera en el oeste promoverá este aspecto. Se puede colocar una montaña de cuarzos o una drusa, así como una escultura metálica.

Las mejores horas del día durante este mes son:
- ✿ Entre las 11:00 p. m. y la 1:00 a. m. para ingresos inesperados.
- ✿ Entre las 11:00 a. m. y la 1:00 p. m. para negocios.
- ✿ Entre la 1:00 p. m. y las 5:00 p. m. para planear y estructurar el futuro.
- ✿ Entre las 5:00 p. m. y las 7:00 p. m. para poner orden y disciplina en nuestros proyectos

Dragón (abril de 2018)

Es un buen mes para presionar e imprimir fuerza a tus objetivos. Lleva a término tus planes, evita dejarlos a medias. No permitas que las oportunidades se escapen por dudar demasiado. Este es un mes de conflictos, discusiones y chismes. Se presentará energía de abundancia en el trabajo, y habrá emoción y alegría en el amor. Es un mes lleno de pasión en lo sentimental. Cuidado con la relación con los hijos, ya que se pueden presentar situaciones y extremas relacionadas con ellos.

Cuidado con el corazón, el intestino, el estómago, el bazo y el páncreas.

Se recomienda aplicar el realismo y no correr riesgos innecesarios, de esta manera los ahorros que has hecho te apoyarán adecuadamente y no perderás dinero. Sé cuidadoso.

Esto se puede apoyar empleando elemento metal en el noreste.

Los amigos del dragón son la rata, el mono y el gallo. Sus enemigos son el perro y el conejo. Este trino se presenta bastante afectado en cuestión de salud, pero beneficiado en cuestiones económicas y proyectos inesperados, por lo que su amuleto es una rata o un mono. Para el perro y el conejo su amuleto es una rata.

El Gran Duque del mes se ubica en el sureste, y los Tres Asesinos en el sureste, sur y suroeste. Coloca un pi yao viendo hacia el sureste y tres tortugas dragón, una viendo al sureste, otra al sur y otra al suroeste.

Si eres dragón, utiliza un pi yao como amuleto y si eres serpiente, caballo o cabra, una tortuga dragón o un chi lin.

Durante este mes la estrella regente es la estrella 3, por lo que se caracterizará por malentendidos y discusiones. Se presentarán chismes y ataques destructivos tanto en el medio del espectáculo como en la política en el centro de las ciudades, países y continentes. Accidentes, agresión y violencia en el sur, así como epidemias fuertes hacia el sureste y oeste de las ciudades, países y continentes. Temblores y movimientos de tierra. Se puede colocar una lámpara al centro de las construcciones para reducir este efecto. Para favorecer la llegada de dinero a través del trabajo se recomienda colocar dos esferas metálicas en el norte. Las cuestiones sociales y de estudio se presentarán tranquilas, al igual que las relaciones favorables. Cuidado con la vesícula durante este mes. Colocar una campana de viento de seis tubos en el sureste para fortalecer la salud. Colocar un tazón con agua y dos cuarzos en el sur para reducir la competencia desleal y agresiva, así como el que quieran robarte o quitarte el reconocimiento por tus logros. Se presentará pasión en el amor, colocar dos patos mandarines o un par de rinocerontes en el suroeste de la construcción para favorecer este aspecto. No es mes para especular con el dinero, se recomienda colocar una campana de viento de seis tubos en el oeste para reducir los riesgos económicos. Para fortalecer y mejorar las relaciones con clientes y proveedores, así como viajes y becas, coloca una planta natural en el noroeste. Un tazón con agua en el este apoyará las relaciones familiares, así como la planeación de aspectos familiares a futuro.

Los signos zodiacales que deben tener cuidado durante este mes son:

✿ Dragón y serpiente: cuidado con enfermedades. Es recomendable vestir de blanco y consumir alimentos del mismo color. Colocar una campana de viento de seis o doce tubos huecos en el sureste.

✿ Caballo: cuidado con asaltos y conflictos, sobre todo laborales. Se pueden presentar situaciones violentas. Se recomienda vestir en colores oscuros y beber bastantes líquidos. Colocar elemento agua quieta en el sur de las construcciones.

✿ Gallo: cuidado con las situaciones imprevistas y los cambios drásticos e inesperados. Cuidar la salud. Se recomienda vestir de blanco y consumir alimentos del mismo color. Colocar en el oeste de las construcciones una campana de viento de seis tubos o una deidad de metal o seis esferas metálicas o de cuarzo.

Las horas de mayor cuidado durante este mes son:

✿ Entre las 7:00 a. m. y las 11:00 a. m. cuidado con indigestiones.

✿ Entre las 11:00 a. m. y la 1:00 p. m. cuidado con asaltos, accidentes y pérdidas.

✿ Entre las 5:00 p. m. y las 7:00 p. m. cuidado con situaciones drásticas e inesperadas.

Los signos que se verán beneficiados en este mes son:

✿ Rata: excelente momento económico. Colocar luz y pirámides rojas (2) en el norte. Vestirse de rojo y consumir alimentos del mismo color.

✿ Buey y tigre: mes ideal para iniciar proyectos y poner en orden las finanzas y las ideas. Vestir de amarillo y consumir alimentos del mismo color. Colocar una escultura de barro, porcelana o talavera en el noreste promoverá este aspecto. Se puede colocar una montaña de cuarzos o una drusa, así como una escultura metálica.

❀ Conejo: bastante favorecido en cuestiones de negocios. Vestir de blanco, emplear accesorios metálicos, consumir alimentos blancos y colocar una campana de viento de cuatro tubos en el este fortalecerá este aspecto y promoverá el éxito.

❀ Mono y cabra: bastante favorecidos en cuestiones de ingresos inesperados, vestir de verde, consumir alimentos del mismo color, practicar deporte y colocar una planta natural en el suroeste fortalecerá este aspecto.

❀ Perro y cerdo: mes de romance, colocar agua en el noroeste promoverá este aspecto; puede ser una fuente, un tazón con agua, cuarzos y una flor de loto flotante o una pecera si eres soltero; si eres casado coloca una planta natural para fortalecer tu relación matrimonial. Vestir de colores oscuros y consumir alimentos oscuros y verdes.

Las horas más favorables del día durante este mes son:
❀ Entre las 11:00 p. m. y la 1:00 a. m. para negocios.
❀ Entre la 1:00 a. m. y las 5:00 a. m. para poner orden en nuestros proyectos.
❀ Entre las 5:00 a. m. y las 7:00 a. m. para planear a futuro.
❀ Entre la 1:00 p. m. y las 5:00 p. m. para ingresos inesperados.
❀ Entre las 7:00 p. m. y las 11:00 p. m. para romance y estudio.

Serpiente (mayo de 2018)

El entorno laboral y profesional se percibirá estancado y extraño. Este mes es de cuidado para la salud. Come en casa y cuida tu alimentación. Habrá reconocimiento hacia tu trabajo aunque percibirás competencia desleal y traicionera, el amor estará en buenos términos este mes. Habrá abundancia y libertad económica.

Es buen mes en lo económico. Cuida tu trabajo, alguien te lo puede quitar o robar tus proyectos.

Es un periodo favorable con posibles beneficios económicos. Si has estado envuelto en alguna demanda legal o problema legal, en este mes se puede presentar la oportunidad de resolverse satisfactoriamente. Buen mes para establecer nuevos contactos.

Los amigos de la serpiente son el mono, el gallo y el buey. Sus enemigos son el tigre y el cerdo. Este trino se presenta afectado con cambios drásticos e inesperados en lo que a estabilidad se refiere durante el mes, por lo que su amuleto es un gallo. Para el tigre su amuleto es un buey y para el cerdo un gallo de cuarzo o piedra.

El Gran Duque del mes se ubica en el sureste, y los Tres Asesinos en el sureste, este y noreste. Coloca un pi yao viendo hacia el sureste y tres tortugas dragón: una viendo al sureste, otra al este y otra al noreste.

Si eres serpiente, utiliza un pi yao como amuleto y si eres tigre, conejo o dragón una tortuga dragón o un chi lin.

Durante este mes rige la Estrella 2 central, esto indica que hay que cuidar la salud. Es un mes de situaciones enfermizas y atoradas en el centro de los países, ciudades o continentes. Habrá problemas fuertes asociados con accidentes, epidemias, pleitos, violencia y agresión en el noreste, norte y noroeste de las ciudades, países y continentes. Pleitos, problemas y discusiones entre líderes de diferentes países y situaciones completamente inesperadas hacia el noreste. Temblores, inundaciones o afectaciones asociadas con agua. Colocar al centro de la casa o construcción un tazón de vidrio o cristal con agua quieta, cuarzos y una flor de loto flotante para reducir el efecto negativo de esta estrella.

Es un buen mes en lo que se refiere a cuestiones económicas; colocar una fuente o una planta natural en el sureste para activar este aspecto. En lo sentimental se puede colocar una lámpara o dos velas en el suroeste para fortalecer la relación de pareja.

Cuidado con pleitos y problemas que se pueden presentar con clientes y amigos durante este mes; colocar una lámpara o nueve monedas chinas atadas con hilo rojo en el sector noroeste de las construcciones para solucionar este aspecto. Se pueden presentar problemas laborales; colocar color azul marino o elemento agua en el norte para aminorar este aspecto. En cuestiones de estudio se pueden presentar cambios inesperados por lo que colocar una campana de viento de seis tubos en el sector noreste puede ser adecuado.

Una planta natural en el este promoverá la llegada de ingresos inesperados. Agua y una planta en el oeste servirá para atraer romance. Para poner orden y aclarar las situaciones con respecto a nuestro aspecto profesional y nuestros logros coloca metal o seis esferas de cuarzo en el sur.

Durante este mes se pueden presentar fenómenos naturales relacionados con la tierra como terremotos.

En este mes los signos zodiacales que deben tener cuidado son los siguientes:

✿ Rata: cuidado con asaltos y conflictos sobre todo en cuestiones laborales. Se pueden presentar situaciones violentas. Se recomienda vestir en colores oscuros y beber bastantes líquidos. Colocar elemento agua quieta en el norte de las construcciones.

✿ Buey y tigre: cuidado con las situaciones imprevistas y los cambios drásticos e inesperados. Cuidar la salud. Se recomienda vestir de blanco y consumir alimentos del mismo color. Colocar en el noreste de las construcciones una campana de viento de seis tubos o una deidad de metal o seis esferas metálicas o de cuarzo.

❀ Perro y cerdo: mes de líos, discusiones, malentendidos y pleitos. Vestirse de rojo y consumir alimentos de ese color. Colocar velas o una lámpara o una pirámide en rojo en el noroeste para contrarrestar ese aspecto.

Las horas de cuidado para este mes son:

❀ Entre las 11:00 p. m. y la 1:00 a. m. cuidado con asaltos y situaciones violentas.

❀ Entre la 1:00 a. m. y las 5:00 a. m. cuidado con situaciones inesperadas.

❀ Entre las 7:00 p. m. y las 11:00 p. m. cuidado con pleitos y discusiones.

Los signos más favorecidos durante este mes son:

❀ Conejo: bastante favorecido en cuestiones de ingresos inesperados, vestir de verde, consumir alimentos verdes, practicar deporte y colocar una planta natural en el este fortalecerá este aspecto.

❀ Dragón y serpiente: bastante favorecidos en cuestiones de negocios. Vestir de blanco, emplear accesorios metálicos, consumir alimentos blancos, y colocar una campana de viento de cuatro tubos en el sureste fortalecerá este aspecto y promoverá éxito.

❀ Caballo: mes ideal para iniciar proyectos y poner en orden las finanzas y las ideas. Vestir de amarillo y consumir alimentos de ese color. Colocar una escultura de barro, porcelana o talavera en el sur promoverá este aspecto. Se puede colocar una montaña de cuarzos o una drusa, así como una escultura metálica de una montaña promoverá éxito.

❀ Cabra y mono: excelente momento económico. Colocar luz y pirámides rojas (2) en el suroeste. Vestirse de rojo y consumir alimentos rojos.

❀ Gallo: mes de romance, colocar agua en el oeste promoverá este aspecto; puede ser una fuente, un tazón con agua, cuarzos y una flor de loto flotante o una pecera si eres soltero; si eres casado coloca una planta natural para fortalecer el romance en tu relación. Vestir de colores oscuros y consumir alimentos también oscuros y verdes.

Las horas más propicias para hacer negocios durante este mes son:
❀ 5:00 a. m. a 7:00 a. m.
❀ 7:00 a. m. a 11:00 a. m.
❀ 1:00 p. m. a 5:00 p. m.

Las horas más propicias para el romance son:
❀ Entre las 5:00 p. m. y las 7:00 p. m.

Caballo (junio de 2018)

Periodo de transición, momento de terminar proyectos para iniciar nuevos. No es un mes muy productivo en resultados. Es importante poner atención a la relación sentimental y analizar muy bien las propuestas de negocios que recibamos, ya que puede haber problemas para concretarlos. Mes de movimiento asociado a la planeación y estructuración, así como lo cultural. Cuida a tu pareja, te la pueden querer robar en este mes. En lo económico se pueden presentar ingresos inesperados. Habrá situaciones drásticas con respecto a la imagen y el reconocimiento.

Los amigos del caballo son el tigre, el perro y la cabra. Sus enemigos son la rata y el buey. Este trino se presenta afectado con situaciones enfermizas con respecto a reputación y envidias por dinero, abundancia y logros durante el mes por lo que su amuleto es un tigre. Para la rata su amuleto es un mono y para el buey un perro.

El Gran Duque del mes se ubica en el sur, y los Tres Asesinos en el noreste, norte y noroeste. Coloca un pi yao viendo hacia el sur y tres tortugas dragón, una viendo al noreste, otra al norte y otra al noroeste.

Si eres caballo, utiliza un pi yao como amuleto y si eres cerdo, rata o buey, usa una tortuga dragón o un chi lin.

Durante este mes la Estrella 1 rige al centro. Cuidado con inundaciones, fugas de agua y fenómenos naturales relacionados con agua. Se presentarán situaciones enfermizas y fuera de control con respecto a líderes de diferentes países, fuertes problemas y discusiones, así como violencia y agresiones asociadas con creencias y religiones. Guerras, accidentes, violencia y agresión hacia el suroeste y oeste de las ciudades, países y continentes. Problemas asociados a economía y manejo de dinero entre los países del este y el oeste. Es mes favorable en cuestiones económicas, el amor se va a percibir detenido o lento, con etapas de aburrimiento. Cuidado con la salud de la persona mayor de casa, sobre todo el papá. Se pueden presentar discusiones con los hijos y la hija menor se puede manifestar rebelde y desobediente en este mes.

Se recomienda colocar el elemento metal al centro de las construcciones para fortalecer la salud, ya que hay tendencia a enfermedades relacionadas con las vías urinarias, la sangre, los riñones y los órganos sexuales.

Durante este mes las cuestiones laborales se presentan favorecidas. Para promover el éxito en el trabajo se recomienda colocar siete esferas metálicas en el sector norte o dos campanas de viento de seis tubos cada una.

Para fortalecer las cuestiones de estudio se recomienda colocar una pirámide roja o una lámpara en el noreste.

Para favorecer las cuestiones económicas se recomienda colocar una lámpara de poste alto, una pirámide roja o una vela en el sector este de las construcciones.

Para activar la energía de ingresos inesperados se sugiere colocar una planta natural en el sector sureste.

Cuidado con chismes y comentarios malintencionados, se pueden presentar cambios y situaciones inesperadas con respecto a la fama y la reputación por la presencia de la Estrella 5. Colocar una campana de viento de seis tubos en el sur puede ser de gran ayuda.

Para fortalecer la energía del amor es importante colocar un tazón con agua quieta en el suroeste, puede ser un tazón de vidrio o cristal con cuarzos y tres velas flotantes.

En el oeste se recomienda colocar tres monedas chinas anudadas con hilo rojo, al igual que una lámpara o luz para reducir los pleitos y discusiones con los hijos.

Mes difícil para los medios de comunicación.

Cuidado con situaciones enfermizas o problemas con clientes y amigos, se recomienda colocar una campana de viento de seis o doce tubos en el noroeste, esto también favorecerá la salud del hombre mayor de la casa.

En este mes los signos zodiacales que deben tener mayor cuidado son:

❧ Caballo: cuidado con las situaciones imprevistas y los cambios drásticos e inesperados. Cuidar la salud. Se recomienda vestir de blanco y consumir alimentos del mismo color. Colocar en el sur de las construcciones una campana de viento de seis tubos o una deidad de metal o seis esferas metálicas o de cuarzo.

❧ Gallo: mes de líos, discusiones, malentendidos y pleitos. Vestirse de rojo y consumir alimentos de ese color. Colocar velas o una lámpara o una pirámide en color rojo en el oeste para contrarrestar ese aspecto.

❧ Perro y cerdo: cuidado con enfermedades. Es recomendable vestir de blanco y consumir alimentos de ese color. Colocar una campana de viento de seis o doce tubos en el noroeste.

❀ Mono y cabra: cuidado con asaltos y conflictos sobre todo en cuestiones laborales. Se pueden presentar situaciones violentas. Se recomienda vestir en colores oscuros y beber bastantes líquidos. Colocar el elemento agua quieta en el suroeste de las construcciones.

Las horas de cuidado durante este mes son:

❀ Entre las 11:00 a. m. y la 1:00 p. m. cuidado con situaciones inesperadas.

❀ Entre las 5:00 p. m. y las 7:00 p. m. cuidado con pleitos y discusiones.

❀ Entre la 1:00 p. m. y las 5:00 p. m. cuidado con asaltos y violencia.

❀ Entre las 7:00 p. m. y las 11:00 p. m. cuidado con accidentes e indigestiones.

Los signos más favorecidos en este mes son:

❀ Rata: mes ideal para iniciar proyectos y poner en orden las finanzas y las ideas. Vestir de amarillo y consumir alimentos de ese color. Colocar una escultura de barro, porcelana o talavera en el norte promoverá este aspecto. Se puede colocar una montaña de cuarzos o una drusa así como una escultura metálica de una montaña promoverá éxito.

❀ Buey y tigre: mes de romance, colocar agua en el noreste promoverá este aspecto; puede ser una fuente, un tazón con agua, cuarzos y una flor de loto flotante o una pecera si eres soltero; si eres casado coloca una planta para fortalecer el romance en tu matrimonio. Vestir de colores oscuros y consumir alimentos también oscuros y verdes.

❀ Conejo: excelente momento económico. Colocar luz y pirámides rojas (2) en el este. Vestirse de rojo y consumir alimentos del mismo color.

✿ Dragón y serpiente: bastante favorecido en cuestiones de ingresos inesperados, vestir de verde, consumir alimentos del mismo color, practicar deporte y colocar una planta natural en el sureste fortalecerá este aspecto.

Las horas más propicias para negocios son:
✿ Entre las 11:00 p. m. y la 1:00 a. m.
✿ Entre las 5:00 a. m. y las 7:00 a. m.
✿ Entre las 7:00 a. m. y las 11:00 a. m.

Las horas más propicias para el amor son:
✿ Entre la 1:00 a. m. y las 5:00 a. m.

Cabra (julio de 2018)

Lo más recomendable es que retrases el tomar decisiones importantes durante el mes, evita reaccionar de manera impulsiva e instintiva. Aparecerá una oportunidad que has estado esperando. Fase poco productiva del año. Se percibirá escasez, pocas oportunidades. Mes para salir adelante a través del esfuerzo personal y la tenacidad. Adopta una actitud práctica durante este mes, evita las ideas, los proyectos y los pensamientos complejos. Los caprichos y los excesos durante este mes te pueden llevar a tener pérdidas económicas. No esperes grandes resultados ni grandes proyectos durante este mes. Se le considera un mes de supervivencia. Pleitos en el amor. En la salud, poner atención a la vejiga, los riñones, el corazón, la sangre, los órganos sexuales y el intestino grueso, el estómago, el bazo y el páncreas.

Los amigos de la cabra son el caballo, el conejo y el cerdo. Sus enemigos son la rata y el buey. Este trino se presenta afectado con tensión, riesgos de accidentes, argumentaciones y agobios durante el mes por lo que su amuleto es un cerdo. Para el buey su amuleto es un cerdo y para la rata un cerdo.

El Gran Duque del mes se ubica en el suroeste y los Tres Asesinos en el suroeste, oeste y noroeste. Coloca un pi yao viendo hacia el suroeste y tres tortugas dragón, una viendo al suroeste, otra al oeste y otra al noroeste.

Si eres cabra, utiliza un pi yao como amuleto y si eres mono, gallo o perro una tortuga dragón o un chi lin.

Durante este mes la estrella regente central es la Estrella 9. Esto genera que la energía predominante en este tiempo sea de ego y competencia. Situaciones y guerras enfermizas entre países de este y oeste. Accidentes, violencia y agresión en el este de las ciudades, países y continentes. Situaciones drásticas e inesperadas hacia el norte de las ciudades, países y continentes. Atentados y tristeza hacia el noreste y este. También se pueden presentar ingresos económicos inesperados. Cuidado con las situaciones drásticas y las presiones en el trabajo. Coloca una campana de viento de seis tubos en el norte para reducir este aspecto conflictivo. Se pueden presentar conflictos, discusiones y pleitos en cuestiones de estudio, es recomendable colocar elemento fuego en el noreste. Es importante evitar discusiones y pleitos familiares que pueden desatar violencia en este tiempo, también se pueden presentar a nivel empresas y sociedades; es conveniente colocar un tazón de vidrio con agua quieta y una flor de loto flotante en el este de las construcciones. El aspecto económico está favorecido si actúas con inteligencia, se recomienda colocar una lámpara en el sureste para fortalecer esta energía de abundancia. Mes muy activo con respecto a fama y reputación, se pueden presentar chismes y comentarios al igual que guerras de poder, colocar una planta natural en el centro de la construcción y en el sur.

Buen momento para aprovechar oportunidades sentimentales, puede haber inicio de una relación si es que controlas tu temperamento o habrá separaciones, colocar un par de patos mandarines (en escultura) en el suroeste. Hay que cuidar los pulmones, vías respiratorias y la cabeza, también hay que cuidar la salud de la hija menor de casa, se recomienda colocar una campana de viento de seis o doce tubos en el oeste de las construcciones para aminorar este efecto negativo.

Puede haber movimientos telúricos este mes.

Habrá clientes y proveedores favorables este tiempo, se puede reforzar este aspecto colocando una campana de 12 tubos en el noroeste.

En este mes se pueden presentar erupciones volcánicas.

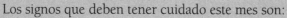

Los signos que deben tener cuidado este mes son:

❀ Gallo: cuidado con enfermedades. Es recomendable vestir de blanco y consumir alimentos de ese mismo color. Colocar una campana de viento de seis o doce tubos en el oeste.

❀ Rata: cuidado con las situaciones imprevistas y los cambios drásticos e inesperados y la salud. Se recomienda vestir de blanco y consumir alimentos del mismo color. Colocar en el norte de las construcciones una campana de viento de seis tubos o una deidad de metal o seis esferas metálicas o de cuarzo.

❀ Buey y tigre: mes de líos, discusiones, malentendidos y pleitos. Vestirse de rojo y consumir alimentos de ese color. Colocar velas o una lámpara o una pirámide roja en el noreste para contrarrestar ese aspecto.

❀ Conejo: cuidado con asaltos y conflictos sobre todo en cuestiones laborales. Se pueden presentar situaciones violentas. Se recomienda vestir en colores oscuros y beber bastantes líquidos. Colocar elemento agua quieta en el este de las construcciones.

Las horas de cuidado durante este mes son:

✿ Entre las 11:00 p. m. y la 1:00 a. m. cuidado con situaciones inesperadas.

✿ Entre la 1:00 a. m. y las 5:00 a. m. cuidado con discusiones.

✿ Entre las 5:00 a. m. las 7:00 a. m. cuidado con asaltos, accidentes y violencia.

✿ Entre las 5:00 p. m. y las 7:00 p. m. cuidado con indigestiones.

Los signos más favorecidos durante este mes son:

✿ Dragón y serpiente: excelente momento económico. Colocar luz y pirámides rojas (2) en el sureste. Vestirse de rojo y consumir alimentos del color.

✿ Caballo: mes de romance, colocar agua en el sur promoverá este aspecto puede ser una fuente, un tazón con agua, cuarzos y una flor de loto flotante o una pecera si eres soltero; si eres casado coloca una planta natural para fortalecer el romance en tu matrimonio. Vestir de colores oscuros y consumir alimentos también oscuros y verdes.

✿ Cabra y mono: mes ideal para iniciar proyectos y poner en orden las finanzas y las ideas. Vestir de amarillo y consumir alimentos del mismo color. Colocar una escultura de barro, porcelana o talavera en el suroeste promoverá este aspecto. Se puede colocar una montaña de cuarzos o una drusa, así como una escultura metálica de una montaña promoverá el éxito.

✿ Perro y cerdo: bastante favorecidos en cuestiones de negocios. Vestir de blanco, emplear accesorios metálicos, consumir alimentos blancos y colocar una campana de viento de cuatro tubos en el noroeste fortalecerá este aspecto y promoverá el éxito.

Las horas más favorecidas para negocios durante este mes son:
✿ Entre las 7:00 a. m. y las 11:00 a. m.
✿ Entre la 1:00 p. m. y las 5:00 p. m.
✿ Entre las 7:00 p. m. y las 11:00 p. m.

Las horas más favorecidas para el romance son:
✿ Entre las 11:00 a. m. y la 1:00 p. m.

Mono (agosto de 2018)

Periodo en el que es posible lograr buenos avances si nos enfocamos en hacer bien nuestro trabajo y no dispersamos nuestra energía en superficialidades ni distracciones. Habrá grandes recompensas a lo realizado por tu propio esfuerzo. Mes de provecho económico, de buena suerte. Cuida tu dinero, te lo pueden querer robar. En el amor pueden presentarse cambios drásticos e inesperados, platica con tu pareja y pongan orden en sus sentimientos si no quieren llevarse sorpresas desagradables. Se pueden presentar relaciones extramaritales o romances en el trabajo. En la salud poner mucha atención al sistema digestivo.

Los amigos del mono son el dragón, la rata y la serpiente. Sus enemigos son el tigre y el cerdo. Este trino se presenta afectado en las relaciones sentimentales durante el mes, por lo que su amuleto es una rata. Para el tigre su amuleto es un dragón y para el cerdo una rata.

El Gran Duque del mes se ubica en el suroeste, y los Tres Asesinos en el sureste, sur y suroeste. Coloca un pi yao viendo hacia el suroeste y tres tortugas dragón, una viendo al sureste, otra al sur y otra al suroeste.

Si eres mono utiliza un pi yao como amuleto y si eres serpiente, caballo o cabra una tortuga dragón o un chi lin.

Durante este mes la estrella regente al centro es la estrella ocho. Esto le imprime características fuertes. Se pueden presentar erupciones volcánicas y temblores. En este periodo se pueden presentar agresiones y violencia, así como accidentes con respecto a líderes políticos, religiosos y personajes importantes, también hacia el hombre mayor de casa. Habrá explosiones e incendios en el el noroeste de las ciudades, países y continentes. Cambios drásticos y fuertes en el suroeste de las ciudades, países y continentes asociados con mujeres mayores, epidemias y enfermedades extrañas. Asaltos, robos, violencia y guerra hacia el sureste de las ciudades, países y continentes. Inundaciones fuertes y problemas asociados con agua.

En este mes la cuestión laboral se presenta favorecida en cuestiones de viajes y crecimiento y desarrollo profesional. Se recomienda colocar madera, así como plantas de color verde en el norte para favorecer esa energía en nuestro entorno.

Situaciones inesperadas en el amor, cuidado, puede haber separaciones y conflictos. Se recomienda colocar un par de patos mandarines de cuarzo en el suroeste y una campana de viento de seis tubos.

En las cuestiones de estudio habrá situaciones enfermizas y estancadas se pueden presentar incluso problemas en el gobierno e instituciones. Colocar una campana de viento de ocho tubos en el noreste será de gran ayuda.

Etapa de cuidado en cuestiones económicas, se presentarán fraudes, robos y pérdidas. Es importante colocar un tazón con agua quieta y tres velas flotantes en el sector sureste de las construcciones.

Para controlar las guerras de poder y los chismes se recomienda colocar una lámpara o pirámide roja en el sur de las construcciones.

Para favorecer la energía de ingresos inesperados se recomienda colocar una planta natural en el noroeste.

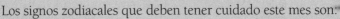

Los signos zodiacales que deben tener cuidado este mes son:

✿ Buey y tigre: cuidado con enfermedades. Es recomendable vestir de blanco y consumir alimentos del mismo color, así como colocar una campana de viento de seis o doce tubos en el noreste.

✿ Dragón y serpiente: cuidado con asaltos y conflictos, sobre todo en cuestiones laborales. Se pueden presentar situaciones violentas. Se recomienda vestir en colores oscuros y beber bastantes líquidos. Colocar elemento agua quieta en el sureste de las construcciones.

✿ Caballo: mes de líos, discusiones, malentendidos y pleitos. Vestirse de rojo y consumir alimentos de ese color. Colocar velas o una lámpara o una pirámide roja en el sur para contrarrestar ese aspecto.

✿ Cabra y mono: cuidado con las situaciones imprevistas y los cambios drásticos e inesperados. Cuidar la salud. Se recomienda vestir de blanco y consumir alimentos de ese color. Colocar en el suroeste de las construcciones una campana de viento de seis tubos o una deidad de metal o seis esferas metálicas o de cuarzo.

Las horas de cuidado durante este mes son:

✿ Entre la 1:00 a. m. y las 5:00 a. m. cuidado con indigestiones y resfriados.

✿ Entre 7:00 a. m. y 11:00 a. m. cuidado con asaltos y situaciones violentas.

✿ Entre las 11:00 a. m. y la 1:00 p. m. cuidado con discusiones y pleitos.

✿ Entre la 1:00 p. m. y las 5:00 p. m. cuidado con situaciones drásticas e inesperadas.

Los signos zodiacales más favorecidos este mes son:

❁ Rata: mes de romance, colocar agua en el norte promoverá este aspecto; puede ser una fuente, un tazón con agua, cuarzos y una flor de loto flotante o una pecera si eres soltera. Si eres casada coloca una planta natural para reforzar el romance con tu pareja. Vestir de colores oscuros y consumir alimentos también oscuros.

❁ Conejo: mes ideal para iniciar proyectos y poner en orden las finanzas y las ideas. Vestir de amarillo y consumir alimentos del mismo color. Colocar una escultura de barro, porcelana o talavera en el este promoverá este aspecto. Se puede colocar una montaña de cuarzos o una drusa, así como una escultura metálica de una montaña promoverá el éxito.

❁ Gallo: bastante positivo en cuestiones de negocios. Vestir de blanco, emplear accesorios metálicos, consumir alimentos del mismo color y colocar una campana de viento de cuatro tubos en el oeste fortalecerá este aspecto y promoverá el éxito.

❁ Perro y cerdo: bastante favorecido en cuestiones de ingresos inesperados, vestir de verde, consumir alimentos del mismo color, practicar deporte y colocar una planta natural en el noroeste fortalecerá este aspecto.

Las horas más favorables de este mes van a ser:

❁ Entre las 11:00 p. m. y la 1:00 a. m. para cuestiones de estudio.

❁ Entre las 5:00 a. m. y las 7:00 a. m. para poner orden.

❁ Entre las 5:00 p. m. y las 7:00 p. m. para planear y estructurar a futuro.

❁ Entre las 7:00 p. m. y las 11:00 p. m. para negociaciones que generen ingresos inesperados.

La hora más favorable para el romance es entre las 11:00 p. m. y la 1:00 a. m.

Gallo (septiembre de 2018)

En este mes todos los asuntos relacionados con el corazón son favorables. Buen momento para enamorarse, comprometerse, casarse o embarazarse. Etapa donde habrá inspiración creativa. Lo asociado con siembra es positivo. Mes de accidentes, robos, asaltos y pérdidas. Cuidado con guerras de poder en lo económico. Romance en lo que respecta a la relación de pareja y problemas legales, chismes y pleitos en el trabajo. Mes para tomarlo con calma y cuidarse. Energía filosa y agresiva. Cuidado con resfríos y malestares pulmonares, dolores de huesos y articulaciones, el corazón y el intestino.

Los amigos del gallo son la serpiente, el buey y el dragón. Sus enemigos son el conejo y el perro. Este trino se presenta afectado por críticas, chismes y malas jugadas durante el mes, por lo que su amuleto es un dragón. Para el conejo su amuleto es un buey y para el perro una serpiente.

El Gran Duque del mes se ubica en el oeste, y los Tres Asesinos en el noreste, este y sureste. Coloca un pi yao viendo hacia el oeste y tres tortugas dragón, una viendo al noreste, otra al este y otra al sureste.

Si eres gallo, utiliza un pi yao como amuleto y si eres buey, conejo y dragón una tortuga dragón o un chi lin.

Durante este mes la estrella que rige al centro es la Estrella 7. Mes complejo y difícil, se va a caracterizar por situaciones violentas. Cuidado con cuchillos y navajas al cocinar para evitar cortaduras y accidentes. En este periodo se pueden presentar agresiones y violencia así como accidentes como si fueran situaciones cotidianas. Habrá explosiones e incendios hacia el oeste de las ciudades, países y continentes. Cambios drásticos y fuertes en el este de las ciudades, países y continentes asociados con empresas e instituciones sólidas, epidemias y enfermedades extrañas hacia el sur. Asaltos, robos, violencia y guerra hacia el centro de las ciudades, países y continentes. Inundaciones fuertes y problemas asociados con agua.

Es tiempo de muchos conflictos, pleitos y malentendidos en el trabajo, colocar elemento fuego o un tazón con agua y tres velas flotantes ayudará a mejorar ese aspecto en el norte. Para fortalecer la cuestión de estudios colocar una campana de viento de ocho tubos en el noreste. Cuidado con problemas familiares, se recomienda colocar una campana de viento de seis tubos en el este para fortalecer esa energía. Se recomienda colocar una fuente o agua en el sureste para fortalecer el orden y la disciplina en el aspecto económico. La salud se puede ver afectada este mes en lo que se refiere al corazón y el intestino. Colocar una campana de viento de siete tubos en el sur.

Cuidado con engaños y traiciones en el amor, coloca velas y lámparas en pares en el suroeste para contrarrestar ese efecto. Si deseas favorecer ingresos económicos inesperados se recomienda colocar una planta natural en el oeste. Una lámpara en el noroeste fortalecerá la economía y promoverá energía de abundancia.

Mes donde se pueden presentar accidentes de coche, aviones, camiones y trenes.

Los signos zodiacales que deben tener más cuidado son:

✿ Rata: mes de líos, discusiones, malentendidos y pleitos. Vestirse de rojo y consumir alimentos de ese color. Colocar velas o una lámpara o una pirámide en color rojo en el norte para contrarrestar ese aspecto.

✿ Conejo: cuidado con las situaciones imprevistas y los cambios drásticos e inesperados. Cuidar la salud. Se recomienda vestir de blanco y consumir alimentos de ese color. Colocar en el este de las construcciones una campana de viento de seis tubos o una deidad de metal o seis esferas metálicas o de cuarzo.

✿ Caballo: cuidado con enfermedades. Es recomendable vestir de blanco y consumir alimentos de ese color. Colocar una campana de viento de seis o doce tubos en el sur.

Las horas de cuidado durante este mes son:

❀ Entre las 11:00 p. m. y la 1:00 a. m. cuidado con pleitos y discusiones.

❀ Entre las 5:00 a. m. y las 7:00 a. m. cuidado con situaciones drásticas e inesperadas.

❀ Entre las 11:00 a. m. y la 1:00 p. m. cuidado con indigestiones.

Los signos que se verán más favorecidos durante este mes son:

❀ Buey y tigre: bastante favorecidos en cuestiones de negocios. Vestir de blanco, emplear accesorios metálicos, consumir alimentos blancos y colocar una campana de viento de cuatro tubos en el noreste fortalecerá este aspecto y promoverá éxito.

❀ Dragón y serpiente: mes ideal para iniciar proyectos y poner en orden las finanzas y las ideas. Vestir de amarillo y consumir alimentos de ese color. Colocar una escultura de barro, porcelana o talavera en el sureste promoverá este aspecto. Se puede colocar una montaña de cuarzos o una drusa así como una escultura metálica.

❀ Cabra y mono: mes de romance, colocar agua en el oeste promoverá este aspecto; puede ser una fuente, un tazón con agua, cuarzos y una flor de loto flotante o una pecera si eres soltera, si eres casada coloca una planta natural para fortalecer el romance en tu matrimonio. Vestir de colores oscuros y consumir alimentos también oscuros.

❀ Gallo: bastante favorecido en cuestiones de ingresos inesperados, vestir de verde, consumir alimentos de ese color, practicar deporte y colocar una planta natural en el oeste fortalecerá este aspecto.

❀ Perro y cerdo: excelente momento económico. Colocar luz y pirámides rojas (2) en el noroeste. Vestirse de rojo y consumir alimentos de ese color.

Las horas más favorables del día durante este mes son:
- ✿ Entre la 1:00 a. m. y las 5:00 a. m. para planear y estructurar a futuro.
- ✿ Entre las 7:00 a. m. y las 11:00 a. m. para poner orden.
- ✿ Entre la 1:00 p. m. y las 5:00 p. m. para romance y cuestiones de estudio.
- ✿ Entre las 5:00 p. m. y las 7:00 p. m. para negocios.
- ✿ Entre las 7:00 p. m. y las 11:00 p. m. para negocios.

Perro (octubre de 2018)

Es un mes para no correr riesgos ni especular con dinero. No es momento para formar parte de eventos o presentaciones públicas, evita impartir conferencias. Puede haber logros positivos en el entorno si pones orden y disciplina en todo lo que realices. Sentirás fortalecida tu salud. Mes con buena energía de desarrollo, orden, disciplina. Situaciones enfermizas en lo laboral y cambios drásticos e inesperados en lo económico. Pleitos y discusiones en el amor. Cuida a tus clientes y proveedores, te los pueden robar. Cuidado con problemas de deslealtad y traiciones de amigos y compañeros de trabajo. En la salud se presentarán pequeños malestares respiratorios, dolores de cuello y articulaciones.

Los amigos del perro son el caballo, el tigre y el conejo. Sus enemigos son el dragón y el gallo. Este trino se presenta afectado en la seguridad, accidentes, asaltos y robos durante el mes por lo que su amuleto es un ruyi y un rinoceronte. Para el dragón su amuleto es un caballo y para el gallo un tigre.

El Gran Duque del mes se ubica en el noroeste y los Tres Asesinos en el noreste, norte y noroeste. Coloca un pi yao viendo hacia el noroeste y tres tortugas dragón, una viendo al noreste, otra al norte y otra al noroeste.

Si eres perro, utiliza un pi yao como amuleto y si eres buey, rata o cerdo una tortuga dragón o un chi lin.

Durante este mes la estrella central que rige es la seis. Mes de energía rígida y disciplinada. Pueden presentarse guerras de poder entre los gobiernos y partidos políticos, así como entre empresas fuertes. Habrá accidentes, violencia y guerras que afectan las estructuras y derriban, atentan o cambian a líderes políticos, religiosos, sindicales en el noroeste de las ciudades, países o continentes. Epidemias y enfermedades hacia el norte. Situaciones drásticas e inesperadas en lo que se refiere a crisis económicas en el suroeste de las ciudades, países o continentes. Chismes y agresiones verbales hacia mujeres importantes hacia el suroeste de las ciudades, países o continentes. Se pueden presentar temblores e inundaciones. Movimientos violentos en el centro de las ciudades, países o continentes. Momento de poner en orden la casa, la oficina y todos nuestros espacios. En este mes los problemas laborales continúan, es importante colocar el elemento metal en el norte, como una campana de viento de seis u ocho tubos. En el noreste se recomienda colocar una planta natural para activar los ingresos inesperados. Otra planta natural se puede colocar en el este para fortalecer la unión familiar y el romance. No es tiempo para correr riesgos económicos, puede haber pérdidas, se recomienda colocar una campana de viento de seis tubos en el sureste. En el sur colocar una planta natural y un tazón con agua o una fuente ayudará a reforzar la fama y el éxito. En lo que se refiere al amor, no es momento muy favorable, se presentan discusiones y pleitos, problemas y posibles divorcios, se sugiere colocar una lámpara o algo rojo para reducir esta energía problemática en el suroeste. Para favorecer la llegada de dinero se sugiere colocar una lámpara o una pirámide roja en el oeste. Para evitar robos y asaltos, coloca un tazón con agua en el sector noroeste de las construcciones.

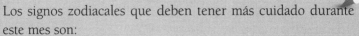

Los signos zodiacales que deben tener más cuidado durante este mes son:

✿ Rata: cuidado con enfermedades. Es recomendable vestir de blanco y consumir alimentos de ese color. Colocar una campana de viento de seis o doce tubos en el norte.

✿ Dragón y serpiente: cuidado con las situaciones imprevistas y los cambios drásticos e inesperados. Cuidar la salud. Se recomienda vestir de blanco y consumir alimentos de ese color. Colocar en el sureste de las construcciones una campana de viento de seis tubos o una deidad de metal o seis esferas metálicas o de cuarzo.

✿ Cabra y mono: mes de líos, discusiones, malentendidos y pleitos. Vestirse de rojo y consumir alimentos de ese color. Colocar velas, una lámpara o una pirámide en rojo en el suroeste para contrarrestar ese aspecto.

✿ Perro y cerdo: cuidado con asaltos y conflictos sobre todo en cuestiones laborales. Se pueden presentar situaciones violentas. Se recomienda vestir en colores oscuros y beber bastantes líquidos. Colocar elemento agua quieta en el noroeste de las construcciones.

Las horas de mayor cuidado durante este mes son:

✿ Entre las 11:00 p. m. y la 1:00 a. m. intoxicaciones y la salud.

✿ Entre las 7:00 a. m. y las 11:00 a. m. evita hacer negocios.

✿ Entre la 1:00 p. m. y las 5:00 p. m. cuidado con discusiones y pleitos.

✿ Entre las 7:00 p. m. y las 11:00 p. m. cuidado con asaltos.

Los signos zodiacales que se verán más favorecidos son:

❀ Buey y tigre: bastante favorecido en cuestiones de ingresos inesperados, vestir de verde, consumir alimentos de ese color, practicar deporte y colocar una planta natural en el noreste fortalecerá este aspecto.

❀ Conejo: mes de romance, colocar agua en el norte promoverá este aspecto; puede ser una fuente, un tazón con agua, cuarzos y una flor de loto flotante o una pecera si eres soltera o soltero; si eres casado coloca una planta natural para reforzar el romance en la relación. Vestir de colores oscuros y consumir alimentos también oscuros.

❀ Caballo: bastante favorecido en cuestiones de negocios. Vestir de blanco, emplear accesorios metálicos, consumir alimentos de color blanco y colocar una campana de viento de cuatro tubos en el sur fortalecerá este aspecto y promoverá el éxito.

❀ Gallo: excelente momento económico. Colocar luz y pirámides rojas (2) en el oeste. Vestirse de rojo y consumir alimentos de ese color.

Las horas más favorables son:

❀ Entre la 1:00 a. m. y las 5:00 a. m. para ingresos inesperados.

❀ Entre las 5:00 a. m. y las 7:00 a. m. para romance y estudio.

❀ Entre las 11:00 a. m. y la 1:00 p. m. para planear a futuro.

❀ Entre las 5:00 p. m. y las 7:00 p. m. para negocios.

Cerdo (noviembre de 2018)

Periodo y etapa favorable con lo asociado a cuentas, finanzas y cuestiones legales. Este mes se presenta complejo en cuestión de cambios drásticos e inesperados, no te fíes ni des por seguro nada, persigue tus metas y pon atención a tu salud. Es un mes complicado donde puedes sentir que las situaciones se detienen. Cuidado con platicar tus planes y proyectos, puede haber robo de ideas. Los clientes y proveedores se manifestarán demandantes y exigentes. En el amor se pueden presentar situaciones enfermizas y reclamos hirientes. Tendencia fuerte a pleitos familiares. Recurre a tu conocimiento para obtener dinero. También es momento para explotar el reconocimiento que has obtenido en el pasado para la llegada de proyectos inesperados y abundancia. Cuidado con los gastos, este mes compra solo lo necesario y ejercítate para fortalecer tu salud.

Se presentarán problemas con personas asociadas con autoridad, gobierno o instituciones gubernamentales.

Cuidado con la salud, epidemias y enfermedades del estómago, bazo y páncreas así como tumoraciones se pueden presentar.

Los amigos del cerdo son el tigre, el conejo y la cabra. Sus enemigos son el mono y la serpiente. Este trino se presenta afectado en las relaciones con clientes y apoyos pero con buenas situaciones asociadas a lo económico durante el mes, por lo que su amuleto es un cerdo. Para el mono su amuleto es una cabra y para la serpiente un conejo.

El Gran Duque del mes se ubica en el noroeste, y los Tres Asesinos en el noroeste, oeste y suroeste. Coloca un pi yao viendo hacia el noroeste y tres tortugas dragón, una viendo al noroeste, otra al oeste y otra al suroeste.

Si eres cerdo, utiliza un pi yao como amuleto y si eres mono, gallo o perro una tortuga dragón o un chi lin.

Durante este mes la energía reinante es la estrella cinco al centro. Eso genera que la energía sea bastante fuerte este mes. Es un mes ágil y drástico. Cada una de las distintas manifestaciones energéticas será fuerte y extremosa. Cada uno de los signos estará en su esencia y con bastante fuerza. Se presentarán situaciones drásticas e inesperadas en el centro de las ciudades, países y continentes, incluso puede haber cambios positivos. Accidentes, violencia y agresión así como guerras hacia el oeste de las ciudades, países y continentes, epidemias fuertes y situaciones enfermizas, afectación y agresión hacia mujeres maduras en el suroeste de los países, ciudades y continentes. Temblores y erupciones volcánicas, movimientos de agua muy fuertes. Se manifestarán líderes dictatoriales en el noroeste de los países, ciudades y continentes. Se recomienda colocar una campana de viento de seis o doce tubos al centro. En el sector norte de las construcciones se recomienda colocar una fuente para promover los aspectos laborales y el desarrollo de proyectos económicos, así como la energía de protección. Acomoda objetos y adornos en número cuatro y de madera para promover la energía de la prosperidad y el éxito en el norte. Puedes colocar nueve velas para promover la energía del amor y el romance en el norte. Colocar tres plantas promoverá la energía de salud en el norte.

❖ En el noreste es muy favorable colocar una lámpara de poste alto, una pirámide de vidrio o de cuarzo en rojo. Es el sector ideal para colocar velas y aparatos eléctricos durante este mes para promover prosperidad económica. Se pueden colocar objetos y adornos de cerámica o porcelana en pares para promover la energía de éxito y prosperidad. Puedes colocar un cuadro de un lago con una montaña para promover amor. Colocar seis esferas metálicas favorecerá la salud. Colocar un cuadro o escultura de una montaña fortalecerá la seguridad y la protección.

❖ En el este se recomienda colocar plantas en bloques de tres para fortalecer el estudio y las relaciones familiares. Un tazón con agua en el este favorecerá la salud. Cuatro plantas favorecerán el amor. Nueve velas promoverán prosperidad.

❖ En el sureste colocar cuatro plantas de hojas y tallos ascendentes promoverá prosperidad, seguridad y la llegada de dinero. Una fuente o tazón con agua promoverá la prosperidad, si a ese tazón se le colocan nueve velas flotantes se enfatizará la energía de salud y si se colocan tres objetos de madera se promoverá la energía de amor.

❖ En el sur colocar una planta natural para activar prosperidad inmediata y fortalecer la energía de fama, prestigio y reputación. Si colocas un tazón con agua y una flor flotante o planta de agua, promoverás la energía de amor. Colocar tres plantas naturales activará la energía de éxito y prosperidad. Cuatro plantas favorecerán la salud y una vela fortalecerá la energía de seguridad y protección.

❖ En el suroeste colocar dos esferas metálicas fortalecerá la energía de amor y unión de pareja. Colocar un jardín zen fortalecerá la energía de protección y seguridad. Una campana de viento de seis tubos favorecerá la unión de pareja. Un cuadro de montaña o una escultura de montaña promoverá energía de prosperidad, y una foto de un lago o un tazón con agua quieta y cuarzos fortalecerá la energía de salud.

❖ En el oeste colocar un tazón con agua quieta y cuarzos promoverá energía de protección y seguridad al igual que creatividad. Colocar una campana de viento de seis tubos o seis esferas metálicas promoverá energía de éxito y prosperidad. Una escultura de una montaña favorecerá la energía del romance, el glamur y amor. Un jardín zen fortalecerá la energía de salud.

❖ En el noroeste colocar una campana de viento de doce tubos fortalecerá la energía de seguridad y protección así como la llegada de ayuda del exterior, de buenos clientes y apoyo de amigos. Colocar un jardín zen promoverá energía de amor. Una escultura de montaña fortalecerá la salud. Un tazón con agua quieta y cuarzos promoverá éxito y prosperidad.

❖ En el centro lo ideal es colocar elemento metal.

❖ No es recomendable viajar o cambiarse de domicilio durante este mes.

Los signos zodiacales que deben tener cuidado este mes son:

❀ Conejo: mes de líos, discusiones, malentendidos y pleitos. Vestirse de rojo y consumir alimentos de ese color. Colocar velas o una lámpara o una pirámide en rojo en el este para contrarrestar ese aspecto.

❀ Cabra y mono: cuidado con enfermedades. Es recomendable vestir de blanco y consumir alimentos de ese color. Colocar una campana de viento de seis o doce tubos en el suroeste.

❀ Gallo: cuidado con asaltos y conflictos sobre todo en cuestiones laborales. Se pueden presentar situaciones violentas. Se recomienda vestir en colores oscuros y beber bastantes líquidos. Colocar el elemento agua quieta en el oeste de las construcciones.

Las horas de cuidado durante este mes son:

❀ Entre la 5:00 p. m. y las 7:00 p. m. cuidado con asaltos y accidentes.

❀ Entre la 1:00 p. m. y las 5:00 p. m. cuidado con indigestiones.

❀ Entre las 5:00 a. m. y las 7:00 a. m. cuidado con pleitos y discusiones.

Los signos que se verán beneficiados durante este mes son:

❀ Caballo: bastante favorecido en cuestiones de ingresos inesperados, vestir de verde, consumir alimentos de ese color, practicar deporte y colocar una planta natural en el sur fortalecerá este aspecto.

❀ Buey y tigre: excelente momento económico. Colocar luz y pirámides rojas (2) en el noreste. Vestirse de rojo y consumir alimentos de ese color.

✿ Rata: bastante favorecida en cuestiones de negocios. Vestir de blanco, emplear accesorios metálicos, consumir alimentos blancos y colocar una campana de viento de cuatro tubos en el norte fortalecerá este aspecto y promoverá éxito.

✿ Perro y cerdo: mes ideal para iniciar proyectos y poner en orden las finanzas y las ideas. Vestir de amarillo y consumir alimentos de ese color. Colocar una escultura de barro, porcelana o talavera en el noroeste promoverá este aspecto. Se puede colocar una montaña de cuarzos o una drusa, así como una escultura metálica.

✿ Dragón y serpiente: mes de romance, colocar agua en el norte promoverá este aspecto; puede ser una fuente, un tazón con agua, cuarzos y una flor de loto flotante o una pecera si eres soltera o soltero, si eres casado coloca una planta natural para reforzar el romance en la relación. Vestir de colores oscuros y consumir alimentos también oscuros.

Las mejores horas del día durante este mes son:
✿ Entre las 11:00 p. m. y la 1:00 a. m. para planear y estructurar a futuro.
✿ Entre las 11:00 a. m. y la 1:00 p. m. para negocios.
✿ Entre la 1:00 a. m. y las 5:00 a. m. para negocios.
✿ Entre las 7:00 p. m. y las 11:00 p. m. para poner orden y disciplina en nuestros planes y proyectos.

Rata (diciembre de 2018)

Cuidado con algún colega que te jugará mal durante este mes. Todo esto será por celos y resentimiento, sin embargo, sus malas intenciones no generarán daño duradero. Mes de romance, fuerte, de poder. Se percibirá creatividad, iniciativa, movimiento y ganas de generar cambios y romper rutinas. Se pueden presentar situaciones enfermizas a nivel familiar, así como pleitos, demandas y chismes por dinero. Pon atención en lo que firmas y los contratos que realices, ya que pueden acabar en conflicto. El dinero y la abundancia este mes llegarán por medio del reconocimiento que has generado en el pasado. Este mes se percibirá libertad económica y movimiento de dinero. En el amor habrá comunicación y es buen momento para platicar las diferencias y solucionar sentimientos guardados del pasado. Cuida a tus proveedores y clientes ya que se pueden presentar situaciones extremas así como cambios drásticos e inesperados.

Etapa para hacer planes. Sentirás confianza durante el mes y te mostrarás ambicioso. Hay buenas expectativas para recibir dinero y realizar viajes. Cuidado con el corazón, intestino, vejiga, riñones y órganos sexuales, así como con el estómago, el bazo y el páncreas.

Los amigos de la rata son el buey, el dragón y el mono. Sus enemigos son el caballo y la cabra. Este trino se presenta afectado por situaciones complejas en la relación sentimental, así como conflictos con compañeros y amigos durante el mes, por lo que su amuleto es un dragón o un mono. Para el caballo el amuleto es un mono y para la cabra un dragón.

El Gran Duque del mes se ubica en el norte y los Tres Asesinos en el sureste, sur y suroeste. Coloca un pi yao viendo hacia el norte y tres tortugas dragón, una viendo al sureste, otra al sur y otra al suroeste.

Si eres rata, utiliza un pi yao como amuleto y si eres serpiente, caballo o cabra una tortuga dragón o un chi lin.

Durante este mes la energía regente es la estrella cuatro al centro. Esto le imprime energía de romance a todo el mes. Se presentarán situaciones drásticas e inesperadas con respecto a gobiernos y sistemas gubernamentales en el noroeste de las ciudades, países y continentes. Pleitos y guerras fuertes asociados con cuestiones e intereses económicos entre países. Epidemias fuertes hacia el este, al igual que temblores y movimientos de tierra. Guerras, violencia y agresiones en el noreste de las ciudades, países y continentes. Cuidado con los romances fugaces. Coloca una planta natural en el centro para proteger tu matrimonio. Es un mes relativamente tranquilo con matices positivos. El trabajo está beneficiado, se puede colocar una planta natural en el norte para buscar un aumento de sueldo o algún premio o promoción. Con respecto al conocimiento y la consolidación de proyectos, es recomendable colocar un tazón con agua quieta en el noreste para evitar huelgas, movimientos sociales agresivos o situaciones desagradables. Se recomienda colocar una campana de viento de ocho tubos en el este para evitar enfermedades, sobre todo las relacionadas con el hígado y la vesícula.

Coloca una lámpara en el sureste para evitar pleitos y discusiones relacionadas con dinero. Una lámpara en el sur promoverá la llegada de dinero. Colocar metal en el suroeste, una escultura metálica, fortalecerá la comunicación entre la pareja durante este mes. Ten cuidado con traiciones y malas jugadas por parte de clientes y proveedores, coloca una campana de viento de seis o doce tubos en el sector noroeste para reducir este aspecto negativo. Para promover orden y disciplina con los hijos, favorecer la creatividad y reducir el exceso de rigidez o rebeldía en los hijos coloca un tazón con agua y dos cuarzos en el oeste.

Los signos zodiacales que deben tener cuidado durante este mes son:

❀ Buey y tigre: cuidado con asaltos y conflictos sobre todo en cuestiones laborales. Se pueden presentar situaciones violentas. Se recomienda vestir en colores oscuros y beber bastantes líquidos. Colocar el elemento agua quieta en el noreste de las construcciones.

❀ Conejo: cuidado con enfermedades. Es recomendable vestir de blanco y consumir alimentos de ese color. Colocar una campana de viento de seis o doce tubos en el este.

✿ Dragón y serpiente: mes de líos, discusiones, malentendidos y pleitos. Vestirse de rojo y consumir alimentos de ese color. Colocar velas, una lámpara o una pirámide en color rojo en el sureste para contrarrestar ese aspecto.

✿ Perro y cerdo: cuidado con las situaciones imprevistas y los cambios drásticos e inesperados. Cuidar la salud. Se recomienda vestir de blanco y consumir alimentos de ese color. Colocar en el noroeste de las construcciones una campana de viento de seis tubos o una deidad de metal o seis esferas metálicas o de cuarzo.

Las horas de cuidado durante este mes son:

✿ Entre la 1:00 a. m. y las 5:00 a. m. cuidado con asaltos y accidentes.

✿ Entre las 5:00 a. m. y las 7:00 a. m. cuidado con indigestiones.

✿ Entre las 7:00 a. m. y las 11:00 a. m. cuidado con pleitos y discusiones.

✿ Entre las 7:00 p. m. y las 11:00 p. m. cuidado con situaciones inesperadas.

Los signos que se verán beneficiados durante este mes son:

✿ Rata: bastante favorecido en cuestiones de ingresos inesperados, vestir de verde, consumir alimentos de es color, practicar deporte y colocar una planta natural en el norte fortalecerá este aspecto.

✿ Caballo: excelente momento económico. Colocar luz y pirámides rojas (2) en el sur. Vestirse de rojo y consumir alimentos de ese color.

✿ Cabra y mono: bastante favorecidos en cuestiones de negocios. Vestir de blanco, emplear accesorios metálicos, consumir alimentos blancos y colocar una campana de viento de cuatro tubos en el suroeste fortalecerá este aspecto y promoverá el éxito.

✿ Gallo: mes ideal para iniciar proyectos y poner en orden las finanzas y las ideas. Vestir de amarillo y consumir alimentos de ese color. Colocar una escultura de barro, porcelana o talavera en el oeste promoverá este aspecto. Se puede colocar una montaña de cuarzos o una drusa, así como una escultura metálica.

Las mejores horas del día durante este mes son:
✿ Entre las 11:00 p. m. y la 1:00 a. m. para ingresos inesperados.
✿ Entre las 11:00 a. m. y la 1:00 p. m. para negocios.
✿ Entre la 1:00 p. m. y las 5:00 p. m. para planear y estructurar el futuro.
✿ Entre las 5:00 p. m. y las 7:00 p. m. para poner orden y disciplina en nuestros proyectos.

Buey (enero de 2018)

Es un buen mes para presionar e imprimir fuerza a tus objetivos. Lleva a término tus planes, evita dejarlos a medias. No permitas que las oportunidades se escapen por dudar demasiado. Este es un mes de conflictos, discusiones y chismes. Se presentará energía de abundancia en el trabajo y habrá emoción y alegría en el amor. Es un mes lleno de pasión en lo sentimental. Cuidado con la relación con los hijos, ya que se pueden presentar situaciones y extremas relacionadas con ellos.

Cuidado con el corazón, el intestino, el estómago, el bazo y el páncreas.

Se recomienda aplicar el realismo y no correr riesgos innecesarios, de esta manera los ahorros que has hecho te apoyarán adecuadamente y no perderás dinero. Sé cuidadoso.

Esto se puede apoyar empleando el elemento metal en el noreste.

Los amigos del buey son la rata, la serpiente y el gallo. Sus enemigos son el caballo y la cabra. Este trino se presenta bastante afectado en cuestión de salud, situaciones enfermizas, chismes, y favorecido en las cuestiones económicas, por lo que su amuleto es una rata. Para el caballo su amuleto es un gallo y para la cabra una serpiente.

El Gran Duque del mes se ubica en el noreste, y los Tres Asesinos en el sureste, este y noreste. Coloca un pi yao viendo hacia el noreste y tres tortugas dragón, una viendo al sureste, otra al este y otra al noreste.

Si eres buey, utiliza un pi yao como amuleto y si eres tigre, conejo o dragón, una tortuga dragón o un chi lin.

Durante este mes la estrella regente es la Estrella 3, por lo que se caracterizará por malentendidos y discusiones. Se presentarán chismes y fuertes ataques destructivos tanto en el medio del espectáculo como en política en el centro de las ciudades, países y continentes. Accidentes, agresión y violencia en el sur, así como epidemias fuertes hacia el sureste y oeste de las ciudades, países y continentes. Temblores y movimientos de tierra. Se puede colocar una lámpara al centro de las construcciones para reducir este efecto. Para favorecer la llegada de dinero a través del trabajo se recomienda colocar dos esferas metálicas en el norte. Las cuestiones sociales y de estudio se presentarán tranquilas, al igual que las relaciones favorables. Cuidado con la vesícula durante este mes. Colocar una campana de viento de seis tubos en el sureste para fortalecer la salud. Colocar un tazón con agua y dos cuarzos en el sur para reducir la competencia desleal y agresiva así como el que quieran robarte o quitarte el reconocimiento por tus logros. Se presentará pasión en el amor, colocar dos patos mandarines o un par de rinocerontes en el suroeste de la construcción para favorecer este aspecto. No es mes para especular con el dinero, se recomienda colocar una campana de viento de seis tubos en el oeste para reducir los riesgos económicos. Para fortalecer y mejorar las relaciones con clientes y proveedores, así como viajes y becas coloca una planta natural en el noroeste. Un tazón con agua en el este apoyará las relaciones familiares así como la planeación de aspectos familiares a futuro.

Los signos zodiacales que deben tener cuidado durante este mes son:

❁ Dragón y serpiente: cuidado con enfermedades. Es recomendable vestir de blanco y consumir alimentos de ese color. Colocar una campana de viento de seis o doce tubos huecos en el sureste.

❁ Caballo: cuidado con asaltos y conflictos sobre todo en cuestiones laborales. Se pueden presentar situaciones violentas. Se recomienda vestir en colores oscuros y beber bastantes líquidos. Colocar el elemento agua quieta en el sur de las construcciones.

❁ Gallo: cuidado con las situaciones imprevistas y los cambios drásticos e inesperados. Cuidar la salud. Se recomienda vestir de blanco y consumir alimentos de ese color. Colocar en el oeste de las construcciones una campana de viento de seis tubos o una deidad de metal o seis esferas metálicas o de cuarzo.

Las horas de mayor cuidado durante este mes son:

❁ Entre las 7:00 a. m. y las 11:00 a. m. cuidado con indigestiones.

❁ Entre las 11:00 a. m. y la 1:00 p. m. cuidado con asaltos, accidentes y pérdidas.

❁ Entre las 5:00 p. m. y las 7:00 p. m. cuidado con situaciones drásticas e inesperadas.

Los signos que se verán beneficiados en este mes son:

🍀 Rata: excelente momento económico. Colocar luz y pirámides rojas (2) en el norte. Vestirse de rojo y consumir alimentos de ese color.

🍀 Buey y tigre: mes ideal para iniciar proyectos y poner en orden las finanzas y las ideas. Vestir de amarillo y consumir alimentos de ese color. Colocar una escultura de barro, porcelana o talavera en el noreste promoverá este aspecto. Se puede colocar una montaña de cuarzos o una drusa así como una escultura metálica.

🍀 Conejo: bastante favorecido en cuestiones de negocios. Vestir de blanco, emplear accesorios metálicos, consumir alimentos blancos y colocar una campana de viento de cuatro tubos en el este fortalecerá este aspecto y promoverá éxito.

🍀 Mono y cabra: bastante favorecido en cuestiones de ingresos inesperados, vestir de verde, consumir alimentos de ese color, practicar deporte y colocar una planta natural en el suroeste fortalecerá este aspecto.

🍀 Perro y cerdo: mes de romance, colocar agua en el noroeste promoverá este aspecto puede ser una fuente, un tazón con agua, cuarzos y una flor de loto flotante o una pecera si eres soltero, si eres casado coloca una planta natural para fortalecer tu relación matrimonial. Vestir de colores oscuros y consumir alimentos también oscuros y verdes.

Las horas más favorables del día durante este mes son:

🍀 Entre las 11:00 p. m. y la 1:00 a. m. para negocios.

🍀 Entre la 1:00 a. m. y las 5:00 a. m. para poner orden en nuestros proyectos.

🍀 Entre las 5:00 a. m. y las 7:00 a.m. para planear a futuro.

🍀 Entre la 1:00 p. m. y las 5:00 p. m. para ingresos inesperados.

🍀 Entre las 7:00 p. m. y las 11:00 p. m. para romance y estudio.

Les compartimos algunas tablas para elegir fechas favorables para ciertos aspectos importantes, como celebración de bodas, firma de contratos, etcétera.

SELECCIÓN DE FECHAS AUSPICIOSAS DEL AÑO 2018

Con base en ciertos criterios astrológicos del calendario lunar y del calendario solar, se presentan fechas que pueden ser mejores o más auspiciosas para realizar ciertas actividades importantes o de trascendencia para una persona o familia.

Estos criterios se basan en combinaciones astrológicas y no toman en cuenta criterios personales o individualizados.

2018 – Fechas más favorables para construir

Mes / Día	Ene	Feb	Mar	Abr	May	Jun	Jul	Ago	Sep	Oct	Nov	Dic
1												
2												
3				✔								
4												
5					✔							
6												
7				✔								
8												
9								✔		✔		
10							✔					
11				✔			✔					✔
12						✔	✔					✔
13	✔											
14				✔			✔					✔
15												✔
16											✔	
17					✔							
18									✔			✔
19											✔	
20												✔
21					✔		✔		✔	✔		
22		✔	✔	✔								
23						✔						
24							✔					
25												
26												
27							✔					
28												
29												
30												
31												

2018 – Fechas más favorables para celebrar una boda / matrimonio

Mes / Día	Ene	Feb	Mar	Abr	May	Jun	Jul	Ago	Sep	Oct	Nov	Dic
1	✔					✔			✔		✔	
2							✔					✔
3			✔			✔	✔	✔		✔		
4		✔	✔				✔					
5			✔			✔	✔	✔	✔	✔		
6					✔	✔						
7		✔		✔						✔	✔	
8		✔		✔	✔	✔		✔		✔	✔	
9							✔		✔			
10	✔		✔		✔		✔	✔	✔			
11	✔				✔	✔	✔					
12							✔	✔				
13	✔	✔										
14					✔	✔				✔		✔
15		✔			✔					✔		✔
16		✔	✔					✔			✔	
17								✔		✔		
18	✔				✔	✔		✔	✔			
19		✔	✔					✔		✔		
20		✔		✔		✔		✔			✔	
21		✔				✔	✔			✔		
22		✔				✔		✔	✔		✔	
23	✔				✔				✔			✔
24	✔		✔				✔	✔				
25		✔							✔			
26	✔				✔	✔					✔	
27			✔				✔	✔				✔
28		✔	✔	✔	✔			✔		✔	✔	
29					✔	✔	✔	✔	✔	✔		
30			✔	✔				✔	✔			
31								✔		✔		

2018 – Fechas más favorables para una inauguración

Mes / Día	Ene	Feb	Mar	Abr	May	Jun	Jul	Ago	Sep	Oct	Nov	Dic
1				✔								
2					✔	✔		✔				
3							✔	✔		✔		
4					✔					✔		
5					✔		✔					✔
6												
7												
8				✔								
9					✔	✔	✔					
10		✔							✔			
11					✔					✔		✔
12												
13		✔									✔	
14			✔									
15						✔		✔				
16	✔	✔	✔	✔			✔	✔	✔			
17								✔		✔		
18								✔	✔		✔	
19	✔	✔									✔	
20			✔									
21					✔	✔	✔			✔		
22	✔	✔		✔					✔	✔		
23										✔		
24												✔
25		✔										
26			✔	✔	✔		✔			✔		
27						✔		✔	✔			
28			✔					✔	✔			
29					✔			✔		✔		
30								✔	✔		✔	
31												

2018 – Fechas más favorables para una mudanza

Mes / Día	Ene	Feb	Mar	Abr	May	Jun	Jul	Ago	Sep	Oct	Nov	Dic
1	✔				✔	✔						✔
2								✔				
3	✔	✔		✔		✔	✔	✔	✔			
4	✔		✔									✔
5			✔			✔	✔	✔	✔			
6					✔	✔	✔					
7				✔						✔	✔	
8		✔			✔	✔		✔		✔	✔	
9							✔		✔			✔
10	✔	✔	✔						✔	✔		
11						✔	✔			✔		✔
12		✔			✔	✔		✔				
13	✔								✔			
14					✔					✔		✔
15									✔			✔
16		✔	✔	✔	✔		✔	✔	✔		✔	
17			✔		✔	✔				✔		
18						✔	✔		✔		✔	✔
19		✔								✔	✔	
20			✔								✔	
21						✔	✔		✔	✔		✔
22	✔		✔				✔		✔	✔	✔	
23						✔		✔				
24		✔						✔				
25									✔			
26	✔				✔							
27							✔		✔			✔
28			✔									
29					✔	✔		✔		✔		✔
30					✔	✔					✔	✔
31							✔					

2018 – Fechas más favorables para la firma de un acuerdo o contrato

Mes / Día	Ene	Feb	Mar	Abr	May	Jun	Jul	Ago	Sep	Oct	Nov	Dic
1				✔								
2												
3		✔										
4						✔				✔		
5					✔			✔				
6												
7			✔								✔	
8						✔						
9			✔		✔		✔					
10									✔			
11	✔		✔		✔	✔				✔		
12			✔									
13												
14			✔									
15		✔	✔			✔		✔				
16	✔	✔	✔	✔			✔	✔	✔	✔		
17								✔		✔		
18							✔		✔		✔	
19	✔										✔	
20	✔		✔									
21					✔	✔	✔		✔	✔		
22	✔											
23	✔									✔	✔	
24			✔									
25		✔										
26		✔	✔									
27								✔				
28				✔			✔					
29								✔		✔		
30								✔	✔		✔	
31												

2018 – Fechas más favorables para viajar

Mes / Día	Ene	Feb	Mar	Abr	May	Jun	Jul	Ago	Sep	Oct	Nov	Dic
1		✔				✔			✔			
2							✔	✔				
3	✔		✔			✔	✔	✔	✔	✔		
4	✔	✔										✔
5			✔	✔	✔	✔	✔					
6					✔		✔					
7						✔		✔			✔	
8		✔		✔	✔	✔		✔			✔	
9									✔	✔		✔
10		✔	✔							✔		
11	✔			✔	✔	✔	✔					✔
12		✔	✔		✔	✔		✔				
13		✔							✔		✔	
14						✔	✔		✔	✔		✔
15									✔		✔	
16		✔		✔			✔		✔		✔	
17			✔							✔		
18				✔				✔	✔		✔	✔
19			✔							✔	✔	
20		✔	✔	✔		✔		✔				
21						✔	✔					
22		✔					✔			✔		
23	✔				✔	✔		✔				✔
24												
25		✔							✔		✔	
26	✔				✔	✔			✔			
27							✔	✔				
28		✔		✔	✔		✔				✔	
29					✔	✔				✔		✔
30			✔					✔	✔		✔	✔
31			✔									

2018 – Fechas más favorables para remodelación

Mes / Día	Ene	Feb	Mar	Abr	May	Jun	Jul	Ago	Sep	Oct	Nov	Dic
1	✔											✔
2									✔			
3		✔	✔	✔					✔			
4	✔			✔								✔
5				✔	✔							
6					✔	✔	✔					
7								✔			✔	
8		✔				✔					✔	✔
9						✔		✔	✔	✔		✔
10	✔	✔	✔							✔		
11		✔									✔	✔
12		✔				✔		✔				✔
13									✔			
14					✔		✔					✔
15						✔			✔			✔
16								✔			✔	
17			✔									
18						✔		✔	✔		✔	✔
19		✔	✔								✔	
20		✔				✔						✔
21					✔	✔			✔			✔
22		✔	✔				✔		✔			
23			✔		✔	✔						✔
24		✔						✔				✔
25									✔			
26			✔									✔
27						✔			✔			✔
28			✔							✔	✔	
29								✔		✔		
30					✔				✔		✔	✔
31												

MÉTODO DE PAZ Y ARMONÍA (CALENDARIO LUNAR)

Los días de Paz (P) son considerados como muy auspiciosos. Los días de Armonía (A) son días promedio y ambos pueden ser usados para:

Matrimonio, construcción, remodelación, inauguración, comercio, negocios, contratos, viajes y, virtualmente, cualquier cosa o evento importante.

2018 – Método de Paz y Armonía

Mes / Día	ENE	FEB	MAR	ABR	MAY	JUN	JUL	AGO	SEP	OCT	NOV	DIC
1	A	A	P	A	A	A			P	A		A
2					A	P	A	P	A			P
3	A	P	A	A					P	P	A	
4		P	P		A	A				A	A	A
5					P		A	P	A	A		P
6	A	P										
7	A	A		A		A					A	
8					A	A	P	A	A		P	A
9	P	P	A	P				A		P		A
10	A			A	P	A				A		A
11			P			P	A		A	A	P	P
12	A	P	A	A				A				A
13	A	A		A	A	A					A	
14					A	P				A		A
15	A	P	A	A	A	A	A	A	A			A
16		A	P	P				P	A	P	A	
17		P	A		A	A					P	A
18					P			A	A	P		
19	P	A	A	A			A		A		A	
20	A	P	A	A	A	A		P			P	A
21					P		P	A	A			A
22	P		A	A			P	P	A		A	
23	P			P	A	A			A	A	P	P
24							P	A				A
25	P	A									A	
26	A		A	A	A	P				A		A
27		P			A	A	A	A	A			A
28	P	A	P	P				P	A	P	A	
29			A		A	A					P	A
30					P			A	A	P		
31	P		A				A					

P= Día de Paz   A= Día de Armonía

10. ALMANAQUE CHINO 2018

A continuación se presentan las tablas que conforman el almanaque chino de este año 2018. En ellas se pueden encontrar, de manera diaria, la estrella regente del año, del mes y del día. Asimismo, las 28 mansiones lunares para cada día, los 12 establecimientos (jian) diarios, el signo zodiacal regente del mes, del día, el choque mensual y el choque diario, las mejores horas del día, el calendario lunar y el calendario solar.

Súpertip:
En estas tablas del almanaque también podrás establecer los colores que favorecen de manera general diaria. En la columna 5 de la tabla de cada mes encuentras la estrella que rige de manera diaria. Solo sigues la línea del día del mes y corroboras el número de estrella que rige ese día y, en el caso donde encuentres la Estrella 1, apóyate con blanco, gris, oscuros, plateado o tonos pastel; cuando encuentres la Estrella 2 o la 5 apóyate con blanco, gris, plateado o tonos pastel; cuando encuentres la Estrella 3 apóyate con rojo, naranja y rosa brillante; cuando encuentres la Estrella 4 apóyate con oscuros, verde o turquesa; cuando encuentres la Estrella 6 apóyate con blanco, plateado, gris u oscuros; cuando encuentres la Estrella 7 apóyate con oscuros, morado, azul marino; cuando encuentres la Estrella 8 apóyate con rojo, naranja, amarillo o café. Esto lo puedes aplicar para el mes empleando la columna 4 de la tabla para cada mes.

TABLAS DEL ALMANAQUE CHINO DE 2018
Año del Perro de Tierra Yang (Wu Xu Nian)

El almanaque chino (Tong Shu o Tong Sheng) es un calendario y libro de consulta astrológica básica que se ha usado en China desde los tiempos del emperador Yu, de la dinastía Xia (*ca.* 2070 a. C.), tanto para el registro del paso del tiempo como, principalmente, una valiosa guía para la "selección de día". Provee información acerca de lo que es y lo que no es propicio hacer en una fecha determinada, especialmente si se trata de un evento significativo en la vida, como la elección del día para celebrar un matrimonio, realizar un viaje, una mudanza, la apertura de un negocio, la firma de un contrato, e inclusive un funeral o una declaratoria de guerra, entre otros.

Desde los tiempos de la dinastía Xia los chinos registraban el paso del tiempo (año, mes, día y hora dual) en términos de Pilares, o Gan Zhi (binomios formados por la combinación de Tallos Celestiales y Ramas Terrestres), y usando una combinación paralela de los ciclos lunares y solares y la órbita del planeta Júpiter.

Los Tallos Celestiales (Tian Gan) no son otra cosa que los 5 Elementos de la metafísica china expresados en polaridad yang (activa o principio masculino) y yin (pasiva o principio femenino), de tal forma que existe un total de 10 Tallos Celestiales.

En los tiempos del emperador Amarillo (2698-2599 a. C.), los 10 Tallos Celestiales ya se usaban para el conteo de los días.

5 Elementos	Tallos Celestiales	Pinyin	#
Madera	Madera Yang	Jia	1
Madera	Madera Yin	Yi	2
Fuego	Fuego Yang	Bing	3
Fuego	Fuego Yin	Ding	4
Tierra	Tierra Yang	Wu	5
Tierra	Tierra Yin	Ji	6
Metal	Metal Yang	Geng	7
Metal	Metal Yin	Xin	8
Agua	Agua Yang	Ren	9
Agua	Agua Yin	Gui	10

Las Ramas Terrestres se representan con los 12 animales del zodiaco chino. Los antiguos astrónomos chinos empleaban este sistema para el registro de los años, partiendo de la observación de la órbita del planeta Júpiter alrededor del Sol (11.86 años > redondeándolo a 12 años), así como para el registro de los 12 meses y las 12 horas duales.

#	Zodiaco chino	Pinyin	5 Elementos	Polo	Mes gregoriano	Mes chino	Hora dual
1	Rata	Zi	Agua	Yang	Diciembre	11	11 p. m. – 1 a. m.
2	Buey	Chou	Tierra	Yin	Enero	12	1 a. m. – 3 a. m.
3	Tigre	Yin	Madera	Yang	Febrero	1	3 a. m. – 5 a. m.
4	Conejo	Mao	Madera	Yin	Marzo	2	5 a. m. – 7 a. m.
5	Dragón	Chen	Tierra	Yang	Abril	3	7 a. m. – 9 a. m.
6	Serpiente	Si	Fuego	Yin	Mayo	4	9 a. m. – 11 a. m.
7	Caballo	Wu	Fuego	Yang	Junio	5	11 a. m. – 1 p. m.
8	Cabra	Wei	Tierra	Yin	Julio	6	1 p. m. – 3 p. m.
9	Mono	Shen	Metal	Yang	Agosto	7	3 p. m. – 5 p. m.
10	Gallo	You	Metal	Yin	Septiembre	8	5 p. m. – 7 p. m.
11	Perro	Xu	Tierra	Yang	Octubre	9	7 p. m. – 9 p. m.
12	Cerdo	Hai	Agua	Yin	Noviembre	10	9 p. m. – 11 p. m.

El uso de los binomios, o Gan Zhi, entre Tallos Celestiales y Ramas Terrestres empezó a usarse en tiempos de la dinastía Shang (1600 a 1027 a. C.).

Existe un total de 60 binomios o pares entre Tallos Celestiales y Ramas Terrestres, y son mejor conocidos como los 60 Jia Zi. "Jia" por ser el primer Tallo Celestial y "Zi" por ser la primera Rama Terrestre.

De los 60 binomios, 30 son de polaridad yang y 30 de polaridad yin, ya que los Tallos Celestiales de polaridad yang (5) forman pares solamente con las Ramas Terrestres de polaridad yang (6), e igualmente sucede en el caso entre Tallos Celestiales yin con Ramas Terrestres yin.

60 Jia Zi					
1	Jia Zi	Madera +	Rata	31 Jia Wu	Madera +	Caballo
2	Yi Chou	Madera -	Buey	32 Yi Wei	Madera -	Cabra
3	Bing Yin	Fuego +	Tigre	33 Bing Shen	Fuego +	Mono
4	Ding Mao	Fuego -	Conejo	34 Ding You	Fuego -	Gallo
5	Wu Chen	Tierra +	Dragón	35 Wu Xu	Tierra +	Perro
6	Ji Si	Tierra -	Serpiente	36 Ji Hai	Tierra -	Cerdo
7	Geng Wu	Metal +	Caballo	37 Geng Zi	Metal +	Rata
8	Xin Wei	Metal -	Cabra	38 Xin Chou	Metal -	Buey
9	Ren Shen	Agua +	Mono	39 Ren Yin	Agua +	Tigre
10	Gui You	Agua -	Gallo	40 Gui Mao	Agua -	Conejo
11	Jia Xu	Madera +	Perro	41 Jia Chen	Madera +	Dragón
12	Yi Hai	Madera -	Cerdo	42 Yi Si	Madera -	Serpiente
13	Bing Zi	Fuego +	Rata	43 Bing Wu	Fuego +	Caballo
14	Ding Chou	Fuego -	Buey	44 Ding Wei	Fuego -	Cabra
15	Wu Yin	Tierra +	Tigre	45 Wu Shen	Tierra +	Mono
16	Ji Mao	Tierra -	Conejo	46 Ji You	Tierra -	Gallo
17	Geng Chen	Metal +	Dragón	47 Geng Xu	Metal +	Perro
18	Xin Si	Metal -	Serpiente	48 Xin Hai	Metal -	Cerdo
19	Ren Wu	Agua +	Caballo	49 Ren Zi	Agua +	Rata
20	Gui Wei	Agua -	Cabra	50 Gui Chou	Agua -	Buey
21	Jia Shen	Madera +	Mono	51 Jia Yin	Madera +	Tigre
22	Yi You	Madera -	Gallo	52 Yi Mao	Madera -	Conejo
23	Bing Xu	Fuego +	Perro	53 Bing Chen	Fuego +	Dragón
24	Ding Hai	Fuego -	Cerdo	54 Ding Si	Fuego -	Serpiente
25	Wu Zi	Tierra +	Rata	55 Wu Wu	Tierra +	Caballo
26	Ji Chou	Tierra -	Buey	56 Ji Wei	Tierra -	Cabra
27	Geng Yin	Metal +	Tigre	57 Geng Shen	Metal +	Mono
28	Xin Mao	Metal -	Conejo	58 Xin You	Metal -	Gallo
29	Ren Chen	Agua +	Dragón	59 Ren Xu	Agua +	Perro
30	Gui Si	Agua -	Serpiente	60 Gui Hai	Agua -	Cerdo

Simbología: + = Yang   - = Yin

USO DE LAS TABLAS DEL ALMANAQUE CHINO 2018

Columna 1: Días del año y mes de acuerdo con el calendario gregoriano occidental

Columna 2: Mes y día de acuerdo con el calendario lunar chino

Por ejemplo, el día Lunes 1° de enero del año 2018 (C. Gregoriano) es equivalente al día 15 del décimo primer Mes Lunar Chino, y así continua la secuencia hasta que se produce el cambio del Mes Lunar, marcado con una línea horizontal y franja en color gris (miércoles 15 de enero), misma que marca el corte entre una secuencia mensual y otra.

El Año Nuevo Lunar, que es el día en el que en China se celebra el Inicio de la Primavera y el cual acontecerá el 16 de febrero del 2018 (resaltado con una franja gris en la tabla del Almanaque de febrero de 2018).

Las siguientes cinco columnas (Columnas 3 al 7) corresponden a los tránsitos de las nueve Estrellas Voladoras, mismas que se rigen de acuerdo con el calendario solar chino.

Columna 3: Estrella Voladora Anual. (Estrella vigente durante el tránsito del año solar chino).

A partir del 1° de enero del año 2018, y hasta el 3 de febrero del año 2018, la estrella regente anual es la Estrella 1 Blanca, y es por ello que en esta columna aparece el número 1, repetidamente, entre las fechas antes mencionadas.

El Año Solar Chino del Perro (2018) comienza, como cada año, el día 4 de febrero (+ / - un día), y está resaltado con una franja negra en la tabla del Almanaque de febrero de 2018 marcado por el Término Solar Seccional TSS-1 y que corresponde al Día de Li Chun o Principio de la Primavera (de los 24 Términos Solares o 24 Jie Qi), que es cuando el Sol se encuentra a 315° de Longitud.

Este día marca el inicio del Año Solar Chino y, por tanto, la entrada en vigencia de una nueva estrella (de las 9 Estrellas Voladoras), que en este caso es la Estrella 9 Púrpura (anual).

Columna 4: Estrella Voladora Mensual
Esta columna indica cuál es la estrella regente por espacio de un determinado mes solar chino, de tal forma que cada vez que el Sol se mueve 30° de longitud, se inicia un nuevo mes solar chino y, por lo tanto, la entrada en vigencia de una nueva Estrella Voladora mensual.

Columna 5: Estrella Voladora Diaria
Esta columna indica el tránsito diario de las 9 Estrellas Voladoras, mismas que siguen un patrón yang, o secuencia progresiva ascendente, entre el solsticio de invierno (Dong Zhi), en diciembre, y el solsticio de verano (Xia Zhi), en junio.

A partir del solsticio de invierno las horas de luz solar se empiezan a incrementar día con día hasta que se llega al solsticio de verano (el día más largo o el día con mayor cantidad de luz solar en términos de horas).

A partir del solsticio de verano, y hasta el solsticio de invierno, la cantidad de luz solar (en términos de horas) empieza a disminuir, y esto se refleja en que a partir del solsticio de verano (y hasta el solsticio de invierno), las Estrellas Voladoras siguen una secuencia yin o regresiva. Es decir, las Estrellas Voladoras se mueven en sentido descendente o de un número mayor a uno menor.

Columnas 6 y 7: Ubicación diaria de las Estrellas 8 y 5
De entre las 9 Estrellas Voladoras, dos de ellas se distinguen actualmente por su energía o Qi particular.

Actualmente, la Estrella 8 Blanca es la más próspera, mientras que la Estrella 5 Amarilla es la que posee el Qi más negativo.

Por lo anterior, estas dos columnas indican la posición (sector) diaria de estas dos estrellas.

Las columnas de las 9 Estrellas Voladoras se pueden usar en conjunto con los 9 cuadrados (Lo Shu) que se encuentran en la parte superior de cada una de las 12 tablas mensuales.

Las estrellas (números) que aparecen listadas en cualquiera de las tres primeras columnas son las que se encuentran al Centro de cada cuadrado o Lo Shu, de tal forma que si en alguna de las tres columnas aparece el número 6, por ejemplo, ello indica que hay que referirse al cuadrado en el cual el número 6 (Estrella 6 Blanca) aparece en el centro del mismo (resaltado en color negro), lo que inmediatamente indica la posición o sector en el que se encuentran las demás Estrellas Voladoras.

Siguiendo el ejemplo anterior, si en la columna de la Estrella Voladora Mensual aparece el número 6 (Estrella 6 Blanca), al referirse al cuadrado con el número 6 al Centro (resaltado en color negro) se puede ver que la posición de la Estrella 5 (Mensual) se ubica en el sureste, mientras que la Estrella 8 (Mensual) lo hace en el oeste.

La metodología es idéntica en los demás casos, teniendo en mente que en cada uno de los nueve casos la estrella regente varía (la que ocupa el Palacio Central).

Columna 8: Pilar del Mes
Estas columnas corresponden a los Pilares o binomios formados por Tallos Celestiales y Ramas Terrestres. La columna 8A indica cuál es el Tallo Celestial (TC) vigente, y la columna 8B señala la Rama Terrestre (RT) vigente para un determinado mes solar.

Columna 9: Pilar del Día
Las columnas 9A y 9B son similares a las dos anteriores, solo que en este caso indican el tránsito diario de un determinado Pilar o binomio.

Columna 10: Los 12 Establecimientos o 12 Jian Chu

La columna 10 señala el tránsito diario de los 12 Establecimientos, que se refieren a la relación existente entre la Rama Terrestre del Mes y la Rama Terrestre del Día.

En la astrología china existen varios métodos de selección del día para determinar lo auspicioso o negativo del mismo en particular, y para una determinada actividad o propósito. Entre los distintos métodos se encuentra el de los 12 Establecimientos que, básicamente, se refieren a las relaciones que se entablan entre la Rama Terrestre gobernante del mes con la Rama Terrestre gobernante de un día.

Se conocen bajo el término de 12 Establecimientos, ya que, en cada mes, el Día de Establecimiento (1), es cuando la Rama Terrestre del Mes y la Rama Terrestre del Día son iguales. Ejemplo: Mes del Mono/Día del Mono. A partir del Día de Establecimiento (1) empiezan a correr los 11 Establecimientos restantes y se reinicia un nuevo ciclo, hasta que cambia el mes e inicia un nuevo ciclo de los 12 Establecimientos, dependiendo de cuál sea la Rama Terrestre regente de un determinado mes; en ese mismo sentido, el establecimiento 7 (Po) ocurre cuando la Rama Terrestre del Día choca contra la Rama Terrestre del Mes.

Al ser este un sistema en el cual se involucran las relaciones entre Ramas Terrestres, también se utiliza como guía personal, de manera que cuando la Rama Terrestre del Día es igual a la Rama del Mes y/o a la Rama Terrestre del Pilar del Año (año de nacimiento), se considera como un día muy propicio. En cambio, cuando la Rama del Mes está en choque con la Rama del Día (Día de Choque #7) o con la Rama del Año de nacimiento, se considera un día potencialmente negativo.

En las Tablas del almanaque chino se presentan listados los 12 Establecimientos (Columna 12) por su número de secuencia, comenzando con el número 1, que corresponde al Día de Establecimiento, y en la siguiente tabla se presentan las actividades que se pueden realizar y las que se deben evitar, según el Establecimiento del día en cuestión.

12 Jian Chu	Propicio	Evitar
1 Establecimiento Jian	Viajes, cobrar dinero, matrimonio o pedir la mano de la novia, buscar un ascenso en el trabajo y/o tomar posesión de un nuevo puesto en el trabajo, buscar un embarazo	Remover la tierra, día negativo para realizar una sepultura
2 Eliminación Chu	Viajes, matrimonio o pedir la mano de la novia, visitar al médico o curarse de enfermedades, ofrecer un sacrificio o manda, buscar un embarazo	Buscar un ascenso en el trabajo y/o tomar posesión de un nuevo puesto en el trabajo, abrir o iniciar un negocio o comercio, mudarse
3 Satisfacer Man	Rezar y pedir por buena fortuna, iniciar la construcción de una alberca o receptáculo de agua (cisterna), abrir o iniciar un negocio o comercio, depositar dinero o valores en el banco, buscar un embarazo, firmar contratos	Buscar un ascenso en el trabajo y/o tomar posesión de un nuevo puesto en el trabajo, visitar al doctor o curarse
4 Paz Ping	Rezar y pedir por buena fortuna, viajes, cobrar dinero, matrimonio o pedir la mano de la novia, arreglar la cama (cambio de posición/cambio de blancos)	Visitar al doctor o curarse, abrir o iniciar un negocio o comercio, buscar un embarazo
5 Determinación Ding	Arreglar la cama (cambio de posición/cambio de blancos), ofrecer un sacrificio o manda, buscar un embarazo	Día no propicio para actividades comunes
6 Poder Zhi	Rezar y pedir por buena fortuna, ofrecer un sacrificio o manda, buscar un embarazo, firma de contratos	Viajes, mudarse
7 Choque Po	Visitar al doctor o curarse de enfermedades	Día en el que la Rama Terrestre del Día está en choque con la Rama del Mes por lo que no es propicio para actividades comunes
8 Peligro Wei	Arreglar la cama (cambio de posición/cambio de blancos)	Construcción, mudarse
9 Completar Cheng	Rezar y pedir por buena fortuna, buscar un ascenso en el trabajo y/o tomar posesión de un nuevo puesto en el trabajo, abrir o iniciar un negocio o comercio, matrimonio o pedir la mano de la novia, visitar al médico o curarse de enfermedades, buscar un embarazo, firmar contratos, mudarse	Demandas legales
10 Cosecha Shou	Abrir o iniciar un negocio o comercio, cobrar dinero, matrimonio o pedir la mano de la novia, buscar un embarazo, firmar contratos, hacer tratos de negocios	Construcción

11 Abrir Kai	Cobrar dinero, arreglar la cama (cambio de posición/cambio de blancos), ofrecer un sacrificio o manda, buscar un embarazo	Día negativo para realizar una sepultura
12 Cerrar Bi	Día propicio para realizar una sepultura	Buscar un ascenso en el trabajo y/o tomar posesión de un nuevo puesto en el trabajo, visitar al médico o curarse de enfermedades

Columna 11: Sui Po Diario o Choque Diario

Esta columna indica cuál es la Rama Terrestre que se encuentra en choque o confrontación con la Rama Terrestre regente del día (en la columna 9B).

RT del Día o Periodo	RT en Choque	Sector	Grados
Rata	Caballo	S2	172.5 - 187.5
Buey	Cabra	SO1	202.5 - 217.5
Tigre	Mono	SO3	232.5 - 247.5
Conejo	Gallo	O2	262.5 - 277.5
Dragón	Perro	NO1	292.5 - 307.5
Serpiente	Cerdo	NO3	322.5 - 337.5
Caballo	Rata	N2	352.5 - 7.5
Cabra	Buey	NE1	22.5 - 37.5
Mono	Tigre	NE3	52.5 - 67.5
Gallo	Conejo	E2	82.5 - 97.5
Perro	Dragón	SE1	112.5 - 127.5
Cerdo	Serpiente	SE3	142.5 - 157.5

Columna 12: San Sha, mejor conocidos como los *Tres Asesinos* diarios

Con base en la Rama Terrestre regente del día (en la columna 9B) se determina la posición diaria de San Sha, o las Tres Direcciones Negativas o Tres Asesinos para un día determinado.

Si, por ejemplo, en la Columna 12 dice "Norte", eso significa que los Tres Asesinos o San Sha de ese día o periodo son aquellas

Ramas Terrestres asociadas con el Cotrino Norte o de Invierno y que son: Cerdo (NO3), Rata (N2) y Buey (NE1).

Columna 12	San Sha (Tres Asesinos)		
Norte	Cerdo	Rata	Buey
	NO3	Norte2	NE1
Sur	Serpiente	Caballo	Cabra
	SE3	Sur2	SO1
Este	Tigre	Conejo	Dragón
	NE3	Este2	SE1
Oeste	Mono	Gallo	Perro
	SO3	Oeste2	NO1

Columna 13: Tránsito diario de las 28 Mansiones o Constelaciones Lunares para selección de fechas auspiciosas o Ze Ri

Es el sistema de astrología y pronóstico más antiguo de China. En tiempos antiguos, los chinos podían orientarse en la noche tan solo con observar la posición de ciertas estrellas y constelaciones, e identificaron 28 estrellas y/o constelaciones principales, agrupadas en cuatro grupos de siete constelaciones y/o Mansiones Lunares cada uno.

Cada grupo de constelaciones y/o Mansiones Lunares se asocia con una de las cuatro direcciones cardinales.

De acuerdo con sus observaciones, los antiguos astrónomos chinos nombraron a cada una de las 28 constelaciones de acuerdo con la forma que parecía tener, y cada grupo de siete constelaciones tenía la forma de un animal mitológico, por lo que se les conoce como:

❖ Las 7 constelaciones del Este con forma de Dragón y de brillo verde (Dragón Verde – Este).

❖ Las 7 constelaciones del Norte con forma de Tortuga y de brillo opaco (Tortuga Negra – Norte).

❖ Las 7 constelaciones del Oeste con forma de Tigre y de brillo blanco (Tigre Blanco – Oeste).

❖ Las 7 constelaciones del Sur con forma de Fénix y de brillo rojizo (Fénix Bermellón – Sur).

Asignaron una constelación, en forma fija, a cada uno de los días de la semana y un determinado pronóstico para saber qué actividades son propicias o negativas con base en la Mansión Lunar del Día en cuestión, como se detalla más adelante.

Gpo.	28 Constelaciones				Actividades
7 Constelaciones del Este – Dragón Verde Primavera	1	Cuerno	角	☺	Matrimonio, viajar, comprar ropa, excavar, colocar puerta, elaborar prendas, mudarse, migrar
				☠	Asistir a funerales
	2	Cuello	亢	☺	Matrimonio, plantar, negociaciones de compra venta
				☠	Entierro, construir una casa
	3	Base	氐	☺	Plantar, dedicarse al jardín, compra de plantas
				☠	Asistir a funerales, matrimonio, construcción
	4	Cuarto	房	☺	Visitar un templo (rezar), matrimonio, mudarse, migrar, colocar vigas
				☠	Compra de plantas, acudir al sastre, comprar ropa
	5	Corazón	心	☺	Sacrificios Rituales (hacer una manda), viajar, migrar
				☠	Iniciar litigio, excavar tierra, entierro, día negativo para actividades comunes
	6	Cola	尾	☺	Matrimonio, construcción, remodelación, entierro, colocar puerta
				☠	Comprar ropa, acudir al sastre
	7	Cesta	箕	☺	Construcción, excavar para hacer una alberca o estanque, colocar puerta, cobrar dinero, cobrar deudas
				☠	Matrimonio, acudir al sastre, firmar contratos

Gpo.		28 Constelaciones			Actividades
7 Constelaciones del Norte – Tortuga Negra – Invierno	8	Escalera	斗	☺	Acudir al sastre, construcción, colocar puerta, colocar fuente, comercio
				☠	Proyectos personales
	9	Búfalo	牛	☄	Día negativo
				☠	Matrimonio, construcción, contratos
	10	Mujer	女	☺	Artes, estudios, actividades académicas, actividades personales
				☠	Asistir a funerales, litigio, acudir al sastre, comprar ropa
	11	Prohibido	虚	☄	Día negativo
				☠	Excavar, construir
	12	Techo	危	☺	Viajar, cobrar deudas, actuar con cautela
				☠	Excavar, entierro, colocar puerta
	13	Casa	室	☺	Matrimonio, construcción, remodelación, mudarse, migrar, sacrificios rituales (hacer una manda), apertura, contrato
				☠	Asistir a funerales
	14	Pared	壁	☺	Matrimonio, construcción, remodelación, entierro, apertura, contrato
				☠	Evitar viajar o dirigirse hacia el sur

Gpo.		28 Constelaciones			Actividades
7 Constelaciones del Oeste – Tigre Blanco Otoño	15	Piernas	奎	☺	Viajar, elaborar prendas, acudir al sastre, comprar ropa, construir, remodelar
				☠	Apertura
	16	Montículo	娄	☺	Matrimonio, construcción, remodelación, contrato
				✿	No existe nada negativo relacionado con esta estrella
	17	Estómago	胃	☺	Matrimonio, entierro, trámites burocráticos
				☠	Asuntos privados o familiares
	18	Lágrimas	昴	☄	Día negativo
				☠	Matrimonio, cobrar deudas, litigio
	19	Red	畢	☺	Construcción, compra de bienes raíces, matrimonio, cavar un pozo
				✿	No existe nada negativo relacionado con esta estrella
	20	Tortuga	觜	☄	Día negativo
				☠	Construcción, entierro, comercio, actividades personales
	21	3 Socios	參	☺	Viajar, colocar puerta, construcción, renovación, excavación
				☠	Entierro, contrato, matrimonio

7 Constelaciones del Sur – Fénix Bermellón Verano	22	Pozo	井	☺	Sacrificios rituales (manda), visitar un templo (rezar), plantar
				☠	Acudir al sastre, comprar ropa, entierro, contratos, matrimonio
	23	Fantasma	鬼	☺	Entierro
				☠	Construcción, matrimonio, viajar al Oeste
	24	Sauce	柳	☄	Día negativo
				☠	Apertura, contratos, colocar puerta
	25	Estrella	星	☺	Matrimonio, contratos, apertura, nuevos proyectos
				☠	Entierro, asistir a un funeral
	26	Red	張	☺	Matrimonio, apertura, entierro, sacrificios rituales (manda), visitar un templo (rezar)
				✿	No existe nada negativo relacionado con esta estrella
	27	Alas	翼	☄	Día negativo
				☠	Entierro, matrimonio, construcción, apertura, nuevo trabajo o puesto
	28	Carruaje	軫	☺	Matrimonio, construcción, plantar, comprar plantas, comenzar actividades académicas
				☠	Viajar hacia el Norte

Simbología: (☺) Muy Positivo   (✿) Positivo   (☠) Negativo   (☄) Muy Negativo

Columna 14: Para uso exclusivo de Qi Men Dun Jia (QMDJ)
Esta columna muestra el patrón "Yang Ju" o "Yin Ju" para un día determinado y debe usarse en conjunto con las 1,080 Tablas de QMDJ.

Columna 15: Horas más auspiciosas del día con base en el criterio del método GGZ de Selección de Fechas Auspiciosas o Ze Ri

Columna 16: 24 Términos Solares o 24 Jie Qi y Fases Lunares
La columna 16, y última, indica los tránsitos mensuales de los 24 Términos Solares (2 Términos Solares por cada Mes Solar); asimismo, indica la progresión de las fases lunares.

EL CALENDARIO SOLAR CHINO O CALENDARIO AGRÍCOLA CHINO Y LOS 24 JIE QI

Los 24 Términos Solares o Jie Qi (Chie Chi) marcan puntos específicos, a cada 15°, por los que el Sol transita en su aparente ruta en el firmamento (ruta eclíptica), con respecto a la Tierra.

De acuerdo con el Calendario Solar Chino, el año comienza cuando el Sol se encuentra a 315° en la ruta eclíptica, suceso que acontece (con variación de horas) el 4 de febrero de cada año.

Este momento es conocido como el día de Li Chun o Llegada de la Primavera, de tal forma que este día marca tanto el inicio de un Nuevo Año Solar, como el inicio del primer mes Solar en el Calendario Chino, que es el Mes del Tigre.

Los 24 Jie Qi se dividen en 12 Jie (Chie) y 12 Qi (Chi). Los Jie o Términos Solares Seccionales son los puntos que marcan la transición de un mes solar a otro (cada 30°), mientras que los 12 Qi o Términos Solares Principales marcan el punto medio del mes.

Para efectos de Feng Shui y Astrología Ba Zi (Cuatro Pilares), los Jie (Términos Solares Seccionales) marcan transiciones.

En el caso de Feng Shui, cada Jie marca la transición de un mes a otro y, por tanto, marca la transición de vigencia entre una Estrella Voladora Mensual y otra.

En el caso de la Astrología China, cada Jie marca la transición entre el dominio mensual entre una Rama Terrestre y otra.

4E	Mes		24 Jie Qi		Día aprox.
Primavera	Febrero Tigre	TSS-1	Li Chun	Comienzo Primavera	4, 5
		TSP-1	Yu Shui	Lluvia Constante	18, 19
	Marzo Conejo	TSS-2	Ying Zhi	Despertar Insectos	5, 6
		TSP-2	Chun Fen	Equinoccio Primavera	20, 21
	Abril Dragón	TSS-3	Qing Ming	Día Brillante	4, 5
		TSP-3	Gu Yu	Lluvia de Granos	20, 21
Verano	Mayo Serpiente	TSS-4	Li Xia	Comienzo Verano	5, 6
		TSP-4	Xiao Man	Cosecha Menor	21, 22
	Junio Caballo	TSS-5	Man Zhong	Siembra Semillas	5, 6
		TSP-5	Xia Zhi	Solsticio Verano	21, 22
	Julio Cabra	TSS-6	Xiao Shu	Calor Menor	7, 8
		TSP-6	Da Shu	Calor Mayor	22, 23
Otoño	Agosto Mono	TSS-7	Li Qiu	Comienzo Otoño	7, 8
		TSP-7	Chu Shu	Fin del Calor	23, 24
	Septiembre Gallo	TSS-8	Bai Lu	Rocío Blanco	7, 8
		TSP-8	Qiu Fen	Equinoccio de Otoño	23, 24
	Octubre Perro	TSS-9	Han Lu	Rocío Frío	8, 9
		TSP-9	Shuang Jiang	Heladas	23, 24
Invierno	Noviembre Cerdo	TSS-10	Li Dong	Comienzo Invierno	7, 8
		TSP-10	Xiao Xue	Nevada Menor	22, 23
	Diciembre Rata	TSS-11	Da Xue	Nevada Mayor	7, 8
		TSP-11	Dong Zhi	Solsticio de Invierno	21, 22
	Enero Buey	TSS-12	Xiao Han	Frío Menor	5, 6
		TSP-12	Da Han	Frío Mayor	20, 21

FASES LUNARES

La Luna Nueva indica el inicio de un nuevo mes lunar y la información de las fases lunares listadas en esta columna se usa en conjunto con la Columna 2.

Inicio de cada mes lunar del Año del Perro de Tierra Yang (2018-2019)

Mes Lunar		México		UTC		Beijing	
1	Tigre	Febrero 15	3:06 p. m.	Febrero 15	9:06 p. m.	Febrero 16	4:06 a. m.
2	Conejo	Marzo 17	7:14 a. m.	Marzo 17	1:14 p. m.	Marzo 17	8:14 p. m.
3	Dragón	Abril 15	8:59 p. m.	Abril 16	1:59 a. m.	Abril 16	10:59 a. m.
4	Serpiente	Mayo 15	6:49 a. m.	Mayo 15	11:49 a. m.	Mayo 15	8:49 p. m.
5	Caballo	Junio 13	2:45 p. m.	Junio 13	7:45 p. m.	Junio 14	4:45 a. m.
6	Cabra	Julio 12	9:49 p. m.	Julio 13	2:49 a. m.	Julio 13	11:49 a. m.
7	Mono	Agosto 11	4:59 a. m.	Agosto 11	9:59 a. m.	Agosto 11	6:59 p. m.
8	Gallo	Septiembre 9	1:02 p. m.	Septiembre 9	6:02 p. m.	Septiembre 10	3:02 a. m.
9	Perro	Octubre 8	10:47 p. m.	Octubre 9	3:47 a. m.	Octubre 9	12:47 p. m.
10	Cerdo	Noviembre 7	10:02 a. m.	Noviembre 7	4:02 p. m.	Noviembre 7	11:02 p. m.
11	Rata	Diciembre 7	1:21 a. m.	Diciembre 7	7:21 a. m.	Diciembre 7	2:21 p. m.
12	Buey	Enero 5/19	7:29 p. m.	Enero 6/19	1:29 a. m.	Enero 6/19	8:29 a. m..

Enero de 2018

2018 Enero
Inicio del Mes Chino: Lunar: **Enero 17**   Solar: **Enero 5**
Pilar Anual (Calendario Solar Chino): Fuego Yin / Gallo (Ding You), desde 3/Febrero/2017 - 3/Febrero/2018
Rama Terrestre del Mes: **Buey**
4 Pilares — Solar: **Enero 5** — Calendario Solar Chino

	Anual	Mensual
Tai Sui	Gallo O2	
Ramas en Choque	Conejo	Cabra
San Sha (3A)	Conejo	Dragón
Grupo Choque	Este	

Las columnas 1–9 corresponden a las cartas de las **9 Estrellas** (estrellas voladoras) por dirección: SE · S · SO · E · C · O · NE · N · NO.

Tabla diaria

Greg.	Día sem.	L.Mes	L.Día	9★ Día	Mes TC	Mes RT	Día TC	Día RT	12 Jian Chu	RT en Choque (Sui Po)	Dir. San Sha	13	14 QMDJ	Hora 1	Hora 2	Hora 3	24 Términos / Fases
1	Lunes	11	15	3	Agua (+)	Rata	Agua (-)	Serpiente	6	Cerdo	Este	12	(+)4	3am-5am	7am-9am	9am-11am	Llena
2	Martes	11	16	4	Agua (+)	Rata	Madera (+)	Caballo	7	Rata	Norte	13	(+)2	5am-7am	7am-9am	9am-11am	
3	Miércoles	11	17	5	Agua (+)	Rata	Madera (-)	Cabra	8	Buey	Sur	14	"	5am-7am	11am-1pm	1pm-3pm	
4	Jueves	11	18	6	Agua (+)	Rata	Fuego (+)	Mono	9	Tigre	Oeste	15	"	5am-7am	11am-1pm	3pm-5pm	
5	Viernes	11	19	7	Agua (-)	Buey	Fuego (-)	Gallo	9	Conejo	Este	16	"	1pm-3pm	7pm-9pm	11pm-1am	TSS-12
6	Sábado	11	20	8	Agua (-)	Buey	Tierra (+)	Perro	10	Dragón	Norte	17	"	3am-5am	11pm-1am	11pm-1am	
7	Domingo	11	21	9	Agua (-)	Buey	Tierra (-)	Cerdo	11	Serpiente	Sur	18	(+)8	5am-7am	1pm-3pm	3pm-5pm	
8	Lunes	11	22	1	Agua (-)	Buey	Metal (+)	Rata	12	Caballo	Oeste	19	"	3am-5am	11am-1pm	11pm-1am	Menguante
9	Martes	11	23	2	Agua (-)	Buey	Metal (-)	Buey	1	Cabra	Este	20	"	5am-7am	1pm-3pm	11pm-1am	
10	Miércoles	11	24	3	Agua (-)	Buey	Agua (+)	Tigre	2	Mono	Norte	21	"	5am-7am	3pm-5pm	9pm-11pm	
11	Jueves	11	25	4	Agua (-)	Buey	Agua (-)	Conejo	3	Gallo	Sur	22	"	11am-1pm	1pm-3pm	11pm-1am	
12	Viernes	11	26	5	Agua (-)	Buey	Madera (+)	Dragón	4	Perro	Oeste	23	(+)5	5am-7am	9am-11am	11am-1pm	
13	Sábado	11	27	6	Agua (-)	Buey	Madera (-)	Serpiente	5	Cerdo	Este	24	"	11am-1pm	11am-1pm	11pm-1am	
14	Domingo	11	28	7	Agua (-)	Buey	Fuego (+)	Caballo	6	Rata	Norte	25	"	3pm-5pm	7pm-9pm	11pm-1am	
15	Lunes	11	29	8	Agua (-)	Buey	Fuego (-)	Cabra	7	Buey	Sur	26	"	11am-1pm	3pm-5pm	5pm-7pm	
16	Martes	11	30	9	Agua (-)	Buey	Tierra (+)	Mono	8	Tigre	Oeste	27	"	11am-1pm	3pm-5pm	5pm-7pm	Nueva
17	Miércoles	12	1	1	Agua (-)	Buey	Tierra (-)	Gallo	9	Conejo	Este	28	(+)3	7am-9am	9am-11am	11pm-1am	
18	Jueves	12	2	2	Agua (-)	Buey	Metal (+)	Perro	10	Dragón	Norte	1	"	11am-1pm	1pm-3pm	3pm-5pm	
19	Viernes	12	3	3	Agua (-)	Buey	Metal (-)	Cerdo	11	Serpiente	Sur	2	"	9am-11am	11am-1pm	5pm-7pm	
20	Sábado	12	4	4	Agua (-)	Buey	Agua (+)	Rata	12	Caballo	Oeste	3	"	11am-1pm	1pm-3pm	3pm-5pm	TSP-12
21	Domingo	12	5	5	Agua (-)	Buey	Agua (-)	Buey	1	Cabra	Este	4	"	1pm-3pm	9am-11am	11pm-1am	
22	Lunes	12	6	6	Agua (-)	Buey	Madera (+)	Tigre	2	Mono	Norte	5	(+)9	5am-7am	9am-11am	7pm-9pm	
23	Martes	12	7	7	Agua (-)	Buey	Madera (-)	Conejo	3	Gallo	Sur	6	"	5am-7am	11am-1pm	3pm-5pm	
24	Miércoles	12	8	8	Agua (-)	Buey	Fuego (+)	Dragón	4	Perro	Oeste	7	"	3pm-5pm	9am-11am	3pm-5pm	Creciente
25	Jueves	12	9	9	Agua (-)	Buey	Fuego (-)	Serpiente	5	Cerdo	Este	8	"	5pm-7pm	11pm-1am	11am-1pm	
26	Viernes	12	10	1	Agua (-)	Buey	Tierra (+)	Caballo	6	Rata	Norte	9	"	7am-9am	9am-11am	11am-1pm	
27	Sábado	12	11	2	Agua (-)	Buey	Tierra (-)	Cabra	7	Buey	Sur	10	(+)6	11am-1pm	7am-9am	3pm-5pm	
28	Domingo	12	12	3	Agua (-)	Buey	Metal (+)	Mono	8	Tigre	Oeste	11	"	5am-7am	11am-1pm	11am-1pm	
29	Lunes	12	13	4	Agua (-)	Buey	Metal (-)	Gallo	9	Conejo	Este	12	"	7am-9am	9am-11am	1pm-3pm	
30	Martes	12	14	5	Agua (-)	Buey	Agua (+)	Perro	10	Dragón	Norte	13	"	9am-11am	11am-1pm	11am-1pm	
31	Miércoles	12	15	6	Agua (-)	Buey	Agua (-)	Cerdo	11	Serpiente	Oeste	14	"	11am-1pm	1pm-3pm	3pm-5pm	Llena

Abreviaturas: (+) = Yang   (-) = Yin   TC = Tallo Celestial   RT = Rama Terrestre   Tai Sui = Gran Duque   San Sha = 3 Asesinos   O2 = Oeste 2 (262.5 al 277.5 Grados)
Estaciones del Año: TSS = Término Solar Seccional   TSP = Término Solar Principal
24 Jie Qi (24 Términos Solares) TSS-12 = Frío Menor (Xiao Han)   TSP-12 = Frío Mayor (Da Han)
Columna 14 - Qi Men Dun Jia (QMDJ) (+) 4 = Yang 4 Secuencia de 5 días desde el 28 de Diciembre del 2017

Febrero de 2018

2018 Febrero

Inicio del Mes Chino: Lunar: **Febrero 16** — Solar: **Febrero 4**

Rama Terrestre del Mes: Tigre

Pilar Anual (Calendario Solar Chino): Tierra Yang / Perro (Wu Xu), desde 4/Febrero/2018 - 3/Febrero/2019

Cuadros de referencia

	Anual	Mensual
Tai Sui (Gran Duque)	Perro NO1	
San Sha (3A)		Buey
Ramas en Choque	Dragón	Mono
Grupo Choque	Norte	

Calendario de Febrero de 2018

Greg. Día	Día Semana	Lunar Mes/Día	Pilar Mes TC / RT	Pilar Día TC / RT	Jian Chu (Día)	RT en Choque / Sui Po (Día)	Dir. San Sha (Día)	Horas Más Auspiciosas del Día (1 / 2 / 3)	24 Términos Solares y Fases Lunares
1	Jueves	12 / 16	Agua (-) / Buey	Madera (+) / Rata	12	Caballo	Sur		
2	Viernes	12 / 17	Agua (-) / Buey	Madera (-) / Buey	1	Cabra	Este		
3	Sábado	12 / 18	Agua (-) / Buey	Fuego (+) / Tigre	2	Mono	Norte		
4	Domingo	12 / 19	Madera (+) / Tigre	Fuego (-) / Conejo	2	Gallo	Oeste	11pm-1am / 7am-9am / 1pm-3pm	TSS-1
5	Lunes	12 / 20	Madera (+) / Tigre	Tierra (+) / Dragón	3	Perro	Sur	5am-7am / 11am-1pm / 1pm-3pm	
6	Martes	12 / 21	Madera (+) / Tigre	Tierra (-) / Serpiente	4	Cerdo	Este	3am-5am / 9am-11am / 3pm-5pm	
7	Miércoles	12 / 22	Madera (+) / Tigre	Metal (+) / Caballo	5	Rata	Norte	3am-5am / 7am-9am / 7am-9am	Menguante
8	Jueves	12 / 23	Madera (+) / Tigre	Metal (-) / Cabra	6	Buey	Oeste	5am-7am / 11am-1pm / 3pm-5pm	
9	Viernes	12 / 24	Madera (+) / Tigre	Agua (+) / Mono	7	Tigre	Sur	5am-7am / 9am-11am / 9am-11am	
10	Sábado	12 / 25	Madera (+) / Tigre	Agua (-) / Gallo	8	Conejo	Este	7am-9am / 11am-1pm / 11pm-1am	
11	Domingo	12 / 26	Madera (+) / Tigre	Madera (+) / Perro	9	Dragón	Norte	9am-11am / 11am-1pm / 1pm-3pm	
12	Lunes	12 / 27	Madera (+) / Tigre	Madera (-) / Cerdo	10	Serpiente	Oeste	5am-7am / 9am-11am / 9am-11am	
13	Martes	12 / 28	Madera (+) / Tigre	Fuego (+) / Rata	11	Caballo	Sur	7am-9am / 1pm-3pm / 7pm-9pm	
14	Miércoles	12 / 29	Madera (+) / Tigre	Fuego (-) / Buey	12	Cabra	Este	3am-5am / 5am-7am / 11pm-1am	
15	Jueves	12 / 30	Madera (+) / Tigre	Tierra (+) / Tigre	1	Mono	Norte	5am-7am / 9am-11am / 11am-1pm	Nueva
16	Viernes	1 / 1	Madera (+) / Tigre	Tierra (-) / Conejo	2	Gallo	Oeste	9am-11am / 11am-1pm / 1pm-3pm	
17	Sábado	1 / 2	Madera (+) / Tigre	Metal (+) / Dragón	3	Perro	Este	5am-7am / 11am-1pm / 1pm-3pm	
18	Domingo	1 / 3	Madera (+) / Tigre	Metal (-) / Serpiente	4	Cerdo	Norte	3am-5am / 7am-9am / 11am-1pm	
19	Lunes	1 / 4	Madera (+) / Tigre	Agua (+) / Caballo	5	Rata	Oeste	5am-7am / 11am-1pm / 1pm-3pm	TSP-1
20	Martes	1 / 5	Madera (+) / Tigre	Agua (-) / Cabra	6	Buey	Sur	5am-7am / 7am-9am / 1pm-3pm	
21	Miércoles	1 / 6	Madera (+) / Tigre	Madera (+) / Mono	7	Tigre	Este	5am-7am / 7am-9am / 9am-11am	
22	Jueves	1 / 7	Madera (+) / Tigre	Madera (-) / Gallo	8	Conejo	Norte	7am-9am / 5pm-7pm / 11pm-1am	
23	Viernes	1 / 8	Madera (+) / Tigre	Fuego (+) / Perro	9	Dragón	Oeste	3am-5am / 9am-11am / 11pm-1am	Creciente
24	Sábado	1 / 9	Madera (+) / Tigre	Fuego (-) / Cerdo	10	Serpiente	Sur	7am-9am / 9am-11am / 1pm-3pm	
25	Domingo	1 / 10	Madera (+) / Tigre	Tierra (+) / Rata	11	Caballo	Este	9am-11am / 5pm-7pm / 7pm-9pm	
26	Lunes	1 / 11	Madera (+) / Tigre	Tierra (-) / Buey	12	Cabra	Norte	5am-7am / 9am-11am / 3pm-5pm	
27	Martes	1 / 12	Madera (+) / Tigre	Metal (+) / Tigre	1	Mono	Oeste	5am-7am / 9am-11am / 11pm-1am	
28	Miércoles	1 / 13	Madera (+) / Tigre	Metal (-) / Conejo	2	Gallo	Oeste	7am-9am / 9am-11am / 11pm-1am	

Abreviaturas: (+) = Yang   (-) = Yin   TC = Tallo Celestial   RT = Rama Terrestre   Tai Sui = Gran Duque   San Sha = 3 Asesinos   NO1 = Noroeste 1 (292.5 al 307.5 Grados)
Estaciones del Año: TSS = Término Solar Seccional   TSP = Término Solar Principal   En Negro: Inicio del Año Solar Chino del Perro de Tierra Yang (Wu Xu Nian)
En Gris: Febrero 16 Inicio del Año Lunar Chino del Perro de Tierra Yang - ¡Gong Xi Fa Cai!
24 Jie Qi (24 Términos Solares)   TSS-1 = Llegada de la Primavera (Li Chun)   TSP-1 = Lluvia Constante (Yu Shui)

Marzo de 2018

2018 Marzo
Inicio del Mes Chino:
Solar: **Marzo 5**
Lunar: **Marzo 17**
Pilar Anual (Calendario Solar Chino): Tierra Yang / Perro (Wu Xu), desde 4/Febrero/2018 - 3/Febrero/2019
Rama Terrestre del Mes : **Conejo**
Rama Terrestre del Mes RT = **Conejo**

Cuadros de las 9 Estrellas Volantes (1 – 16)

Cada cuadro es una rejilla de 9 palacios (SE | S | SO / E | C | O / NE | N | NO).

# 1			# 2			# 3			# 4		
9 SE	5 S	7 SO	8 SE	4 S	6 SO	1 SE	6 S	8 SO	6 SE	2 S	4 SO
8 E	1 C	3 O	7 E	9 C	2 O	9 E	2 C	4 O	5 E	7 C	9 O
4 NE	6 N	2 NO	3 NE	5 N	1 NO	5 NE	7 N	3 NO	1 NE	3 N	8 NO

(Rejillas adicionales 5–16 de igual formato en la cabecera; valores por palacio SE/S/SO – E/C/O – NE/N/NO.)

Tablas de referencia

Tai Sui (Gran Duque) — Anual: Perro NO1

San Sha (3A) — Mensual: Mono · Gallo · Perro

Ramas en Choque — Anual: Dragón · Mensual: Gallo

Grupo Choque — Oeste

Calendario del Mes

Greg.	Occidental	Lunar Mes	Lunar Día	Día Pilar TC	Día Pilar RT	Jian Chu (Día)	RT en Choque Sui Po	San Sha Dir.	28	Términos Solares y Fases Lunares	Horas Más Auspiciosas del Día
1	Jueves	1	14	Agua (+)	Dragón	3	Perro	Sur	15		5am-7am / 9am-11am / 11pm-1am
2	Viernes	1	15	Agua (-)	Serpiente	4	Cerdo	Este	16	Llena	3am-5am / 7am-9am / 9am-11am
3	Sábado	1	16	Madera (+)	Caballo	5	Rata	Norte	17		5am-7am / 9am-11am / 9am-11am
4	Domingo	1	17	Madera (-)	Cabra	6	Buey	Oeste	18		5am-7am / 11am-1pm / 1pm-3pm
5	Lunes	1	18	Fuego (+)	Mono	6	Tigre	Sur	19	TSS-2	5am-7am / 11am-1pm / 3pm-5pm
6	Martes	1	19	Fuego (-)	Gallo	7	Conejo	Este	20		1pm-3pm / 7pm-9pm / 11pm-1am
7	Miércoles	1	20	Tierra (+)	Perro	8	Dragón	Norte	21		3am-5am / 11am-1pm / 11pm-1am
8	Jueves	1	21	Tierra (-)	Cerdo	9	Serpiente	Oeste	22		5am-7am / 1pm-3pm / 3pm-5pm
9	Viernes	1	22	Metal (+)	Rata	10	Caballo	Sur	23		3am-5am / 11am-1pm / 11pm-1am
10	Sábado	1	23	Metal (-)	Buey	11	Cabra	Este	24	Menguante	3am-5am / 3pm-5pm / 11pm-1am
11	Domingo	1	24	Agua (+)	Tigre	12	Mono	Norte	25		5am-7am / 1pm-3pm / 9pm-11pm
12	Lunes	1	25	Agua (-)	Conejo	1	Gallo	Oeste	26		11am-1pm / 1pm-3pm / 11pm-1am
13	Martes	1	26	Madera (+)	Dragón	2	Perro	Sur	27		11am-1pm / 3pm-5pm / 11am-1pm
14	Miércoles	1	27	Madera (-)	Serpiente	3	Cerdo	Este	28		11am-1pm / 11am-1pm / 11pm-1am
15	Jueves	1	28	Fuego (+)	Caballo	4	Rata	Norte	1		3pm-5pm / 7pm-9pm / 11am-1pm
16	Viernes	1	29	Fuego (-)	Cabra	5	Buey	Oeste	2		11am-1pm / 3pm-5pm / 5pm-7pm
17	Sábado	2	1	Tierra (+)	Mono	6	Tigre	Sur	3	Nueva	11am-1pm / 5pm-7pm / 5pm-7pm
18	Domingo	2	2	Tierra (-)	Gallo	7	Conejo	Este	4		7am-9am / 9am-11am / 11pm-1am
19	Lunes	2	3	Metal (+)	Perro	8	Dragón	Norte	5		11am-1pm / 11am-1pm / 3pm-5pm
20	Martes	2	4	Metal (-)	Cerdo	9	Serpiente	Oeste	6		9am-11am / 11am-1pm / 3pm-5pm
21	Miércoles	2	5	Agua (+)	Rata	10	Caballo	Sur	7	TSP-2	11am-1pm / 1pm-3pm / 11pm-1am
22	Jueves	2	6	Agua (-)	Buey	11	Cabra	Este	8		11am-1pm / 5am-7am / 9am-11am
23	Viernes	2	7	Madera (+)	Tigre	12	Mono	Norte	9		5am-7am / 9am-11am / 7pm-9pm
24	Sábado	2	8	Madera (-)	Conejo	1	Gallo	Oeste	10		5am-7am / 11am-1pm / 3pm-5pm
25	Domingo	2	9	Fuego (+)	Dragón	2	Perro	Sur	11		3pm-5pm / 5pm-7pm / 3pm-5pm
26	Lunes	2	10	Fuego (-)	Serpiente	3	Cerdo	Este	12	Creciente	7am-9am / 5pm-7pm / 11am-1pm
27	Martes	2	11	Tierra (+)	Caballo	4	Rata	Norte	13		11am-1pm / 7am-9am / 3pm-5pm
28	Miércoles	2	12	Tierra (-)	Cabra	5	Buey	Oeste	14		11am-1pm / 1pm-3pm / 11pm-1am
29	Jueves	2	13	Metal (+)	Mono	6	Tigre	Sur	15		5am-7am / 9am-11am / 9am-11am
30	Viernes	2	14	Metal (-)	Gallo	7	Conejo	Este	16		7am-9am / 11am-11am / 11am-1pm
31	Sábado	2	15	Agua (+)	Perro	8	Dragón	Norte	17	Llena	9am-11am / 11am-11am / 1pm-3pm

4 Pilares (Calendario Solar Chino):
Pilar Año: Tierra (+) / Perro — Pilar Mes: Madera (+) / Tigre (días 1-5) → Madera (-) / Conejo (desde el día 5).

Abreviaturas: (+) = Yang   (-) = Yin   TC = Tallo Celestial   RT = Rama Terrestre   Tai Sui = Gran Duque   San Sha = 3 Asesinos   NO1 = Noroeste 1 (292.5 al 307.5 Grados)
Estaciones del Año: TSS = Término Solar Seccional   TSP = Término Solar Principal
24 Jie Qi (24 Términos Solares) TSS-2 = Despertar de Insectos (Ying Zhi)   TSP-2 = Equinoccio de Primavera (Chun Fen)

Abril de 2018

2018 Abril

Inicio del Mes Chino: Lunar: **Abril 16** — Solar: **Abril 5**

Pilar Anual (Calendario Solar Chino): Tierra Yang / Perro (Wu Xu), desde 4/Febrero/2018 - 3/Febrero/2019

Rama Terrestre del Mes: Dragón

Tai Sui Anual	Perro NO1
San Sha (3A) — Anual: Perro; Mensual: Caballo / Cabra	
Ramas en Choque — Anual: Dragón; Mensual: Perro	
Grupo Choque	Sur

(En la parte superior de la página se muestran 16 cuadros de Estrellas Voladoras (Luo Shu), cada uno de 3×3 con los rótulos de direcciones: SE S SO / E C O / NE N NO.)

Calendario

Día (Greg.)	Lunar Mes	Lunar Día	Lunar Año	4 Pilares — Mes (TC)	Mes (RT)	Día (TC)	Día (RT)	Jian Chu (Día)	RT en Choque Sui Po (Día)	Dir. San Sha (Día)	28 Mansiones	Horas Más Auspiciosas del Día (1 / 2 / 3)	24 Términos Solares y Fases Lunares
1 Domingo	2	16	9	Madera (-)	Conejo	Agua (-)	Cerdo	9	Serpiente	Oeste	18	11am-1pm / 1pm-3pm / 3pm-5pm	
2 Lunes	2	17	9	Madera (-)	Conejo	Madera (+)	Rata	10	Caballo	Sur	19	7am-9am / 11am-1pm / 1pm-3pm	
3 Martes	2	18	9	Madera (-)	Conejo	Madera (-)	Buey	11	Cabra	Este	20	3am-5am / 5am-7am / 11pm-1am	
4 Miércoles	2	19	9	Madera (-)	Conejo	Fuego (+)	Tigre	12	Mono	Norte	21	5am-7am / 9am-11am / 3pm-5pm	
5 Jueves	2	20	9	Fuego (+)	Dragón	Fuego (-)	Conejo	1	Gallo	Oeste	22	11pm-1am / 11am-1pm / 1pm-3pm	TSS-3
6 Viernes	2	21	9	Fuego (+)	Dragón	Tierra (+)	Dragón	2	Perro	Sur	23	5am-7am / 11am-1pm / 3pm-5pm	
7 Sábado	2	22	9	Fuego (+)	Dragón	Tierra (-)	Serpiente	3	Cerdo	Este	24	3am-5am / 9am-11am / 3pm-5pm	
8 Domingo	2	23	9	Fuego (+)	Dragón	Metal (+)	Caballo	4	Rata	Norte	25	5am-7am / 11am-1pm / 3pm-5pm	Menguante
9 Lunes	2	24	9	Fuego (+)	Dragón	Metal (-)	Cabra	5	Buey	Oeste	26	5am-7am / 7am-9am / 9am-11am	
10 Martes	2	25	9	Fuego (+)	Dragón	Agua (+)	Mono	6	Tigre	Sur	27	7am-9am / 9am-11am / 11pm-1am	
11 Miércoles	2	26	9	Fuego (+)	Dragón	Agua (-)	Gallo	7	Conejo	Este	28	9am-11am / 11am-1pm / 1pm-3pm	
12 Jueves	2	27	9	Fuego (+)	Dragón	Madera (+)	Perro	8	Dragón	Norte	1	5am-7am / 9am-11am / 11pm-1am	
13 Viernes	2	28	9	Fuego (+)	Dragón	Madera (-)	Cerdo	9	Serpiente	Oeste	2	7am-9am / 1pm-3pm / 7pm-9pm	
14 Sábado	2	29	9	Fuego (+)	Dragón	Fuego (+)	Rata	10	Caballo	Sur	3	5am-7am / 9am-11am / 11pm-1am	
15 Domingo	2	30	9	Fuego (+)	Dragón	Fuego (-)	Buey	11	Cabra	Este	4	9am-11am / 9am-11am / 11am-1pm	
16 Lunes	3	1	9	Fuego (+)	Dragón	Tierra (+)	Tigre	12	Mono	Norte	5	5am-7am / 9am-11am / 11am-1pm	Nueva
17 Martes	3	2	9	Fuego (+)	Dragón	Tierra (-)	Conejo	1	Gallo	Oeste	6	7am-9am / 11am-1pm / 1pm-3pm	
18 Miércoles	3	3	9	Fuego (+)	Dragón	Metal (+)	Dragón	2	Perro	Sur	7	5am-7am / 11am-1pm / 3pm-5pm	
19 Jueves	3	4	9	Fuego (+)	Dragón	Metal (-)	Serpiente	3	Cerdo	Este	8	3am-5am / 9am-11am / 11am-1pm	
20 Viernes	3	5	9	Fuego (+)	Dragón	Agua (+)	Caballo	4	Rata	Norte	9	7am-9am / 11am-1pm / 1pm-3pm	TSP-3
21 Sábado	3	6	9	Fuego (+)	Dragón	Agua (-)	Cabra	5	Tigre	Oeste	10	5am-7am / 7am-9am / 9am-11am	
22 Domingo	3	7	9	Fuego (+)	Dragón	Madera (+)	Mono	6	Conejo	Sur	11	7am-9am / 9am-11am / 9am-11am	
23 Lunes	3	8	9	Fuego (+)	Dragón	Madera (-)	Gallo	7	Dragón	Este	12	7am-9am / 5pm-7pm / 11pm-1am	Creciente
24 Martes	3	9	9	Fuego (+)	Dragón	Fuego (+)	Perro	8	Serpiente	Norte	13	3am-5am / 7am-9am / 11pm-1am	
25 Miércoles	3	10	9	Fuego (+)	Dragón	Fuego (-)	Cerdo	9	Caballo	Oeste	14	7am-9am / 7am-9am / 7pm-9pm	
26 Jueves	3	11	9	Fuego (+)	Dragón	Tierra (+)	Rata	10	Cabra	Sur	15	5am-7am / 5pm-7pm / 11pm-1am	
27 Viernes	3	12	9	Fuego (+)	Dragón	Tierra (-)	Buey	11	Mono	Este	16	5am-7am / 9am-11am / 3pm-5pm	
28 Sábado	3	13	9	Fuego (+)	Dragón	Metal (+)	Tigre	12	Gallo	Norte	17	7am-9am / 9am-11am / 11pm-1am	
29 Domingo	3	14	9	Fuego (+)	Dragón	Metal (-)	Conejo	1	Gallo	Oeste	18	9am-11am / 9am-11am / 11pm-1am	
30 Lunes	3	15	9	Fuego (+)	Dragón	Agua (+)	Dragón	2	Perro	Sur	19	5am-7am / 11am-1pm / 11pm-1am	Llena

---

Abreviaturas: (+) = Yang   (-) = Yin   TC = Tallo Celestial   RT = Rama Terrestre   Tai Sui = Gran Duque   San Sha = 3 Asesinos   NO1 = Noroeste 1 (292.5 al 307.5 Grados)

Estaciones del Año: TSS = Término Solar Seccional   TSP = Término Solar Principal

24 Jie Qi (24 Términos Solares)   TSS-3 = Día Brillante (Qing Ming)   TSP-3 = Lluvia de Granos (Gu Yu)

Abreviaturas: (+) = Yang   (-) = Yin   TC = Tallo Celestial   RT = Rama Terrestre   Tai Sui = Gran Duque   San Sha = 3 Asesinos   NO1 = Noroeste 1 (292.5 al 307.5 Grados)
Estaciones del Año: TSS-4 = Término Solar Seccional   TSP = Término Solar Principal   24 Jie Qi (24 Términos Solares) TSS-4 = Llegada del Verano (Li Xia)   TSP-4 = Cosecha Menor (Xiao Man)

9 SE	5 S	7 SO	1 SE	6 S	8 SO	2 SE	7 S	9 SO	5 SE	8 S	1 SO	9 S	2 SO	5 SE	1 S	3 SO	6 SE	2 S	4 SO	7 SE	3 S	5 SO	8 SE	4 S	6 SO
8 E	**1 C**	3 O	9 E	**2 C**	4 O	1 E	**3 C**	5 O	2 E	**4 C**	6 O	**5 C**	7 O	4 E	**6 C**	8 O	5 E	**7 C**	9 O	6 E	**8 C**	1 O	7 E	**9 C**	2 O
4 NE	6 N	2 NO	5 NE	7 N	3 NO	6 NE	8 N	4 NO	7 NE	9 N	5 NO	1 NE	6 N	9 NO	2 NE	7 N	1 NO	3 NE	8 N	2 NO	4 NE	9 N	3 NO	5 N	1 NO

2018 Mayo   Rama Terrestre del Mes : **Serpiente**

Inicio del Mes Chino: Lunar: **Mayo 15**   Solar: **Mayo 5**

Pilar Anual (Calendario Solar Chino): Tierra Yang / Perro (Wu Xu), desde 4/Febrero/2018 - 3/Febrero/2019

Tai Sui Anual		Ramas en Choque	San Sha (3A)
Perro NO1			

Tai Sui	Ramas en Choque		San Sha (3A)			
Anual	Anual	Mensual	Mensual			Grupo Choque
Perro NO1	Dragón	Cerdo	Tigre	Conejo	Dragón	Este

	1	2	3	4	5	6	7	8	9	10	11	12	13	14	15			16
	Calendarios							4 Pilares		12 Jian Chu (Día)	RT en Choque Sui Po (Día)	Dir. San Sha (Día)	28 M L J	Q M D	Horas Más Auspiciosas del Día			24 Términos Solares y Fases Lunares
	Gregoriano	Lunar Chino	Solar Chino 9 Estrellas					Calendario Solar Chino										
	Occidental	Mes	Día	Año	Mes	Día	8	5	Mes		Día						1	2	3	
									TC	RT	TC	RT								
1	Martes	3	16	9	3	6	O	SE	Fuego (+)	Dragón	Agua (-)	Serpiente	2	Cerdo	Este	20	"	3am-5am	7am-9am	9am-11am	
2	Miércoles	3	17	9	3	7	NO	E	Fuego (+)	Dragón	Madera (+)	Caballo	3	Rata	Norte	21	(+) 4	5am-7am	7am-9am	9am-11am	
3	Jueves	3	18	9	3	8	C	SO	Fuego (+)	Dragón	Madera (-)	Cabra	4	Buey	Oeste	22	"	5am-7am	11am-1pm	1pm-3pm	
4	Viernes	3	19	9	3	9	SE	N	Fuego (+)	Dragón	Fuego (+)	Mono	5	Tigre	Sur	23	"	5am-7am	11am-1pm	3pm-5pm	
5	Sábado	3	20	9	2	1	E	S	Fuego (-)	Serpiente	Fuego (-)	Gallo	5	Conejo	Este	24	"	1pm-3pm	7pm-9pm	11pm-1am	TSS-4
6	Domingo	3	21	9	2	2	SO	NE	Fuego (-)	Serpiente	Tierra (+)	Perro	6	Dragón	Norte	25	"	3am-5am	11am-1pm	11pm-1am	
7	Lunes	3	22	9	2	3	N	O	Fuego (-)	Serpiente	Tierra (-)	Cerdo	7	Serpiente	Oeste	26	(+) 1	5am-7am	1pm-3pm	3pm-5pm	Menguante
8	Martes	3	23	9	2	4	S	NO	Fuego (-)	Serpiente	Metal (+)	Rata	8	Caballo	Sur	27	"	3am-5am	11am-1pm	1pm-3pm	
9	Miércoles	3	24	9	2	5	NE	C	Fuego (-)	Serpiente	Metal (-)	Buey	9	Cabra	Este	28	"	5am-7am	3pm-5pm	11pm-1am	
10	Jueves	3	25	9	2	6	O	SE	Fuego (-)	Serpiente	Agua (+)	Tigre	10	Mono	Norte	1	"	5am-7am	3pm-5pm	9pm-11pm	
11	Viernes	3	26	9	2	7	NO	E	Fuego (-)	Serpiente	Agua (-)	Conejo	11	Gallo	Oeste	2	"	11am-1pm	1pm-3pm	11pm-1am	
12	Sábado	3	27	9	2	8	C	SO	Fuego (-)	Serpiente	Madera (+)	Dragón	12	Perro	Sur	3	(+) 7	5am-7am	9am-11am	11am-1pm	
13	Domingo	3	28	9	2	9	SE	N	Fuego (-)	Serpiente	Madera (-)	Serpiente	1	Cerdo	Este	4	"	11am-1pm	3pm-5pm	11pm-1am	
14	Lunes	3	29	9	2	1	E	S	Fuego (-)	Serpiente	Fuego (+)	Caballo	2	Rata	Norte	5	"	3pm-5pm	7pm-9pm	11pm-1am	
15	Martes	4	1	9	2	2	SO	NE	Fuego (-)	Serpiente	Fuego (-)	Cabra	3	Buey	Oeste	6	"	11am-1pm	3pm-5pm	5pm-7pm	Nueva
16	Miércoles	4	2	9	2	3	N	O	Fuego (-)	Serpiente	Tierra (+)	Mono	4	Tigre	Sur	7	"	11am-1pm	3pm-5pm	5pm-7pm	
17	Jueves	4	3	9	2	4	S	NO	Fuego (-)	Serpiente	Tierra (-)	Gallo	5	Conejo	Este	8	(+) 5	7am-9am	9am-11am	11am-1pm	
18	Viernes	4	4	9	2	5	NE	C	Fuego (-)	Serpiente	Metal (+)	Perro	6	Dragón	Norte	9	"	11am-1pm	1pm-3pm	3pm-5pm	
19	Sábado	4	5	9	2	6	O	SE	Fuego (-)	Serpiente	Metal (-)	Cerdo	7	Serpiente	Oeste	10	"	9am-11am	11am-1pm	3pm-5pm	
20	Domingo	4	6	9	2	7	NO	E	Fuego (-)	Serpiente	Agua (+)	Rata	8	Caballo	Sur	11	"	3pm-5pm	11am-1pm	3pm-5pm	
21	Lunes	4	7	9	2	8	C	SO	Fuego (-)	Serpiente	Agua (-)	Buey	9	Cabra	Este	12	"	11am-1pm	1pm-3pm	11pm-1am	C / TSP-4
22	Martes	4	8	9	2	9	SE	N	Fuego (-)	Serpiente	Madera (+)	Tigre	10	Mono	Norte	13	(+) 2	5am-7am	7am-9am	9am-11am	
23	Miércoles	4	9	9	2	1	E	S	Fuego (-)	Serpiente	Madera (-)	Conejo	11	Gallo	Oeste	14	"	3am-5am	9am-11am	7pm-9pm	
24	Jueves	4	10	9	2	2	SO	NE	Fuego (-)	Serpiente	Fuego (+)	Dragón	12	Perro	Sur	15	"	5am-7am	11am-1pm	1pm-3pm	
25	Viernes	4	11	9	2	3	N	O	Fuego (-)	Serpiente	Fuego (-)	Serpiente	1	Cerdo	Este	16	"	3pm-5pm	5pm-7pm	11pm-1am	
26	Sábado	4	12	9	2	4	S	NO	Fuego (-)	Serpiente	Tierra (+)	Caballo	2	Rata	Norte	17	"	7am-9am	9am-11am	11am-1pm	
27	Domingo	4	13	9	2	5	NE	C	Fuego (-)	Serpiente	Tierra (-)	Cabra	3	Buey	Oeste	18	(+) 8	11am-1pm	1pm-3pm	11pm-1am	
28	Lunes	4	14	9	2	6	O	SE	Fuego (-)	Serpiente	Metal (+)	Mono	4	Tigre	Sur	19	"	5am-7am	9am-11am	11am-1pm	
29	Martes	4	15	9	2	7	NO	E	Fuego (-)	Serpiente	Metal (-)	Gallo	5	Conejo	Este	20	"	7am-9am	9am-11am	1pm-3pm	Llena
30	Miércoles	4	16	9	2	8	C	SO	Fuego (-)	Serpiente	Agua (+)	Perro	6	Dragón	Norte	21	"	9am-11am	11am-1pm	1pm-3pm	
31	Jueves	4	17	9	2	9	SE	N	Fuego (-)	Serpiente	Agua (-)	Cerdo	7	Serpiente	Oeste	22	"	11am-1pm	1pm-3pm	3pm-5pm	

Junio de 2018

2018 Junio

Inicio del Mes Chino:

Pilar Anual (Calendario Solar Chino): Tierra Yang / Perro (Wu Xu), desde 4/Febrero/2018 - 3/Febrero/2019

Rama Terrestre del Mes : Caballo

Solar: **Junio 6**
Lunar: **Junio 14**

	Referencia	Anual	Mensual
Tai Sui	Anual	Perro NO1	
RT en Choque Sui Po	Anual	Perro	
Ramas en Choque		Dragón	Rata
San Sha (3A)	Mensual		Buey
Grupo Choque		Norte	

Calendario diario

Greg.	Día	Lunar Mes	Lunar Día	4 Pilares Mes (TC)	4 Pilares Mes (RT)	4 Pilares Día (TC)	4 Pilares Día (RT)	RT en Choque (Sui Po)	Dir. San Sha
1	Viernes	4	18	Fuego (-)	Serpiente	Madera (+)	Rata	Caballo	Sur
2	Sábado	4	19	Fuego (-)	Serpiente	Madera (-)	Buey	Cabra	Este
3	Domingo	4	20	Fuego (-)	Serpiente	Fuego (+)	Tigre	Mono	Norte
4	Lunes	4	21	Fuego (-)	Serpiente	Fuego (-)	Conejo	Gallo	Oeste
5	Martes	4	22	Fuego (-)	Serpiente	Tierra (+)	Dragón	Perro	Sur
6	Miércoles	4	23	Tierra (+)	Caballo	Tierra (-)	Serpiente	Cerdo	Este
7	Jueves	4	24	Tierra (+)	Caballo	Metal (+)	Caballo	Rata	Norte
8	Viernes	4	25	Tierra (+)	Caballo	Metal (-)	Cabra	Buey	Oeste
9	Sábado	4	26	Tierra (+)	Caballo	Agua (+)	Mono	Tigre	Sur
10	Domingo	4	27	Tierra (+)	Caballo	Agua (-)	Gallo	Conejo	Este
11	Lunes	4	28	Tierra (+)	Caballo	Madera (+)	Perro	Dragón	Norte
12	Martes	4	29	Tierra (+)	Caballo	Madera (-)	Cerdo	Serpiente	Oeste
13	Miércoles	4	30	Tierra (+)	Caballo	Fuego (+)	Rata	Caballo	Sur
14	Jueves	5	1	Tierra (+)	Caballo	Fuego (-)	Buey	Cabra	Este
15	Viernes	5	2	Tierra (+)	Caballo	Tierra (+)	Tigre	Mono	Norte
16	Sábado	5	3	Tierra (+)	Caballo	Tierra (-)	Conejo	Gallo	Oeste
17	Domingo	5	4	Tierra (+)	Caballo	Metal (+)	Dragón	Perro	Sur
18	Lunes	5	5	Tierra (+)	Caballo	Metal (-)	Serpiente	Cerdo	Este
19	Martes	5	6	Tierra (+)	Caballo	Agua (+)	Caballo	Rata	Norte
20	Miércoles	5	7	Tierra (+)	Caballo	Agua (-)	Cabra	Buey	Oeste
21	Jueves	5	8	Tierra (+)	Caballo	Madera (+)	Mono	Tigre	Sur
22	Viernes	5	9	Tierra (+)	Caballo	Madera (-)	Gallo	Conejo	Este
23	Sábado	5	10	Tierra (+)	Caballo	Fuego (+)	Perro	Dragón	Norte
24	Domingo	5	11	Tierra (+)	Caballo	Fuego (-)	Cerdo	Serpiente	Oeste
25	Lunes	5	12	Tierra (+)	Caballo	Tierra (+)	Rata	Caballo	Sur
26	Martes	5	13	Tierra (+)	Caballo	Tierra (-)	Buey	Cabra	Este
27	Miércoles	5	14	Tierra (+)	Caballo	Metal (+)	Tigre	Mono	Norte
28	Jueves	5	15	Tierra (+)	Caballo	Metal (-)	Conejo	Gallo	Oeste
29	Viernes	5	16	Tierra (+)	Caballo	Agua (+)	Dragón	Perro	Sur
30	Sábado	5	17	Tierra (+)	Caballo	Agua (-)	Serpiente	Cerdo	Este

24 Términos Solares y Fases Lunares:
- M / TSS-5 (Siembra de Semillas / Mang Zhong)
- Nueva
- Creciente
- TSP-5 (Solsticio de Verano)
- Llena

Abreviaturas: (+) = Yang (-) = Yin TC = Tallo Celestial RT = Rama Terrestre Tai Sui = Gran Duque San Sha = 3 Asesinos NO1 = Noroeste 1 (292.5 al 307.5 Grados)

Estaciones del Año: TSS = Término Solar Seccional TSP = Término Solar Principal

24 Jie Qi (24 Términos Solares) TSS-5 = Siembra de Semillas (Mang Zhong) TSP-5 = Solsticio de Verano (Xia Zhi) / Comienza la mitad Yin (-) del año.

Las Estrellas Diarias vuelan en sentido Yin

Julio de 2018

2018 Julio

Inicio del Mes Chino:
Pilar Anual (Calendario Solar Chino): Tierra Yang / Perro (Wu Xu), desde 4/Febrero/2018 – 3/Febrero/2019

Solar: Julio 7 **Lunar:** Julio 13

Rama Terrestre del Mes : Cabra

Referencias del mes

Concepto	Anual	Mensual
Tai Sui	Perro (NO1)	
Ramas en Choque	Dragón (28)	Buey
San Sha (3A)	Mono	Gallo / Perro
Grupo Choque	Oeste	

Calendario — Julio 2018

Greg. Día	Día sem.	Lunar Mes	Lunar Día	9E Año	9E Mes	9E Día	Solar Chino Día TC	Día RT	Mes TC	Mes RT	Jian Chu (Día)	RT en Choque Sui Po (Día)	Dir Sha (Día)	28 Xiu	Horas Más Auspiciosas 1	2	3	24 Términos / Fases
1	Domingo	5	18	9	9	6	Madera (+)	Caballo	Tierra (+)	Caballo	12	Rata	Norte	25	5am-7am	7am-9am	9am-11am	
2	Lunes	5	19	9	9	5	Madera (-)	Cabra	Tierra (+)	Caballo	1	Buey	Oeste	26	5am-7am	11am-1pm	1pm-3pm	
3	Martes	5	20	9	9	4	Fuego (+)	Mono	Tierra (+)	Caballo	2	Tigre	Sur	27	5am-7am	11am-1pm	3pm-5pm	
4	Miércoles	5	21	9	9	3	Fuego (-)	Gallo	Tierra (+)	Caballo	3	Conejo	Este	28	5am-7am	7pm-9pm	11pm-1am	
5	Jueves	5	22	9	9	2	Tierra (+)	Perro	Tierra (+)	Caballo	4	Dragón	Norte	1	3am-5am	11am-1pm	11pm-1am	
6	Viernes	5	23	9	9	1	Tierra (-)	Cerdo	Tierra (+)	Caballo	5	Serpiente	Oeste	2	5am-7am	1pm-3pm	3pm-5pm	Menguante
7	Sábado	5	24	9	9	9	Metal (+)	Rata	Tierra (-)	Cabra	6	Caballo	Sur	3	3am-5am	5am-7am	11pm-1am	TSS-6
8	Domingo	5	25	9	9	8	Metal (-)	Buey	Tierra (-)	Cabra	6	Cabra	Este	4	5am-7am	3pm-5pm	11pm-1am	
9	Lunes	5	26	9	9	7	Agua (+)	Tigre	Tierra (-)	Cabra	7	Mono	Norte	5	5am-7am	3pm-5pm	9pm-11pm	
10	Martes	5	27	9	9	6	Agua (-)	Conejo	Tierra (-)	Cabra	8	Gallo	Oeste	6	11am-1pm	9am-11am	11pm-1am	
11	Miércoles	5	28	9	9	5	Madera (+)	Dragón	Tierra (-)	Cabra	9	Perro	Sur	7	9am-11am	11am-1pm	11pm-1am	
12	Jueves	5	29	9	9	4	Madera (-)	Serpiente	Tierra (-)	Cabra	10	Cerdo	Este	8	11am-1pm	3pm-5pm	11pm-1am	
13	Viernes	6	1	9	9	3	Fuego (+)	Caballo	Tierra (-)	Cabra	11	Rata	Norte	9	3pm-5pm	7pm-9pm	11pm-1am	Nueva
14	Sábado	6	2	9	9	2	Fuego (-)	Cabra	Tierra (-)	Cabra	12	Buey	Oeste	10	11am-1pm	5pm-7pm	5pm-7pm	
15	Domingo	6	3	9	9	1	Tierra (+)	Mono	Tierra (-)	Cabra	1	Tigre	Sur	11	11am-1pm	3pm-5pm	5pm-7pm	
16	Lunes	6	4	9	9	9	Tierra (-)	Gallo	Tierra (-)	Cabra	2	Conejo	Este	12	7am-9am	9am-11am	11pm-1am	
17	Martes	6	5	9	9	8	Metal (+)	Perro	Tierra (-)	Cabra	3	Dragón	Norte	13	11am-1pm	1pm-3pm	11pm-1am	
18	Miércoles	6	6	9	9	7	Metal (-)	Cerdo	Tierra (-)	Cabra	4	Serpiente	Oeste	14	9am-11am	11am-1pm	3pm-5pm	
19	Jueves	6	7	9	9	6	Agua (+)	Rata	Tierra (-)	Cabra	5	Caballo	Sur	15	11am-1pm	1pm-3pm	3pm-5pm	
20	Viernes	6	8	9	9	5	Agua (-)	Buey	Tierra (-)	Cabra	6	Cabra	Este	16	11am-1pm	3pm-5pm	9am-11am	Creciente
21	Sábado	6	9	9	9	4	Madera (+)	Tigre	Tierra (-)	Cabra	7	Mono	Norte	17	3am-5am	7am-9am	11am-1pm	
22	Domingo	6	10	9	9	3	Madera (-)	Conejo	Tierra (-)	Cabra	8	Gallo	Oeste	18	5am-7am	9am-11am	7pm-9pm	
23	Lunes	6	11	9	9	2	Fuego (+)	Dragón	Tierra (-)	Cabra	9	Perro	Sur	19	5am-7am	11am-1pm	3pm-5pm	TSP-6
24	Martes	6	12	9	9	1	Fuego (-)	Serpiente	Tierra (-)	Cabra	10	Cerdo	Este	20	3pm-5pm	5pm-7pm	11pm-1am	
25	Miércoles	6	13	9	9	9	Tierra (+)	Caballo	Tierra (-)	Cabra	11	Rata	Norte	21	7am-9am	9am-11am	11am-1pm	
26	Jueves	6	14	9	9	8	Tierra (-)	Cabra	Tierra (-)	Cabra	12	Buey	Oeste	22	11am-1pm	11am-1pm	5pm-7pm	
27	Viernes	6	15	9	9	7	Metal (+)	Mono	Tierra (-)	Cabra	1	Tigre	Sur	23	5am-7am	11am-1pm	11am-1pm	Llena
28	Sábado	6	16	9	9	6	Metal (-)	Gallo	Tierra (-)	Cabra	2	Conejo	Este	24	7am-9am	9am-11am	11am-1pm	
29	Domingo	6	17	9	9	5	Agua (+)	Perro	Tierra (-)	Cabra	3	Dragón	Norte	25	9am-11am	11am-1pm	1pm-3pm	
30	Lunes	6	18	9	9	4	Agua (-)	Cerdo	Tierra (-)	Cabra	4	Serpiente	Oeste	26	11am-1pm	11am-1pm	1pm-3pm	
31	Martes	6	19	9	9	3	Madera (+)	Rata	Tierra (-)	Cabra	5	Caballo	Sur	27	7am-9am	1pm-3pm	1pm-3pm	

Abreviaturas: (+) = Yang (-) = Yin TC = Tallo Celestial RT = Rama Terrestre Tai Sui = Gran Duque San Sha = 3 Asesinos NO1 = Noroeste 1 (292.5 al 307.5 Grados)

Estaciones del Año: TSS = Término Solar Seccional TSP = Término Solar Principal

24 Jie Qi (24 Términos Solares) TSS-6 = Calor Menor (Xiao Shu) TSP-6 = Da Shu (Calor Mayor)

Agosto de 2018

2018 Agosto

Inicio del Mes Chino:
Pilar Anual (Calendario Solar Chino): Tierra Yang / Perro (Wu Xu), desde 4/Febrero/2018 - 3/Febrero/2019

Lunar: **Agosto 11** · Solar: **Agosto 7**
Rama Terrestre del Mes: **Mono**

Tai Sui		Ramas en Choque		San Sha (3A)		Grupo Choque
Anual		Anual	Mensual	Mensual		
Perro NO1		Dragón	Tigre	Caballo	Cabra	Sur

Calendario principal — Agosto 2018

Occidental	Greg. Día	Lunar Mes	Lunar Día	4 Pilares Mes TC	Mes RT	Día TC	Día RT	12 Jian Chu (Día)	11 RT en Choque Sui Po (Día)	12 Dir. San Sha (Día)	15 Horas Más Auspiciosas del Día	16 24 Términos Solares y Fases Lunares
Miércoles	1	6	20	Tierra (-)	Cabra	Madera (-)	Buey	7	Cabra	Este	3am-5am / 5am-7am / 11pm-1am	
Jueves	2	6	21	Tierra (-)	Cabra	Fuego (+)	Tigre	8	Mono	Norte	5am-7am / 9am-11am / 3pm-5pm	
Viernes	3	6	22	Tierra (-)	Cabra	Fuego (-)	Conejo	9	Gallo	Oeste	11pm-1am / 11am-1pm / 1pm-3pm	
Sábado	4	6	23	Tierra (-)	Cabra	Tierra (+)	Dragón	10	Perro	Sur	5am-7am / 9am-11am / 1pm-3pm	Menguante
Domingo	5	6	24	Tierra (-)	Cabra	Tierra (-)	Serpiente	11	Cerdo	Este	5am-7am / 9am-11am / 3pm-5pm	
Lunes	6	6	25	Tierra (-)	Cabra	Metal (+)	Caballo	12	Rata	Norte	5am-7am / 11am-1pm / 7am-9am	
Martes	7	6	26	Metal (+)	Mono	Metal (-)	Cabra	12	Buey	Oeste	5am-7am / 11am-1pm / 3pm-5pm	TSS-7
Miércoles	8	6	27	Metal (+)	Mono	Agua (+)	Mono	1	Tigre	Sur	7am-9am / 7am-9am / 9am-11am	
Jueves	9	6	28	Metal (+)	Mono	Agua (-)	Gallo	2	Conejo	Este	7am-9am / 11am-1pm / 11pm-1am	
Viernes	10	6	29	Metal (+)	Mono	Madera (+)	Perro	3	Dragón	Norte	9am-11am / 11am-1pm / 1pm-3pm	
Sábado	11	7	1	Metal (+)	Mono	Madera (-)	Cerdo	4	Serpiente	Oeste	5am-7am / 5am-7am / 1pm-3pm	Nueva
Domingo	12	7	2	Metal (+)	Mono	Fuego (+)	Rata	5	Caballo	Sur	7am-9am / 7am-9am / 7pm-9pm	
Lunes	13	7	3	Metal (+)	Mono	Fuego (-)	Buey	6	Cabra	Este	3am-5am / 5am-7am / 11pm-1am	
Martes	14	7	4	Metal (+)	Mono	Tierra (+)	Tigre	7	Mono	Norte	5am-7am / 9am-11am / 11am-1pm	
Miércoles	15	7	5	Metal (+)	Mono	Tierra (-)	Conejo	8	Gallo	Oeste	5am-7am / 7am-9am / 1pm-3pm	
Jueves	16	7	6	Metal (+)	Mono	Metal (+)	Dragón	9	Perro	Sur	3am-5am / 11am-1pm / 1pm-3pm	
Viernes	17	7	7	Metal (+)	Mono	Metal (-)	Serpiente	10	Cerdo	Este	7am-9am / 11am-1pm / 11am-1pm	
Sábado	18	7	8	Metal (+)	Mono	Agua (+)	Caballo	11	Rata	Norte	5am-7am / 11am-1pm / 1pm-3pm	Creciente
Domingo	19	7	9	Metal (+)	Mono	Agua (-)	Cabra	12	Buey	Oeste	5am-7am / 7am-9am / 1pm-3pm	
Lunes	20	7	10	Metal (+)	Mono	Madera (+)	Mono	1	Tigre	Sur	5am-7am / 7am-9am / 9am-11am	
Martes	21	7	11	Metal (+)	Mono	Madera (-)	Gallo	2	Conejo	Este	7am-9am / 11am-1pm / 11pm-1am	
Miércoles	22	7	12	Metal (+)	Mono	Fuego (+)	Perro	3	Dragón	Norte	3am-5am / 5pm-7pm / 11pm-1am	
Jueves	23	7	13	Metal (+)	Mono	Fuego (-)	Cerdo	4	Serpiente	Oeste	7am-9am / 9am-11am / 11pm-1am	TSP-7
Viernes	24	7	14	Metal (+)	Mono	Tierra (+)	Rata	5	Caballo	Sur	7am-9am / 5pm-7pm / 7pm-9pm	
Sábado	25	7	15	Metal (+)	Mono	Tierra (-)	Buey	6	Cabra	Este	9am-11am / 9am-11am / 3pm-5pm	
Domingo	26	7	16	Metal (+)	Mono	Metal (+)	Tigre	7	Mono	Norte	7am-9am / 9am-11am / 11pm-1am	Llena
Lunes	27	7	17	Metal (+)	Mono	Metal (-)	Conejo	8	Gallo	Oeste	7am-9am / 11am-1pm / 11pm-1am	
Martes	28	7	18	Metal (+)	Mono	Agua (+)	Dragón	9	Perro	Sur	5am-7am / 11am-1pm / 11pm-1am	
Miércoles	29	7	19	Metal (+)	Mono	Agua (-)	Serpiente	10	Cerdo	Este	3am-5am / 9am-11am / 9am-11am	
Jueves	30	7	20	Metal (+)	Mono	Madera (+)	Caballo	11	Rata	Norte	5am-7am / 7am-9am / 11am-1pm	
Viernes	31	7	21	Metal (+)	Mono	Madera (-)	Cabra	12	Buey	Oeste	5am-7am / 11am-1pm / 1pm-3pm	

Abreviaturas: (+) = Yang (-) = Yin TC = Tallo Celestial RT = Rama Terrestre Tai Sui = Gran Duque San Sha = 3 Asesinos NO1 = Noroeste 1 (292.5 al 307.5 Grados)
Estaciones del Año: TSS = Término Solar Seccional TSP = Término Solar Principal
24 Jie Qi (Términos Solares) TSS-7 = Llegada del Otoño (Li Qiu) / Luna Nueva TSP-7 = Fin del Calor (Chu Shu)

Septiembre de 2018

2018 Septiembre

Inicio del Mes Chino: Lunar: **Sept. 10** — Solar: **Septiembre 8** — Rama Terrestre del Mes : **Gallo**

Pilar Anual (Calendario Solar Chino):Tierra Yang / Perro (Wu Xu), desde 4/Febrero/2018 - 3/Febrero/2019

	1		2	3	4	5	6	7		8			9		10	11	12	13	14	15			16	
		Calendarios								Calendario Solar Chino			4 Pilares		12 Jian Chu (Dia)	RT en Choque Sui Po (Dia)	Dir. San Sha (Dia)		Ramas en Choque		Horas Más Auspiciosas del Día			24 Términos Solares y Fases	
		Lunar Chino		Solar Chino 9 Estrellas						Mes									Anual Dragón	Mensual Conejo					
Gregoriano Occidental	Mes	Dia	Año	Mes	Dia	8	6	7	5	TC	RT	TC	RT								1	2	3	
1 Sábado	7	22	9	8	7	NO	E	NO	E	Metal (+)	Mono	Fuego (+)	Mono	12	Jian	Tigre	Sur	28	M	3	5am-7am	11am-1pm	3pm-5pm	
2 Domingo	7	23	9	8	6	O	SE	O	SE	Metal (+)	Gallo	Fuego (-)	Gallo	1	Chu	Conejo	Este	4	M	4	1pm-3pm	7pm-9pm	11pm-1am	Menguante
3 Lunes	7	24	9	8	5	NE	C	NE	C	Metal (+)	Perro	Tierra (-)	Perro	2		Dragón	Norte	5	L	5	3am-5am	11am-1pm	11pm-1am	
4 Martes	7	25	9	8	4	S	NO	S	NO	Metal (+)	Cerdo	Tierra (-)	Cerdo	3		Serpiente	Oeste	6		6 (-) 3	3am-5am	11am-3pm	3pm-5pm	
5 Miércoles	7	26	9	8	3	N	O	N	O	Metal (+)	Rata	Metal (+)	Rata	4		Caballo	Este	7		7	5am-7am	11am-1pm	11pm-1am	
6 Jueves	7	27	9	8	2	SO	NE	SO	NE	Metal (+)	Buey	Metal (-)	Buey	5		Cabra	Norte	8		8	3pm-5pm	3pm-5pm	11pm-1am	
7 Viernes	7	28	9	8	1	E	S	E	S	Metal (+)	Tigre	Agua (+)	Tigre	6		Mono	Sur	9		9	5am-7am	1pm-3pm	9pm-11pm	
8 Sábado	7	29	9	8	9	SE	N	SE	N	Metal (-)	Gallo	Agua (-)	Conejo	6		Gallo	Oeste	10		10 (-) 6	5am-7am	1pm-3pm	11pm-1am	TSS-8
9 Domingo	7	30	9	8	8	C	SE	C	SE	Metal (-)	Gallo	Madera (+)	Dragón	7		Perro	Norte	11		11	9am-11am	9am-11am	11am-1pm	Nueva
10 Lunes	8	1	9	9	7	NO	E	NO	E	Metal (-)	Gallo	Madera (-)	Serpiente	8		Cerdo	Sur	12		12	11am-1pm	3pm-5pm	11pm-1am	
11 Martes	8	2	9	9	6	O	SE	O	SE	Metal (-)	Gallo	Fuego (-)	Caballo	9		Rata	Este	13		13	3pm-5pm	7pm-9pm	11pm-1am	
12 Miércoles	8	3	9	9	5	NE	C	NE	C	Metal (-)	Gallo	Fuego (-)	Cabra	10		Buey	Norte	14		14	11am-1pm	3pm-5pm	5pm-7pm	
13 Jueves	8	4	9	9	4	S	NO	S	NO	Metal (-)	Gallo	Tierra (+)	Mono	11		Tigre	Oeste	15		15	11am-1pm	3pm-5pm	5pm-7pm	
14 Viernes	8	5	9	9	3	N	O	N	O	Metal (-)	Gallo	Tierra (-)	Gallo	12		Conejo	Sur	16		16 (-) 7	9am-11am	9am-11am	11pm-1am	
15 Sábado	8	6	9	9	2	SO	NE	SO	NE	Metal (-)	Gallo	Metal (+)	Perro	1		Dragón	Norte	17		17	11am-1pm	3pm-5pm	3pm-5pm	
16 Domingo	8	7	9	9	1	E	S	E	S	Metal (-)	Gallo	Metal (-)	Cerdo	2		Serpiente	Oeste	18		18	9am-11am	11am-11am	3pm-5pm	Creciente
17 Lunes	8	8	9	9	9	SE	N	SE	N	Metal (-)	Gallo	Agua (+)	Rata	3		Caballo	Sur	19		19	11am-1pm	11am-1pm	3pm-5pm	
18 Martes	8	9	9	9	8	C	SE	C	SE	Metal (-)	Gallo	Agua (-)	Buey	4		Cabra	Norte	20		20	11am-1pm	1pm-3pm	11pm-1am	
19 Miércoles	8	10	9	9	7	NO	E	NO	E	Metal (-)	Gallo	Madera (+)	Tigre	5		Mono	Sur	21		21 (-) 1	5am-7am	7am-9am	9am-11am	
20 Jueves	8	11	9	9	6	O	SE	O	SE	Metal (-)	Gallo	Madera (-)	Conejo	6		Gallo	Oeste	22		22	3am-5am	3am-5am	7pm-9pm	
21 Viernes	8	12	9	9	5	NE	C	NE	C	Metal (-)	Gallo	Fuego (+)	Dragón	7		Perro	Sur	23		23	11am-1pm	11am-1pm	3pm-5pm	
22 Sábado	8	13	9	9	4	S	NO	S	NO	Metal (-)	Gallo	Fuego (-)	Serpiente	8		Cerdo	Este	24		24	3pm-5pm	5pm-7pm	11pm-1am	
23 Domingo	8	14	9	9	3	N	O	N	O	Metal (-)	Gallo	Tierra (+)	Caballo	9		Rata	Norte	25		25	7am-9am	7am-9am	11am-1pm	TSP-8
24 Lunes	8	15	9	9	2	SO	NE	SO	NE	Metal (-)	Gallo	Tierra (-)	Cabra	10		Buey	Oeste	26		26 (-) 4	11am-1pm	11am-1pm	3pm-5pm	Llena
25 Martes	8	16	9	9	1	E	S	E	S	Metal (-)	Gallo	Metal (+)	Mono	11		Tigre	Sur	27		27	5am-7am	9am-11am	11am-1pm	
26 Miércoles	8	17	9	9	9	SE	C	SE	C	Metal (-)	Gallo	Metal (-)	Gallo	12		Conejo	Este	28		28	7am-9am	9am-11am	1pm-3pm	
27 Jueves	8	18	9	9	8	C	NO	C	NO	Metal (-)	Gallo	Metal (-)	Perro	1		Dragón	Norte	1		1	9am-11am	11am-1pm	3pm-5pm	
28 Viernes	8	19	9	9	7	NO	E	NO	E	Metal (-)	Gallo	Agua (-)	Cerdo	2		Serpiente	Oeste	2		2	11am-1pm	11am-1pm	1pm-3pm	
29 Sábado	8	20	9	9	3	N	O	N	O	Metal (+)	Gallo	Madera (+)	Rata	4		Caballo	Sur	3		3 (-) 6	7am-9am	11am-1pm	1pm-3pm	
30 Domingo	8	21	9	9	2	SO	NE	SO	NE	Metal (-)	Gallo	Madera (-)	Buey	5		Cabra	Este	4		4	3am-5am	5am-7am	11pm-1am	

Tai Sui
Anual	Perro NO1
RT en Choque Sui Po (Dia)	Anual Dragón
San Sha (3A)	
Anual Dragón	Mensual Conejo
Grupo Choque	Este

Recuadro superior (Estrellas Voladoras / Lo Shu)

9 SE	5 S	7 SO
8 E	1 C	3 O
4 NE	6 N	2 NO

9 SE	5 S	7 SO
8 E	1 C	3 O
4 NE	6 N	2 NO

7 SO	2 S	9 SO
8 N	4 C	5 N

1 SE	6 S	8 SO
5 E	2 C	6 O
NE	NE	NO

8 S	4 S	6 O
7 E	9 C	2 E
3 NE	5 N	7 NE

4 SE	1 SO	3 SO
3 E	6 O	8 O
8 NE	5 N	7 NO

2 S	7 SO	9 SO
6 C	8 O	8 O
1 N	3 N	7 NO

| 6 SO | 4 S | 8 SE | 5 S | 3 SE | 7 SE | 6 E | 4 SO | 2 S | 6 SE | 5 S | 3 SO |
| 2 O | 9 C | 7 E | 1 O | 8 C | 6 E | 5 E | 9 O | 7 C | 1 E | 8 N | 1 NO |

Abreviaturas: (+) = Yang   (-) = Yin   TC = Tallo Celestial   RT = Rama Terrestre   Tai Sui = Gran Duque   San Sha = 3 Asesinos   NO1 = Noroeste 1 (292.5 al 307.5 Grados)

Estaciones del Año: TSS = Término Solar Seccional   TSP = Término Solar Principal

24 Jie Qi (24 Términos Solares) TSS-8" = Rocío Blanco (Bai Lu)   TSP-8 = Equinoccio de Otoño (Qiu Fen)

Octubre de 2018

2018 Octubre
Inicio del Mes Chino: Lunar: Octubre 9   Solar: Octubre 8
Pilar Anual (Calendario Solar Chino): Tierra Yang / Perro (Wu Xu), desde 4/Febrero/2018 - 3/Febrero/2019

Rama Terrestre del Mes : **Perro**

Paneles informativos

	Anual	Mensual
Tai Sui (Gran Duque)	Perro NO1	
Ramas en Choque	Dragón	Dragón
San Sha (3A) — Anual	Dragón	
San Sha (3A) — Mensual	Rata	Buey
Grupo Choque	Norte	Norte

Tabla diaria — Calendario y 4 Pilares

Nº	Occidental	Lunar Chino Mes	Lunar Chino Día	Mes TC	Mes RT	Día TC	Día RT
1	Lunes	8	22	Metal (-)	Gallo	Fuego (+)	Tigre
2	Martes	8	23	Metal (-)	Gallo	Fuego (-)	Conejo
3	Miércoles	8	24	Metal (-)	Gallo	Tierra (+)	Dragón
4	Jueves	8	25	Metal (-)	Gallo	Tierra (-)	Serpiente
5	Viernes	8	26	Metal (-)	Gallo	Metal (+)	Caballo
6	Sábado	8	27	Metal (-)	Gallo	Metal (-)	Cabra
7	Domingo	8	28	Metal (-)	Gallo	Agua (+)	Mono
8	Lunes	8	29	Metal (-)	Gallo	Agua (-)	Gallo
9	Martes	9	1	Agua (+)	Perro	Madera (+)	Perro
10	Miércoles	9	2	Agua (+)	Perro	Madera (-)	Cerdo
11	Jueves	9	3	Agua (+)	Perro	Fuego (+)	Rata
12	Viernes	9	4	Agua (+)	Perro	Fuego (-)	Buey
13	Sábado	9	5	Agua (+)	Perro	Tierra (+)	Tigre
14	Domingo	9	6	Agua (+)	Perro	Tierra (-)	Conejo
15	Lunes	9	7	Agua (+)	Perro	Metal (+)	Dragón
16	Martes	9	8	Agua (+)	Perro	Metal (-)	Serpiente
17	Miércoles	9	9	Agua (+)	Perro	Agua (+)	Caballo
18	Jueves	9	10	Agua (+)	Perro	Agua (-)	Cabra
19	Viernes	9	11	Agua (+)	Perro	Madera (+)	Mono
20	Sábado	9	12	Agua (+)	Perro	Madera (-)	Gallo
21	Domingo	9	13	Agua (+)	Perro	Fuego (+)	Perro
22	Lunes	9	14	Agua (+)	Perro	Fuego (-)	Cerdo
23	Martes	9	15	Agua (+)	Perro	Tierra (+)	Rata
24	Miércoles	9	16	Agua (+)	Perro	Tierra (-)	Buey
25	Jueves	9	17	Agua (+)	Perro	Metal (+)	Tigre
26	Viernes	9	18	Agua (+)	Perro	Metal (-)	Conejo
27	Sábado	9	19	Agua (+)	Perro	Agua (+)	Dragón
28	Domingo	9	20	Agua (+)	Perro	Agua (-)	Serpiente
29	Lunes	9	21	Agua (+)	Perro	Madera (+)	Caballo
30	Martes	9	22	Agua (+)	Perro	Madera (-)	Cabra
31	Miércoles	9	23	Agua (+)	Perro	Fuego (+)	Mono

Tabla diaria — Atributos del día

Nº	Jian Chu (Día)	RT en Choque Sui Po (Día)	Dir. San Sha (Día)	28 (Constelación)
1	6	Mono	Norte	5
2	7	Gallo	Oeste	6
3	8	Perro	Sur	7
4	9	Cerdo	Este	8
5	10	Rata	Norte	9
6	11	Buey	Oeste	10
7	12	Tigre	Sur	11
8	12	Conejo	Este	12
9	1	Dragón	Norte	13
10	2	Serpiente	Oeste	14
11	3	Caballo	Sur	15
12	4	Cabra	Este	16
13	5	Mono	Norte	17
14	6	Gallo	Oeste	18
15	7	Perro	Sur	19
16	8	Cerdo	Este	20
17	9	Rata	Norte	21
18	10	Buey	Oeste	22
19	11	Tigre	Sur	23
20	12	Conejo	Este	24
21	1	Dragón	Norte	25
22	2	Serpiente	Oeste	26
23	3	Caballo	Sur	27
24	4	Cabra	Este	28
25	5	Mono	Norte	1
26	6	Gallo	Oeste	2
27	7	Perro	Sur	3
28	8	Cerdo	Este	4
29	9	Rata	Norte	5
30	10	Buey	Oeste	6
31	11	Tigre	Sur	7

Horas Más Auspiciosas del Día

Nº	1	2	3
1	5am-7am	9am-11am	3pm-5pm
2	11pm-1am	7am-9am	1pm-3pm
3	5am-7am	11am-1pm	1pm-3pm
4	3am-5am	9am-11am	3pm-5pm
5	5am-7am	11am-1pm	7am-9am
6	5am-7am	11am-1pm	3pm-5pm
7	7am-9am	7am-9am	9am-11am
8	9am-11am	11pm-1am	11pm-1am
9	9am-11am	11am-1pm	1pm-3pm
10	5am-7am	9am-11am	1pm-3pm
11	7am-9am	3pm-5pm	7pm-9pm
12	5am-5am	11pm-1am	11pm-1am
13	5am-7am	9am-11am	11am-1pm
14	7am-9am	11am-1pm	1pm-3pm
15	5am-7am	11am-1pm	11am-1pm
16	3am-5am	7am-9am	11am-1pm
17	7am-9am	11am-1pm	11am-1pm
18	7am-9am	11am-1pm	9am-11am
19	7am-9am	11am-1pm	11am-1pm
20	3am-5am	5pm-7pm	11pm-1am
21	7am-9am	7am-9am	11pm-1am
22	5pm-7pm	7pm-9pm	7pm-9pm
23	5am-7am	9am-11am	3pm-5pm
24	7am-9am	11am-1pm	11pm-1am
25	7am-9am	9am-11am	11pm-1am
26	5am-7am	9am-11am	11am-1pm
27	3am-5am	5am-7am	7am-9am
28	9am-11am	7am-9am	3pm-5pm
29	5am-7am	11am-1pm	9am-11am
30	5am-7am	9am-11am	1pm-3pm
31	5am-7am	11am-1pm	3pm-5pm

24 Términos Solares y Fases Lunares

Día	Evento
1	Menguante
9	TSS-9 / Nueva
16	Creciente
24	TSP-9 / Llena
31	Menguante

Abreviaturas: (+) = Yang   (-) = Yin   TC = Tallo Celestial   RT = Rama Terrestre   Tai Sui = Gran Duque   San Sha = 3 Asesinos   NO1 = Noroeste 1 (292.5 al 307.5 Grados)
Estaciones del Año: TSS = Término Solar Seccional   TSP = Término Solar Principal
24 Jie Qi (24 Términos Solares) TSS-9 = Rocío Frío (Han Lu)   TSP-9 = Heladas (Shuang Jiang)

Noviembre de 2018

2018 Noviembre
Inicio del Mes Chino:
Pilar Anual (Calendario Solar Chino): Tierra Yang / Perro (Wu Xu), desde 4/Febrero/2018 - 3/Febrero/2019

Lunar: **Noviembre 8**   Solar: **Noviembre 7**

Rama Terrestre del Mes : **Cerdo**

Tai Sui	
Anual	
Perro NO1	

San Sha (3A)		
Mensual		
Perro	Gallo	Perro

Ramas en Choque	
Anual	Mensual
Dragón	Serpiente

Grupo Choque	
Oeste	

Calendario diario

Gregoriano Día	Occidental	Lunar Mes	Lunar Día	4 Pilares Mes TC	Mes RT	Día TC	Día RT	Jian Chu (Día)	RT en Choque Sui Po	Dir. San Sha	24 Términos / Fases Lunares
1	Jueves	9	24	Agua (+)	Perro	Fuego (-)	Gallo	12	Conejo	Norte	
2	Viernes	9	25	Agua (+)	Perro	Tierra (+)	Perro	1	Dragón	Oeste	
3	Sábado	9	26	Agua (+)	Perro	Tierra (-)	Cerdo	2	Serpiente	Sur	
4	Domingo	9	27	Agua (+)	Perro	Metal (+)	Rata	3	Caballo	Este	
5	Lunes	9	28	Agua (+)	Perro	Metal (-)	Buey	4	Cabra	Norte	
6	Martes	9	29	Agua (+)	Perro	Agua (+)	Tigre	5	Mono	Oeste	
7	Miércoles	9	30	Agua (-)	Cerdo	Agua (-)	Conejo	5	Gallo	Sur	TSS-10
8	Jueves	10	1	Agua (-)	Cerdo	Madera (+)	Dragón	6	Perro	Este	Nueva
9	Viernes	10	2	Agua (-)	Cerdo	Madera (-)	Serpiente	7	Cerdo	Norte	
10	Sábado	10	3	Agua (-)	Cerdo	Fuego (+)	Caballo	8	Rata	Oeste	
11	Domingo	10	4	Agua (-)	Cerdo	Fuego (-)	Cabra	9	Buey	Sur	
12	Lunes	10	5	Agua (-)	Cerdo	Tierra (+)	Mono	10	Tigre	Este	
13	Martes	10	6	Agua (-)	Cerdo	Tierra (-)	Gallo	11	Conejo	Norte	
14	Miércoles	10	7	Agua (-)	Cerdo	Metal (+)	Perro	12	Dragón	Oeste	
15	Jueves	10	8	Agua (-)	Cerdo	Metal (-)	Cerdo	1	Serpiente	Sur	Creciente
16	Viernes	10	9	Agua (-)	Cerdo	Agua (+)	Rata	2	Caballo	Este	
17	Sábado	10	10	Agua (-)	Cerdo	Agua (-)	Buey	3	Cabra	Norte	
18	Domingo	10	11	Agua (-)	Cerdo	Madera (+)	Tigre	4	Mono	Oeste	
19	Lunes	10	12	Agua (-)	Cerdo	Madera (-)	Conejo	5	Gallo	Sur	
20	Martes	10	13	Agua (-)	Cerdo	Fuego (+)	Dragón	6	Perro	Este	
21	Miércoles	10	14	Agua (-)	Cerdo	Fuego (-)	Serpiente	7	Cerdo	Norte	
22	Jueves	10	15	Agua (-)	Cerdo	Tierra (+)	Caballo	8	Rata	Oeste	L / TSP-10
23	Viernes	10	16	Agua (-)	Cerdo	Tierra (-)	Cabra	9	Buey	Sur	
24	Sábado	10	17	Agua (-)	Cerdo	Metal (+)	Mono	10	Tigre	Este	
25	Domingo	10	18	Agua (-)	Cerdo	Metal (-)	Gallo	11	Conejo	Norte	
26	Lunes	10	19	Agua (-)	Cerdo	Agua (+)	Perro	12	Dragón	Oeste	
27	Martes	10	20	Agua (-)	Cerdo	Agua (-)	Cerdo	1	Serpiente	Sur	
28	Miércoles	10	21	Agua (-)	Cerdo	Madera (+)	Rata	2	Caballo	Este	
29	Jueves	10	22	Agua (-)	Cerdo	Madera (-)	Buey	3	Cabra	Norte	
30	Viernes	10	23	Agua (-)	Cerdo	Fuego (+)	Tigre	4	Mono	Oeste	Menguante

Diciembre de 2018

2018 Diciembre
Inicio del Mes Chino:
Pilar Anual (Calendario Solar Chino): Tierra Yang / Perro (Wu Xu), desde 4/Febrero/2018 - 3/Febrero/2019

Rama Terrestre del Mes : **Rata**
Solar: **Diciembre 7**
Lunar: **Diciembre 7**

	Anual	Mensual	Grupo Choque
Tai Sui	Perro NO1		
San Sha (3A)	Cabra	Caballo	Sur
Ramas en Choque	Dragón	Caballo	

Nota de columnas: **RT en Choque Sui Po (Día)**, **Dir. San Sha (Día)**, **Jian Chu (Día)**, **Horas Más Auspiciosas del Día**, **24 Términos Solares y Fases Lunares**.

Occidental	Gregoriano	Lunar Mes	Lunar Día	Mes TC	Mes RT	Día TC	Día RT	RT en Choque Sui Po	Dir. San Sha	Jian Chu	24 Términos Solares y Fases Lunares
1	Sábado	10	24	Agua (-)	Cerdo	Fuego (-)	Conejo	Gallo	Oeste	5	
2	Domingo	10	25	Agua (-)	Cerdo	Tierra (+)	Dragón	Perro	Sur	6	
3	Lunes	10	26	Agua (-)	Cerdo	Tierra (-)	Serpiente	Cerdo	Este	7	
4	Martes	10	27	Agua (-)	Cerdo	Metal (+)	Caballo	Rata	Norte	8	
5	Miércoles	10	28	Agua (-)	Cerdo	Metal (-)	Cabra	Buey	Oeste	9	
6	Jueves	10	29	Agua (-)	Cerdo	Agua (+)	Mono	Tigre	Sur	10	
7	Viernes	11	1	Madera (+)	Rata	Agua (-)	Gallo	Conejo	Este	11	N / TSS-11
8	Sábado	11	2	Madera (+)	Rata	Madera (+)	Perro	Dragón	Norte	12	
9	Domingo	11	3	Madera (+)	Rata	Madera (-)	Cerdo	Serpiente	Oeste	1	
10	Lunes	11	4	Madera (+)	Rata	Fuego (+)	Rata	Caballo	Sur	2	
11	Martes	11	5	Madera (+)	Rata	Fuego (-)	Buey	Cabra	Este	3	
12	Miércoles	11	6	Madera (+)	Rata	Tierra (+)	Tigre	Mono	Norte	4	
13	Jueves	11	7	Madera (+)	Rata	Tierra (-)	Conejo	Gallo	Oeste	5	
14	Viernes	11	8	Madera (+)	Rata	Metal (+)	Dragón	Perro	Sur	6	
15	Sábado	11	9	Madera (+)	Rata	Metal (-)	Serpiente	Cerdo	Este	7	Creciente
16	Domingo	11	10	Madera (+)	Rata	Agua (+)	Caballo	Rata	Norte	8	
17	Lunes	11	11	Madera (+)	Rata	Agua (-)	Cabra	Buey	Oeste	9	
18	Martes	11	12	Madera (+)	Rata	Madera (+)	Mono	Tigre	Sur	10	
19	Miércoles	11	13	Madera (+)	Rata	Madera (-)	Gallo	Conejo	Este	11	
20	Jueves	11	14	Madera (+)	Rata	Fuego (+)	Perro	Dragón	Norte	12	
21	Viernes	11	15	Madera (+)	Rata	Fuego (-)	Cerdo	Serpiente	Oeste	1	
22	Sábado	11	16	Madera (+)	Rata	Tierra (+)	Rata	Caballo	Sur	2	L / TSP-11
23	Domingo	11	17	Madera (+)	Rata	Tierra (-)	Buey	Cabra	Este	3	
24	Lunes	11	18	Madera (+)	Rata	Metal (+)	Tigre	Mono	Norte	4	
25	Martes	11	19	Madera (+)	Rata	Metal (-)	Conejo	Gallo	Oeste	5	
26	Miércoles	11	20	Madera (+)	Rata	Agua (+)	Dragón	Perro	Sur	6	
27	Jueves	11	21	Madera (+)	Rata	Agua (-)	Serpiente	Cerdo	Este	7	
28	Viernes	11	22	Madera (+)	Rata	Madera (+)	Caballo	Rata	Norte	8	
29	Sábado	11	23	Madera (+)	Rata	Madera (-)	Cabra	Buey	Oeste	9	Menguante
30	Domingo	11	24	Madera (+)	Rata	Fuego (+)	Mono	Tigre	Sur	10	
31	Lunes	11	25	Madera (+)	Rata	Fuego (-)	Gallo	Conejo	Este		

Abreviaturas: (+) = Yang   (-) = Yin   TC = Tallo Celestial   RT = Rama Terrestre   Tai Sui = Gran Duque   San Sha = 3 Asesinos   NO1 = Noroeste 1 (292.5 al 307.5 Grados)

Estaciones del Año: TSS = Término Solar Seccional   TSP = Término Solar Principal

24 Jie Qi (24 Términos Solares) TSS-11 = Mevada Mayor (Da Xue)   TSP-11 = Solsticio de Invierno (Dong Zhi) / Comienza el ascenso Yang (+) del año.

Las Estrellas Diarias vuelan en sentido Yang

COLOFÓN

De esta manera concluye este libro. Deseamos de todo corazón que para todos los lectores se convierta en una guía y una herramienta que les permita fluir con la naturaleza y el entorno, así como con el Cielo y los astros durante el año del perro. Que sea la llave para abrir una puerta hacia un nuevo estilo de vida que fluya en armonía, equilibrio y amor.

Gracias por recibir este material con la misma ilusión y cariño con el que fue escrito. El esfuerzo ha sido grande.

Con cariño,
Mónica y Bruno Koppel

INFORMES

Asesorías, cursos, venta de productos, diseño de jardines con intención, arreglos florales con intención, aceites esenciales, accesorios con intención, estudios personales, estudios de cuatro pilares

❖ **Escuela Profesional de Feng Shui en línea**
E-mail: luisacfs@prodigy.net.mx
grupoconsultoriafengshui@gmail.com
http://www.fengshui-monicakoppel.com.mx
[f] www.facebook.com/Mónica Koppel
[t] @monicakoppel – @GCFengShuiMex

BIBLIOGRAFÍA

Aslaksen, Helmer, *When is Chinese New Year,* Dpt. of Mathematics, National University of Singapur.

_____, Helmer, *The Mathematics of the Chinese Calendar,* Dpt. of Mathematics, National University of Singapur, 2002.

Binjie, Chun, *Relatos Mitológicos de la Antigua China,* Madrid, Miraguano, 1992.

Buzan, Tony, *El gran libro de los mapas mentales,* Urano.

Chung, Lilly, *Easy ways to harmony,* Estados Unidos, Gold Medal Books.

_____, *Meng The Path to Good Fortune,* Estados Unidos, Llewellyn, 1997.

Eitel, Ernest J., *Feng Shui, La Ciencia del Paisaje Sagrado en la Antigua China,* España, Obelisco,1997.

Fan, Hee Yin, *Discover Your Destiny, Your Future Revealed,* Singapur, Times, 1996.

Ford Company, Robert, *Strange Writing. Anomaly Accounts in Early Medieval China,* Albany, NY, State University of New York, 1996.

Ho, Yong, *China, An Illustrated Guide,* Estados Unidos, Hippocrene Books, 2000.

Jian-Jun, Cheng, Fernandes-Goncalves Adriana, *Chinese Feng Shui Compass, A Step by Step Guide,* China, Jiangxi Science and Technology Publishing House, 1999.

Karcher, Stephen, *How to Use the I Ching. A Guide to the Ancient Oracle of Change,* China, Barnes & Noble, 1999.

Kermadec, Jean Michel de, *Los Ocho Signos de su Destino,* España, Ibis, 1992.

Koppel, Mónica, Bruno Koppel, *Feng Shui, Agenda y almanaque chino 2003,* México, Lemara, 2002.

Koppel, Mónica, *Ambientes especiales con Feng Shui. Cómo sanar tu casa y tu vida,* México, Alamah, 2001.

_____, *Feng Shui para Niños. Cómo crear ambientes infantiles de armonía y éxito,* México, Alamah, 2002.

_____, *2003 Año de la Cabra, Feng Shui, Ki de las Nueve Estrellas para Crear Abundancia, Armonía y Amor,* México, Alamah, 2002.

_____, *Astrología, Numerología y Feng Shui. El Ki de las Nueve Estrellas,* México, Alamah, 2001.

_____, *Guía completa de Feng Shui,* Madrid, Edaf, 2001.

Kontler, Christine, *Arte Chino,* España, Libsa, 2002.

Kwok, Man Ho, *Chinese Astrology,* Estados Unidos, Tuttle Publishing, 1997.

Kwok, Man Ho y Joanne O'Brien, *The Elements of Feng Shui,* China, Barnes & Noble, 1991.

Lau, Kwan, *Feng Shui for Today. Arranging Your Life for Health and Wealth,* Estados Unidos, Tengu Books, 1997.

Lau, Theodora, *The Chinese Horoscopes Guides to Relationships, Love and Marriage, Friendship and Business,* Estados Unidos, Doubleday Editions, 1997.

Lenk & Paul, *Epistemological Issues in Chinese Philosophy,* Estados Unidos, State University of New York, 1993.

Lin, Henry B., *The Art and Science of Feng Shui,* Estados Unidos, Llewellyn Publications, 2000.

Lip, Evelyn, *Feng Shui, Environments of Power. A Study of Chinese Architecture,* Singapur, Academy Editions, 1995.

_____, *Personalize your Feng Shui. A Step by Step Guide to the Pillars of Destiny,* Singapur, Heian International, Inc., 1997.

_____, *Feng Shui. A Layman's Guide,* Singapur, Heian International, Inc.,1996.

_____, *Feng Shui for Business,* Singapur, Heian International, Inc., 1989.

_____, *Feng Shui for the Home. Make the Best of Your Home with Expert Feng Shui Advice,* Singapur, Heian International, Inc., 1995.

Lo Raymond, Feng *Shui, The Pillars of Destiny, Understanding Your Fate an Fortune,* Singapur, Times, 2000.

_____, *Feng Shui & Destiny for Families,* Singapur, Times, 2001.

_____, *Feng Shui & Destiny for Managers,* Singapur, Times, 1996.

Maeth, Russel, Flora Botton, John Page, *Dinastía Han,* México, El Colegio de México, 1984.

McNaughton, William, Li Ying, *Reading & Writing Chinese,* Estados Unidos,Tuttle Publishing, 1978.

Moran, Elizabeth, Val Biktashev, *The Complete Idiot's Guide to Feng Shui,* Estados Unidos, Alpha Books, 1999.

Ni, Hua-Ching, *The Book of Changes and the Unchanging Truth,* Estados Unidos, Seven Star Communications, 1997.

Needham, Joseph, *Science and Civilization in China. Mathematics and Sciences of the Heavens and the Earth,* Estados Unidos, Cambridge University Press, 1959, vol. 3.

Perrotet, Oliver, *Visual I Ching,* Madrid, Edaf, 1989.

Robert Ford Company, *Strange Writing, Anomaly Accounts in Early Medieval China,* Estados Unidos, State University of New York, 1996.

Sachs, Robert, *Numerología China. El Ki de las Nueve Estrellas,* España, Obelisco, 1995.

Sang, Larry, *The Principles of Feng Shui,* Estados Unidos, AFSI, 1994.

Skinner, Stephen, *Feng Shui,* Italy, Parragon, 1997.

_____, *Feng Shui para la Casa Actual,* Barcelona, Océano.

Sung, Edgar, *Ten Thousand Years Book. The Essential Tool for Chinese Astrology,* Estados Unidos, MJE Publishing, 1999.

_____, *Practical Use of the Chinese Almanac,* Estados Unidos, MJE Publishing, 1996.

Tan, Richard, *Shower of Jewels,* San Diego, California, T & W Books, 1996.

Tai, Sherman, *Chinese Astrology,* Singapur, Asiapac, 1996.

Too, Lillian, Cheng Hai Yap, *Applied Pa Kua and Lo Shu Feng Shui,* Malasia, Oriental Publications, 1993.

_____, *Creating Abundance with Feng Shui,* Estados Unidos, Ballantine Wellspring, 1999.

_____, *Chinese Astrology for Romance and Relationships,* Malasia, Ritz Print, 1999.

_____, *Water Feng Shui for Wealth*, Malasia, Konsep Books, 2000.

Twicken, David, *Flying Star Feng Shui Made Easy*, Estados Unidos, Writers Club Press, 2000.

Walters, Derek, *El Gran Libro del Feng Shui*, España, Obelisco, 1997.

Wilhelm, Richard, Hellmut Wilhelm, *Understanding the I Ching. The Wilhelm Lectures on the Book of Changes*, Estados Unidos, Princeton Bollingen Series, 1995.

Wolpin, Samuel, *Las Dinastías Chinas*, Argentina, Kier, 1989.

Wong, Eva, *Feng Shui. The Ancient Wisdom of Harmonious Living for Modern Times*, Estados Unidos, Shambala Publications, 1996.

_____, *A Master Course in Feng Shui*, Estados Unidos, Shambala Publications, 2001.

Xiaochun, Tan, *The I Ching*, Singapur, Asiapac, 1995.

Yap, Joey, Cheng Hai Yap, *Xuan Kong Advanced Study Course*, Malasia, YCHFSCE, 2001.

Yong, Tan Khoon, *The Secrets of the Five Dragons*, Times, 2001.

Otras fuentes de información (artículos)

Choy, Howard, *A Brief History of Flying Stars Feng Shui.*

_____, *The Principles and Applications of Xuan Kong Cures.*

_____, traducción al inglés de un extracto del *Ba Zhai Ming Jing* (El Espejo Brillante de las Ocho Mansiones), 2001.

Ross, Kelley L, *The Chinese Calendar,* 1999-2001.

ÍNDICE